Los Maestros
y el
sendero espiritual

Serie ESCALA LA MONTAÑA MÁS ALTA

Los Maestros y el sendero espiritual

Mark L. Prophet · Elizabeth Clare Prophet

SUMMIT UNIVERSITY PRESS ESPAÑOL®

Gardiner, Montana

Los Maestros y el sendero espiritual
de Mark L. Prophet, Elizabeth Clare Prophet

Título original:
The Masters and the Spiritual Path
de Mark L. Prophet, Elizabeth Clare Prophet

ISBN: 978-1-60988-405-5
ISBN: 978-1-60988-394-2 (libro digital)

Summit University Press Español®

Imagen de cubierta: *Krishna: Primavera en Kulu,* pintura de Nicholas Roerich. Nicholas Roerich Museum, New York (N.Y.) Utilizada con permiso.

A todos los que buscan la salvación en esta era,
a todos los que saben que ha llegado la hora
de que los verdaderos adoradores rindan culto
al Dios Padre-Madre en Espíritu y Verdad,
a todos los que desean escalar la montaña más alta,
a todos ellos dedicamos este volumen como el siguiente paso.

Índice

SEGUNDA SECCIÓN

TERCERA SECCIÓN

Ilustraciones

Nota: Debido a que el lenguaje neutro resulta dificultoso y a veces confuso, hemos utilizado el pronombre *él* para referirnos a Dios o al individuo y *hombre* u *hombres* para referirnos a la gente en general. Hemos utilizado estos términos para hacer más fácil la lectura y dar consistencia al texto. Ello no quiere excluir a la mujer ni al aspecto femenino de la Divinidad; Dios es tanto masculino como femenino. Sin embargo, utilizamos el pronombre *ella* para referirnos al alma porque cada alma, ya sea que esté alojada en un cuerpo masculino o femenino, es el complemento femenino del Espíritu masculino.

Introducción

EN EL PRINCIPIO, DIOS DISPUSO EL sendero de iniciación para que el alma evolucionara en el tiempo y el espacio. Dios hizo esto con la intención de que el alma regresara al Espíritu y viviera para siempre en la conciencia de Dios como una individualización de la Llama Divina.

Debido a que los hombres no han seguido el Sendero, se ha hecho necesaria la venida de instructores, avatares, profetas y Mensajeros del SEÑOR. Estos han aparecido en Oriente y Occidente con un mensaje de salvación (autoelevación) y autorrealización, y han delineado métodos con los que cada individuo, por medio de su libre albedrío, pueda elegir volver a ser el Yo Real y convertirse en él.

En este volumen de la serie *Escala la montaña más alta* examinamos las enseñanzas de los Maestros de la Gran Hermandad Blanca*, tanto ascendidos como no ascendidos. Estas enseñanzas proporcionan una oportunidad para que el hombre y la mujer regresen al estado de gracia, vuelvan a acceder al sendero de

*La Gran Hermandad Blanca es una orden espiritual de santos y adeptos pertenecientes a todas las razas, culturas y religiones. Estos Maestros han trascendido los ciclos del karma y el renacimiento y se han reunido con el Espíritu del Dios vivo. El término “blanca” se refiere al aura o halo de luz blanca que los rodea. Para ver definiciones de los términos, véase el glosario.

iniciación y conozcan a los Maestros como los Gurús que, a través de una relación muy íntima, volverán a presentar al alma a su Yo Real, el Ser Crístico.

Este Ser Crístico, por tanto, se convierte en el instructor, el iniciador, el integrador, el intérprete del YO SOY EL QUE YO SOY, la Llama Divina individualizada, la esfera de conciencia cósmica que contiene la Totalidad del cosmos Espíritu-Materia para el microcosmos, el hombre.

En Oriente se han desarrollado cuatro tipos de yogas para redimir los cuatro cuerpos inferiores y lograr el dominio de los cuatro elementos. En Occidente, las catorce estaciones de la cruz (el equilibrar los siete rayos en el Espíritu y la Materia) son el equivalente del Sendero Óctuple del Buda: el Buda que vino a ilustrar el octavo rayo como la ley de la integración, la armonización de los cuatro elementos a través de los siete rayos.

Los senderos desarrollados en Oriente y Occidente tienen el mismo fin de que el alma y el Ser Crístico se den la mano. Porque solo así puede iluminarse el Camino mediante la comprensión correcta, la aspiración correcta, el habla correcta, la conducta correcta, el medio de vida correcto, el esfuerzo correcto, la atención consciente correcta y la absorción correcta.

El primer capítulo de este volumen, «El yoga supremo», trata de Dios y de ti, y cómo el yo que tú eres puede convertirse en el Dios que tú eres. Ahí se ilustran los senderos de la reunión del alma y la liberación del alma procedentes de Oriente y Occidente. Estos senderos han sido desarrollados por maestros ascendidos y no ascendidos de la Gran Hermandad Blanca con el fin de que el hombre y la mujer puedan superar sus decisiones equivocadas.

Una vez que el alma ha dejado atrás los múltiples senderos de autoexpresión para adoptar el Sendero único que está por encima de los demás —la unión del yo con el Yo que es Dios—, está preparada para realizar el yoga supremo a través de las iniciaciones del fuego sagrado. Entonces el alma está lista para la tutela de los Maestros Ascendidos de la Gran Hermandad Blanca, los cuales han salido de todas las disciplinas religiosas y se han unido al Ser Eterno mediante en ritual de la ascensión.

En el sendero de la ascensión, los fuegos alquímicos del Espíritu Santo atraen a todos los devotos de la llama hacia la meta del Uno. Ahí todas las iniciaciones convergen en el Gurú único, el Ser Crístico, en una sola Ley, el YO SOY EL QUE YO SOY, en una sola Enseñanza, la ciencia del Amor que libera al alma para que se reúna con la Fuente única, el Espíritu único.

En el segundo capítulo tratamos de la ascensión como el logro más grande del sendero. Es el sendero al que el discípulo de Oriente y Occidente accede solo cuando ha dominado los fundamentos de las leyes de Dios que han enseñado todos los grandes instructores del mundo.

El sendero de la ascensión es una espiral que se eleva desde la base de la pirámide de los Upanishads, los Vedas, el Gita, la transmisión oral de las enseñanzas de los grandes sabios indios, del Buda Gautama, el Señor Adi Shankara, del Señor Krishna y de los innumerables seres que han perpetuado la ley de la antigua Lemuria en mantras sánscritos, mudras, meditaciones y modos de autoinmolación espiritual.

El sendero de la ascensión se basa en los Diez Mandamientos, las leyes de Moisés y de Mahoma, de los profetas de Israel y de los verdaderos sacerdotes del fuego sagrado, provenientes de la orden de Melquisedec, rey de Salem y sacerdote del Altísimo, y de Zaratustra.

El neófito que desea entrar al Templo de la Ascensión para recibir una preparación exhaustiva solo puede hacerlo cuando ha aceptado su potencial de convertirse en el Cristo, en vez de idolatrar al Cristo en Jesús mientras conserva su propio pecaminoso sentimiento del pecado. El ejemplo de Jesús, con su Sermón de la Montaña y sus parábolas, ilustra la esencia del amor y el honor. Solo cuando la ciencia del amor y el honor, como base de la relación del hombre con Dios y su prójimo, se define en el alma con la llama del Espíritu Santo es que el hombre y la mujer son libres de elegir acceder al sendero de iniciación, que es el sendero de la ascensión.

El tercer capítulo está dedicado a los maestros ascendidos y no ascendidos. Muchas almas entre la humanidad necesitan un instructor en esta era de cambio de ciclos. Y hay un Gurú en particular para satisfacer las necesidades concretas del chela que está listo para ser chela.

Los maestros ascendidos y no ascendidos son los Gurús de todas las épocas. Son los Maestros vivos. Cada uno de ellos confirma con Jesús el bendito lazo de amor que une eternamente al Maestro con sus discípulos, el Gurú con el chela: «Mis ovejas conocen mi voz». Solo los verdaderos Gurús de Oriente y Occidente, ascendidos y no ascendidos, pueden declarar a sus chelas:

> Yo soy la puerta; el que por mí entrare, será salvo; y entrará, y saldrá, y hallará pastos...
>
> Yo soy el buen pastor; y conozco mis ovejas, y las mías me conocen...
>
> Mis ovejas oyen mi voz, y yo las conozco, y me siguen,
>
> y yo les doy vida eterna; y no perecerán jamás, ni nadie las arrebatará de mi mano.
>
> Mi Padre que me las dio, es mayor que todos, y nadie las puede arrebatar de la mano de mi Padre.[1]

Por cada Maestro Ascendido que es Gurú existen miles de chelas esparcidos como semillas de autopercepción entre la humanidad. Si tú eres uno de ellos, conocerás la voz de tu Maestro. No harás caso de la voz del extraño ni lo seguirás. Pero cuando oigas la voz de tu Maestro llamarte, irás y atenderás al Señor y la palabra del Señor, comprendiendo que la autoridad del instructor yace en el hecho de que él no solo se ha convertido en la enseñanza, sino que la anima. Le otorga su propia vida, su propia individualización especial y muy personal de la Llama Divina, poniendo en práctica en los momentos de tiempo y espacio la enseñanza que ha sido conservada en forma escrita y no escrita durante miles de años.

Así, tanto la Ley como el Legislador son componentes necesarios del sendero de iniciación. Tú necesitas la enseñanza, pero también necesitas al instructor que personifique esa enseñanza, que sea el gran ejemplo en tu vida, que sea el punto de contacto con la realidad, que esté ante ti como el ser resplandeciente que declara: «He aquí, YO SOY. Y porque YO SOY, tú —mi hijo, mi hija— también puedes llegar a ser todo lo que YO SOY».

El cuarto capítulo contiene una revelación de la jerarquía tan trascendental para el cielo como lo fue para la Tierra el descubrimiento y la desintegración del átomo. De hecho, se trata del mismo misterio, pues la Materia no es nada menos que la aminoración del Espíritu.

La energía se mueve como partículas, partículas de sustancia; y el átomo es la forma más sencilla de representar el movimiento de la energía en nuestro estado de evolución actual. En este capítulo se obtienen muchos conocimientos espirituales a partir del estudio del átomo. Si la ciencia evolucionara hasta el punto en que comprendamos la energía con un diagrama completamente distinto, ello no hará que el diagrama del átomo sea falso. Los principios son los mismos. Los centros solares existen porque así es el patrón en toda la creación. Existe un núcleo de fuego blanco, el punto focal de la materia. Y existe el espacio.

Los átomos logran la plenitud al unirse a otros átomos para convertirse en moléculas. Esto nos recuerda la hermandad del hombre y la Paternidad de Dios. Dios nos hace incompletos para que aprendamos el flujo del amor. Y ese flujo de amor entre todos nosotros conforma la gran molécula del Cuerpo de Dios en la Tierra.

Cuando Saint Germain comunicó esta información, dijo:

> Es hora de que el hombre comprenda su entorno de verdad para que, a través de ese conocimiento, ciencia y

> religión se puedan convertir en columnas del templo de la civilización de la era de oro, con el mismo derecho y la misma autoridad, complementándose mutuamente, como dos mitades del espectro del conocimiento humano, recibiendo ambas la inspiración del Cristo.
>
> Porque el hombre recibe la ciencia proveniente del aspecto Materno de Dios y la religión, proveniente del aspecto Paterno. El Cristo, como Mediador entre ambas, produce las inspiraciones y revelaciones que conducen a los hombres de fe empírica y razón intuitiva hacia adelante en su búsqueda de un conocimiento cada vez mayor de nuestro universo en expansión.

La mente científica puede ser la más religiosa del planeta cuando el Espíritu Santo la llena. Sin la percepción de la llama, todo el cosmos se convierte en una manifestación mecánica, física, química, carente de significado.

Este capítulo explica la relación entre el universo material y el espiritual. Dios es un ser único con la capacidad infinita de ser Él mismo o Ella misma en cualquier parte, en cualquier momento. Durante muchos siglos, el objeto de adoración del hombre ha sido un Dios, una Presencia universal. Sin embargo, allá donde Dios se encuentra en el universo, se individualiza a Sí mismo con el propósito de una expansión creativa. Porque la naturaleza del Infinito es la de trascenderse a sí mismo.

Por consiguiente, Dios tiene manifestaciones de Sí mismo por todo el cosmos. A estas expresiones de Dios las llamamos «jerarquía».

La jerarquía es el Cuerpo de Dios por todo el cosmos, toda la evolución de oleadas de vida ascendidas y no ascendidas: Seres Cósmicos, Elohim, Arcángeles, ángeles, espíritus de la naturaleza y toda la evolución de la humanidad.

Tú eres parte de la jerarquía. Tú eres un eslabón de la cadena de Seres conectada con el centro del cosmos, más allá de nuestra galaxia, más allá de los millones de galaxias hasta llegar al Eje de la Vida. Esa cadena, eslabón a eslabón, está formada por individualidades que Dios ha creado para exteriorizar la percepción que Él tiene de Sí mismo en el plano de la Materia. Tú dependes de quienes son superiores, aquellos que están por encima de ti en el arco del Ser. Y aquellos que tienes debajo, ellos, dependen de ti.

El mensaje de la Gran Hermandad Blanca es simplemente este: Tú eres la jerarquía. Tú eres importante. Tú tienes importancia como manifestación suprema de Dios. Te debes considerar a ti mismo no como un ser humano, sino como una llama; porque lo que te convierte en un ser único es la individualización de esa llama a través de tu alma.

En esta era de Acuario, la antorcha se entrega.
A ti se te entrega la antorcha, si la aceptas.

Mark L. Prophet

Elizabeth Clare Prophet

Mark L. Prophet y Elizabeth Clare Prophet
Mensajeros de la Gran Hermandad Blanca

Primer capítulo

El yoga supremo: Dios y tú

«Yo y mi Padre uno somos».

JESÚS

El yoga supremo: Dios y tú

EL VOCABLO SÁNSCRITO *YOGA* SIGNIFICA «unión divina» o la unión entre tú y Dios. El buscador oriental de la unión con el Yo Superior realiza muchas prácticas que le resultan extrañas al mundo occidental. Algunas de ellas exigen severas disciplinas; de hecho, los occidentales podrían considerarlas austeras.

El yoga que muchos conocen en Occidente es el *hatha yoga,* un sistema de prácticas físicas y funciones corporales. Esta forma de yoga es tan solo una entre las muchas que se enseñan en Oriente.

Cuando se practica como un fin en sí mismo, el hatha yoga puede convertirse efectivamente en una distracción del sendero de la realización Divina o unión con Dios. Pero el Maestro Ascendido Chananda, jefe del Consejo Indio, recomienda el hatha yoga como una...

> ...secuencia adecuada en el ejercicio del cuerpo físico para la interacción con los cuerpos espirituales y los chakras... No es ejercicio físico por el hecho de ejercitar el cuerpo físico. Es un movimiento divino para la emisión de la luz que está encerrada incluso en vuestras células y átomos físicos, en vuestro corazón físico. Al emitirse esa luz, se transmutan las toxinas, el cansancio y la oposición a vuestra victoria. Por tanto, un período diario de meditación y concentración,

> y no horas interminables, combinado con estas posturas yóguicas, producirá mucho bien. Os proporcionará un descanso de la tensión producida por la carga del karma del mundo que soportáis, la carga de ese tipo específico de energía caótica que pertenece a Occidente en vibración, que emana de la conciencia de las masas producida por el cuerpo de los sentimientos descontrolado y el abuso desenfrenado y temerario del cuerpo mental.
>
> Este sendero se puede practicar sin que impida la normal actividad del servicio. Deseamos que la concentración y la disciplina se eleven desde la base de la pirámide y asciendan hasta la coronilla. Muchos de vosotros habéis practicado la disciplina desde los niveles espirituales, al atraer la luz de la Poderosa Presencia YO SOY hacia el corazón y hacia los vehículos inferiores. Y así debe ser, puesto que el sendero del Padre es la luz que desciende y el de la Madre es la luz que asciende. Así, construimos desde ese cimiento.[1]

El yoga es un método para liberar la luz que hay dentro de nosotros. Los Maestros Ascendidos denominan esa luz como fuego sagrado. Esa luz, también llamada Kundalini o Diosa Kundalini, está enroscada en la base de la columna, donde permanece hasta que la liberamos y permitimos que fluya hacia arriba, por los siete centros espirituales llamados chakras, ubicados a lo largo de la columna vertebral. Según la tradición hindú, cuando la luz (el fuego sagrado) alcanza el séptimo chakra, el chakra de la coronilla, Atmán se une a Brahmán*

*Brahmán es el Ser eterno y absoluto, la conciencia absoluta y la dicha absoluta. Brahmán es el Yo de todos los seres vivientes. Brahmán es el creador, el preservador y el destructor o transformador de todas las cosas.

En el Bhagavad Gita, Krishna dice: «Brahmán es lo inmutable, y es independiente de cualquier causa excepto de Sí mismo. Cuando consideramos que Brahmán se aloja dentro del ser individual, Lo llamamos Atmán».[2]

Atmán, según su uso en los Upanishads, significa la chispa divina o Dios interior. Es el núcleo imperecedero y permanente del hombre. *Atmán* es un vocablo sánscrito que significa 'aliento'. La mayoría de los eruditos occidentales traduce Atmán erróneamente como 'alma'. En realidad, debería traducirse como 'Espíritu', 'Yo Divino' o 'chispa divina'. Atmán es idéntico a Brahmán.

y el alma logra la iluminación.

En efecto, los varios sistemas de yoga que pueden practicarse bajo la dirección de instructores cualificados en todo el mundo pueden ofrecer beneficios para el alma y el cuerpo. Porque todos los sistemas conducen a lo que hemos denominado el yoga supremo.

La práctica del yoga supremo produce la unión más cercana que puede haber entre Dios y el hombre. En la realización de esta unión ya no hay conciencia del yo al margen de Dios. El hombre se encuentra a sí mismo tan completamente unido a Dios que, cuando afirma «YO SOY el que YO SOY», realiza la transición de conciencia desde la percepción de que «Dios en mí es el "Todo en todo"» hasta la sublime aceptación de que «YO SOY "Todo en todo" en Dios» («En mí incluyo todas las cosas de la totalidad de Dios que YO SOY»).

Además, la práctica del yoga supremo puede aumentar el poder de transmutación en nuestro mundo personal. Porque al entrar la esencia de Dios en el ser del hombre, aquella comienza a transformar la naturaleza de este, convirtiéndola en la semejanza divina. Esto tiene lugar mientras el suplicante invoca activamente hacia la manifestación aquellos poderes espirituales que tiene a su disposición a través de la semilla divina que el Todopoderoso ha implantado dentro de su conciencia.

«Llevad mi yugo sobre vosotros»

El vocablo *yoga* tiene la misma raíz que el inglés *yoke**. Por tanto, yoga puede entenderse como un método de unión espiritual. Jesús dijo: «Llevad mi yugo sobre vosotros, y aprended de mí... porque mi yugo es fácil, y ligera mi carga»[3]. Puede que, en realidad, quisiera decir: «Llevad mi yoga». Porque Jesús tenía un yoga. Jesús practicaba una disciplina específica que había

---

*'yugo'.

aprendido en sus viajes a Oriente.

Consta en unos manuscritos tibetanos que Jesús marchó de Palestina en dirección a India a la edad de trece años, viajando con una caravana de mercaderes.[4] Allí estudió con los sacerdotes blancos de Brahma, de quienes aprendió a enseñar las escrituras, a curar a los enfermos y a echar fuera espíritu malvados. Según la tradición, Jesús se dirigió a Nepal, pasó por el Tíbet y Afganistán y regresó a Palestina a la edad de veintinueve años para llevar a cabo su misión.

El hecho de que Jesús viajara a Oriente nos sugiere que él no está limitado a la doctrina cristiana y su dogma. Sus enseñanzas, tal como constan en el Nuevo Testamento, son compatibles con el karma, la reencarnación y otros conceptos orientales.[5]

Además, la historia de sus viajes nos recuerda que Jesús era un hombre como todos los demás. Aunque había sido el Cristo durante siglos y siglos, tuvo que aprender la plenitud de su Cristeidad y representarla. En su adolescencia, tuvo que estudiar con los grandes gurús y someterse a ellos. En India obtuvo el doctorado y más. A Oriente llegó como estudiante, no como instructor; sin embargo, fue recibido como el Iluminado que era.

Los orientales que practican yoga pueden desarrollar unos poderes especiales, denominados «siddhis». Entre ellos están las hazañas milagrosas de las que hemos oído hablar en occidente: saber el pasado y el futuro, conocer vidas pasadas, poseer una gran fuerza física, la capacidad de caminar sobre el agua, la de volar, la bilocación, el dominio de los elementos, la capacidad de rodearse de un resplandor de luz y la de elegir cuándo morir. Algunas de estas capacidades aparentemente milagrosas fueron demostradas por Jesús y por algunos santos cristianos de los tiempos modernos, como el Padre Pío.

Pero los siddhis no son el objetivo. De hecho, la prueba suprema para el yogui consiste en renunciar a ellos. En el clásico Yoga-sutra (textos escritos en el siglo II a. C.), Patanjali se refiere a estos poderes sobrenaturales como «obstáculos hacia samadhi... Al renunciar incluso a estos poderes, se destruye la semilla del mal y se obtiene la liberación»[6]. Jesús lo demostró cuando superó con éxito las tres pruebas ante Satanás en el desierto.[7]

Tú también puedes ser un yogui, tanto si practicas algún tipo de yoga físico como si no. Eres un yogui cuanto cargas con el yugo de Jesucristo, que es ligero y fácil. Eres un yogui al servicio de los Maestros Ascendidos, eres un yogui al perfeccionar la ciencia de la Palabra hablada.

Los cuatro yogas principales: métodos de unión espiritual

Para comprender totalmente el yoga supremo debemos conocer las varias formas de yoga tal como las han practicado a lo largo de los siglos los devotos de la Madre Divina.

Existen cuatro yogas principales: jnana yoga, el sendero de unión con Dios mediante el conocimiento; bhakti yoga, el sendero de amor y devoción; karma yoga, el sendero del trabajo abnegado; y raja yoga, el sendero de concentración y meditación. Estos cuatro yogas se pueden colocar en los cuatro cuadrantes del Reloj Cósmico: jnana yoga en el cuadrante mental, bhakti yoga en el emocional, karma yoga en el físico y raja yoga en el etérico.[8] (Véase la figura 1).

Los cuatro yogas exigen una moralidad fundamental de honradez, continencia, higiene e inocuidad hacia la vida. Según sean las personas se adecuarán más a uno u otro de los cuatro yogas, pero ello no quiere decir que deban practicar solo uno de ellos.

De hecho, el hinduismo nos anima a que probemos los cuatro yogas como senderos alternativos hacia Dios. Estos no se excluyen mutuamente porque nadie es únicamente reflexivo, emocional, activo o experimental. Cada ocasión requiere una respuesta diferente. Por tanto, puedes probar los cuatro y quedarte con lo que más se ajuste a tus necesidades.

FIGURA 1:
Los cuatro yogas principales en los cuadrantes del Reloj Cósmico.

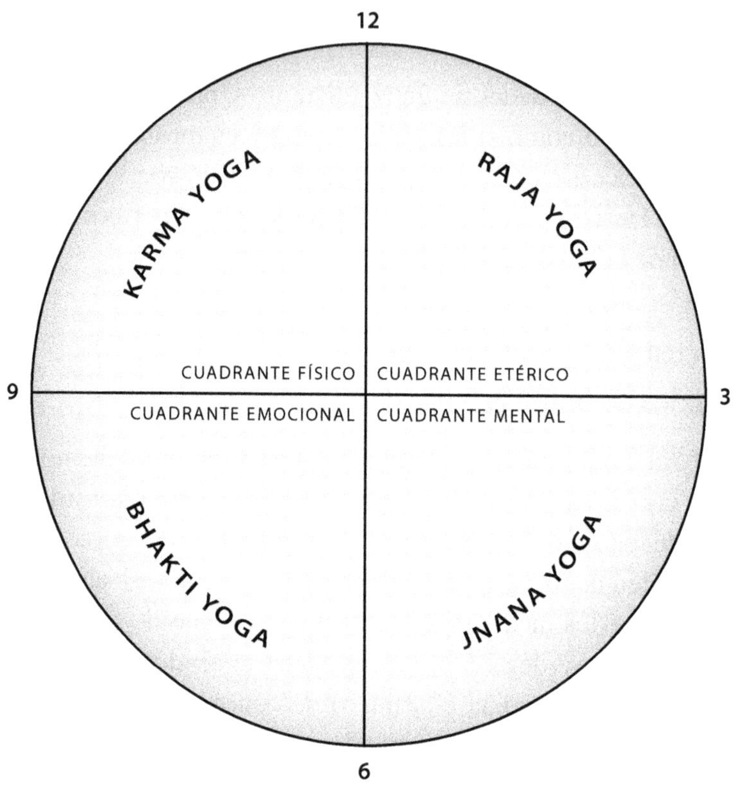

El primer yoga principal: Jnana yoga

El jnana yoga se adecúa a la persona contemplativa o monástica. Este yoga conduce a la unión con Dios mediante la disolución de la ignorancia. El conocimiento, claro está, comienza con el conocimiento de uno mismo. El yogui que practica el jnana yoga busca el conocimiento no solo a través del estudio, sino de la experiencia directa de Dios. Jnana yoga también es el sendero del discernimiento entre lo real y lo irreal. Corresponde al segundo cuadrante del Reloj Cósmico, el cuadrante mental.

Shankara, el gran santo y erudito hindú del siglo IX, escribió el siguiente consejo desde la voz del gurú al discípulo: «Debido al toque de la ignorancia es que tú, que eres el yo supremo, te encuentras bajo el cautiverio del yo irreal, único origen de la ronda de nacimientos y muertes. El fuego del conocimiento, encendido por el discernimiento entre el yo y el yo irreal, consume la ignorancia con sus efectos»[9].

En primer lugar, el gurú enseña a su pupilo las cuatro grandes afirmaciones védicas.[10] La primera es «Tat Tvam Asi» («Eso eres tú»), lo cual significa «Brahmán eres», «Estás hecho a imagen y semejanza de Brahmán». Esta afirmación se puede colocar en el cuerpo etérico, el primer cuadrante del Reloj Cósmico.

La segunda afirmación es «Aham Brahmāsmi» («YO SOY Brahmán»). Esta es la afirmación de la identificación consciente con el Gran Yo Divino: Brahmán. Esta frase pertenece al cuerpo mental, el segundo cuadrante del Reloj.

La tercera afirmación es «Ayam Ātma Brahma» («Este Yo es Brahmán»). Este Yo no es el yo de los deseos inferiores. Este Yo se consume con el deseo omniconsumidor de ser Brahmán y de conocer al Yo como Brahmán. Este deseo es el fuego espiritual que consume todos los deseos inferiores, dejando al alma cubierta e impregnada de solo un deseo, el de ser Brahmán. Esta afirmación está vinculada con el cuerpo de los deseos, el tercer cuadrante del Reloj.

La cuarta afirmación es «Prajnānam Brahma» («La conciencia es Brahmán»). Este mantra es la afirmación de que toda la conciencia física es Brahmán. Ello nos libera de la inquietud de los cinco sentidos, de las tentaciones de la carne, y protege el templo del hombre como templo de Brahmán.

La cuarta afirmación se aplica al cuerpo físico, el cuarto cuadrante del Reloj. Cuando el cuerpo físico alberga al SEÑOR, el cuerpo de los deseos, el cuerpo mental y el etérico lo siguen. Y los cuatro lados de la pirámide reflejan la llama de Brahmán en el altar central de la Cámara del Rey.

Una vez que el pupilo ha aprendido estas afirmaciones y las ha encarnado, el gurú le manda que medite sobre su verdadera naturaleza. «Lo que... carece de nombre y forma... lo que es infinito e indestructible; lo que es supremo, eterno e imperecedero; lo que es inmaculado: ese Brahmán eres tú. Medita sobre eso en tu mente».[11]

Gracias a esta meditación, el discípulo se libera de los hábitos que lo atan al mundo. Poco a poco, este separa las partes reales de sí mismo de lo irreal, como se separa la crema de la leche.

«El estudiante pasa a dedicarse a la meditación sobre Brahmán... [hasta que] surge en él un estado mental que le hace sentir que es Brahmán... Con una meditación cada vez más profunda, la mente, que es una manifestación de la ignorancia y una forma de materia, se destruye y... el Brahmán reflejado en la mente es absorbido por el Brahmán Supremo... Esta unidad, indescriptible con palabras, solo la conoce aquel que la ha vivido».[12]

Esta unión mística no implica la pérdida de la capacidad de pensar o de existir por parte del yogui. «La mente se destruye» significa que la mente inferior es desplazada gradualmente porque la mente del yogui está unida a la Mente de Dios, que es de una capacidad infinita. En el yogui hay una cantidad cada vez mayor de la Mente de Dios y una cantidad cada vez menor de la mente inferior.

Krishna dijo lo siguiente sobre el jnana yoga: «Cuando la sabiduría sea tuya, Arjuna, jamás volverás a tener confusión; porque verás todas las cosas en tu corazón, y verás tu corazón en mí».[13]

El segundo yoga principal: Bhakti yoga

El bhakti yoga es el yoga del amor divino. Corresponde a la línea de las seis del Reloj Cósmico, en el cuadrante del deseo.

Se lo considera como el más fácil de los yogas porque no nos exige que renunciemos a nuestras pasiones, solo que se las demos a Dios. «Se le pide [al devoto] que sienta un deseo apasionado por comulgar con Dios, que se sienta enojado consigo mismo por no progresar espiritualmente, que sienta avaricia de más experiencias espirituales... El bhakti Yoga no dice: "Renuncia a [ello]"; solo dice: "Ama; ama lo más alto", y todo lo inferior desaparecerá de forma natural».[14]

Los yoguis dedicados al bhakti yoga practican la devoción a Dios mediante la música devocional, la danza y una constante repetición de su nombre. Con frecuencia veneran a Dios en sus encarnaciones. Por ejemplo, los hindúes creen que Vishnú ha encarnado nueve veces como hombre-Dios, como avatar. En India está muy divulgada la veneración de sus encarnaciones como Krishna y como Rama.

El bhakti yoga nos permite desviar nuestro deseo de cualquier relación humana hacia una relación con Dios. Incluso teniendo una relación humana, amaremos a Dios a través de esa persona, pudiendo elegir la forma que más nos convenga, psicológicamente y según nuestras necesidades. Podremos rendir culto a Dios como padre, madre, maestro, niño, amigo o amante.

Padma Sambhava, cuya última encarnación fue la de un maestro tibetano que enseñó una forma de yoga llamada «guru yoga», dice: «Os podéis potenciar a vosotros mismos reflejando a Dios dentro de vuestra alma. Una forma de hacerlo es entrar en el sendero del bhakti yoga, el sendero de la devoción personal hacia el Gurú. Al hacer vuestras devociones, inclinaos ante vuestros Gurús según se os vayan apareciendo en la mente».[15]

Bhakti yoga es una forma de hacerse querer por Dios. Al formar tú un vínculo con Dios, Dios forma un vínculo contigo. Cuando Él haya puesto a prueba tu alma y te haya hecho pasar por el fuego del Refinador, cuando le parezca bien, te ofrecerá Su gracia.

El tercer yoga principal: Karma yoga

La mayoría de las personas no encajan en una vida de meditación y contemplación. Sienten la necesidad de estar activas en el mundo, de tener una vida profesional, una familia, desarrollar una capacidad o ayudar a los demás. El karma yoga corresponde a la línea de las nueve del Reloj Cósmico, el cuadrante físico. Este es el sendero de la salvación para quienes gustan de entrar en acción.

El vocablo sánscrito *karma* se deriva del verbo *kri,* que significa 'actuar'. Una acción, de cualquier tipo, es karma y a toda acción sigue una reacción.

A través de su meditación y culto, el gran practicante del bhakti yoga Ramakrishna logró una total identificación con el objeto de su devoción, la Madre Divina. Él se identificaba con ella tan completamente, que se decoraba el cuerpo con flores y pasta de sándalo en vez de decorar la estatua.

Es posible alcanzar grandes alturas espirituales (como hizo Ramakrishna), pero dejar sin hacer aquello que debe hacerse: saldar totalmente el karma. Mediante ejercicios y devoción puedes lograr estados exaltados de conciencia. Es como subir por una escalera. Pero poco a poco debes bajar, emprender el sendero del karma yoga, arremangarte, ponerte a trabajar y saldar tu karma.

Como explica Krishna en el Bhagavad Gita:

> No está bien dejar sin hacer el trabajo sagrado que debe realizarse. Renunciar así a la acción sería un engaño de la oscuridad. Y aquel que abandona su deber por temor al dolor, su renuncia es... impura y, en realidad, no tiene recompensa.
>
> Pero, Arjuna, quien realiza el trabajo sagrado porque este debe hacerse y renuncia al egoísmo y a pensar en la

> recompensa [o en las alabanzas], su trabajo es puro, y es paz. Un hombre así ve y no tiene dudas: renuncia, es puro y tiene paz. El trabajo, ya sea placentero o doloroso, para él es una alegría.
>
> Porque no hay hombre en la Tierra que pueda renunciar completamente a la obra viva, pero aquel que renuncia a la recompensa por su trabajo es en verdad un hombre de renuncia. Cuando el trabajo se realiza esperando una recompensa, a su debido tiempo este produce placer o dolor, o ambos; pero cuando un hombre realiza el trabajo en la Eternidad, la Eternidad es su recompensa.[16]

Al trabajar por una ganancia personal y la gratificación del ego, nos estaremos apegando a este mundo y a los frutos de nuestras acciones. Si trabajamos por el bien de los demás o para gloria de Dios, nos estaremos liberando de karmas pasados.

Cuando la gente abandona su trabajo y el servicio a Dios para meditar, contemplar y realizar otras actividades espirituales, entra en una situación peligrosa. Tales personas no han aprendido que el trabajo del corazón, la cabeza y la mano es un cáliz para la verdadera meditación, contemplación y el verdadero contacto con Dios.

El sendero del karma yoga nos enseña a estar en el mundo, pero sin pertenecer al mundo. Nos enseña a dejar de meternos cada vez más en la ciénaga del ego humano y, en cambio, trabajar para llegar a ser un cristal puro a través del cual Atmán pueda brillar libremente.

Los yoguis del karma yoga deben obedecer unas reglas morales básicas, jamás tener malos pensamientos, controlar sus deseos y pasiones y no hacer daño a nadie mental o físicamente. Este yogui no debe realizar nunca ningún trabajo motivado por el egoísmo o sintiendo que está haciendo un sacrificio o un gran esfuerzo. Krishna dice que un trabajo así es impuro. Debemos utilizar el trabajo para desapegarnos del mundo.

La salvación: ¿por obras o por gracia?

La salvación no llega automáticamente. No podemos lograr la iluminación por el simple hecho de seguir las escrituras de la A a la Z. El hinduismo, en última instancia, enseña que la salvación se puede alcanzar solo mediante la gracia. Al amante se le concede la gracia del Amante Divino. Podemos anhelar a Dios, pero no podemos llegar a Él a menos que por Su gracia Él nos proporcione ese contacto.

Algunas personas se enojan con Dios de verdad porque cumplen con todas las cosas superficiales, todos los rituales que exige la religión ortodoxa, y Dios no viene. También puede que se enojen por toda una vida o más porque Dios se ha llevado a un ser querido con una muerte inesperada. En vidas sucesivas esa cólera contra Dios se suprimirá, será tan profunda que tal persona no tendrá ningún recuerdo de su existencia y, sin embargo, albergará esa ira profunda en el inconsciente.

El Katha Upanishad dice: «Este Atmán no se puede alcanzar estudiando los Vedas ni mediante la inteligencia ni mediante la repetida escucha de los libros sagrados. Solo puede alcanzarlo aquel al que Atmán elige»[17].

Como Jesús dijo a sus discípulos: «No me elegisteis vosotros a mí, sino que yo os elegí a vosotros».[18] A fin de cuentas, Dios nos tiene que elegir a nosotros. Él tiene que decidir inclinarse y recogernos como pequeños huérfanos al borde del camino y llevarnos a Su corazón. Cuando esperamos al SEÑOR, lo amamos y satisfacemos sus requerimientos, al final Él nos ofrece Su gracia. Pero no está obligado a hacerlo.

Los Maestros nos enseñan que debemos esforzarnos mucho para hacer las obras de Dios, pero no importa cuánto trabajo realicemos, nunca podremos comprar nuestra salvación. No podemos pagar o ganarnos la ascensión, porque es un don que no tiene precio. Pero al otorgar ese don, Dios mide nuestras obras. Si estas son válidas, han dado fruto y satisfacen los estándares de disciplina, Dios y Su gracia nos darán la ascensión. Entonces comprenderemos que esta ascensión no se ganó con nada que hiciéramos, pero si no hubiéramos hecho lo que hicimos, no habríamos poseído ese campo energético, ese impulso acumulado con el que Dios pueda juzgarnos dignos de recibir Su don.

Por ello, el punto de vista de los Maestros Ascendidos sobre la fe y las obras es que la fe no basta, hay que hacer las obras. Pero no debemos pensar que nuestras obras nos darán la ascensión, porque entonces pecaremos de orgullo espiritual. Así, esa excelente actitud que es la humildad (hacer las obras de Dios sin estar apegados) es donde se pasa del egoísmo al altruismo. Es algo que has de sentir en tu corazón.

El cuarto yoga principal: Raja yoga

El cuarto sendero hacia la meta, el camino real de la integración, se realiza a través de la luz blanca en el cuerpo etérico. Este sendero es la integración en el diseño original divino de todos los factores de la conciencia de los cuatro cuerpos inferiores. Corresponde a la línea de las doce del Reloj Cósmico. Es el raja yoga, el yoga de la meditación y el control de la mente.

Los Maestros Ascendidos nos animan a que estudiemos raja yoga; y la Maestra Ascendida Leto nos dice al respecto lo siguiente:

> Necesitamos personas que vean el sendero de la Cristeidad como algo en el que experimentar; experimentar con las energías del yo, como en el sendero del raja yoga, el sendero que supone la integración de todos los yogas que la humanidad ha conocido y de todos los asanas, todas las meditaciones. Es la integración de la Llama Divina, la llama del Espíritu dentro del crisol de la Materia...
>
> Es una ciencia. Es la ciencia del hombre interior convirtiéndose en la manifestación de Dios. Deseo que demostréis

> el camino del Cristo y del Buda científicamente, porque es Ley. Ese camino puede demostrarse. Es física. Es química. Es psicología. Va más allá de los sentidos y, sin embargo, es demostrable. Es intangible, aunque tangible.[19]

El raja yoga consiste en ocho etapas (denominadas también partes o ramas). La primera es la abstención de hacer el mal. Hay cinco abstinencias: la no violencia, la veracidad, el no robar, la castidad y la no posesión. Ello incluye el rechazo a la posesión de cualquier cosa que contribuya al disfrute de los sentidos. El objetivo del yogui es obtener la iluminación mediante la concentración. Las distracciones en forma de posesiones lo desvían de esa meta.

La segunda etapa del raja yoga consiste en las cinco observancias: pureza, contento, austeridad, estudio de las escrituras y el constante pensamiento en la divinidad.

La tercera etapa es la de las posturas corporales, los asanas del hatha yoga. Hay ochenta y cuatro posturas, las cuales ayudan a fortalecer el cuerpo y estabilizar la mente. Consiguientemente, el hatha yoga ha sido denominado «la escalera al raja yoga».[20] Según Patanjali, «las posturas se vuelven firmes y relajadas mediante el control de las tendencias naturales del cuerpo, y mediante la meditación en el Infinito».[21]

La cuarta etapa del raja yoga es el control de la respiración o *pranayama.* Patanjali describe el pranayama como «el cese de los movimientos de inhalación y exhalación. La respiración puede detenerse exterior o interiormente o puede detenerse a mitad de ciclo, y puede regularse según el lugar, el momento y un número determinado de momentos, de forma que el cese sea prolongado o breve».[22] La finalidad del pranayama es el control de la mente; y también purifica el cuerpo y fomenta la longevidad.

La quinta etapa del raja yoga es la separación de los sentidos de los objetos sensoriales. El yogui que ha practicado fielmente las primeras cinco etapas ahora debería ser capaz de concentrar la mente.

Pero el raja yoga no ofrece la llama violeta. Cuando se utiliza la llama violeta, todo el divagar y la inquietud de la mente se transmuta y no hace falta seguir peleando contra las distracciones por siempre. Gradualmente uno va purificando el cuerpo mental. Así, la Mente de Cristo estará dentro del cuerpo mental y se producirá un flujo de concentración en la contemplación.

La sexta etapa del raja yoga es la concentración en un objeto; y la séptima es la meditación o la contemplación: unirse al objeto. El yogui primero debe escoger un objeto o una forma que contemplar, como la imagen de una deidad o de su gurú. También puede fijar la mente en la luz interior. Patanjali nos dice que podemos fijar la mente en «cualquier forma o símbolo divino que nos parezca bueno».[23] El yogui puede pasar de contemplar esa forma a contemplar la no forma.

La octava etapa es la identificación con el Atmán o la absorción en el Atmán, el estado llamado *samadhi*. Patanjali define samadhi de la siguiente forma: «Tal como el cristal puro adquiere el color del objeto que tiene más cerca, la mente, cuando está limpia de oleadas de pensamiento, alcanza la semejanza o identidad con el objeto de su concentración... Ese logro de semejanza o identidad con el objeto de la concentración se conoce como samadhi».[24]

Existen formas de samadhi superiores e inferiores. En las inferiores, el yogui alcanza la identificación con el instructor espiritual, gurú o deidad que ha elegido contemplar. En la forma superior no existe separación entre Atmán y Brahmán. Como lo describe Shankara: «Ya no existe una identificación del Atmán con sus envolturas».[25] Este es el gran misterio del sendero interior del hinduismo.

También puedes concentrar la atención, como lo enseña Saint Germain, sobre tu poderosa Presencia YO SOY, ese foco del YO SOY EL QUE YO SOY de la Gráfica de tu Yo Divino. Pronto la gráfica se disolverá y, más allá, verás la realidad de tu glorioso Gran Yo Divino.

La concentración en el YO SOY EL QUE YO SOY polariza todo tu ser hacia ese nivel, que en la Cábala se denomina Kéter, la primera sefirá que sale de Ein Sof. Ese es el punto de la unión sublime. En los momentos libres, cultiva la costumbre de meditar en tu poderosa Presencia YO SOY, derramando tu amor a tu poderosa Presencia YO SOY, exaltando esa Presencia, pensando en todos los maravillosos atributos de la Presencia YO SOY; y verás cómo te convertirás en un electrodo en la Tierra que atraerá las corrientes de ese elevado estado de conciencia hacia el planeta.

En Oriente, el patrón consiste en hacer que la Materia suba al Espíritu o en sacar la conciencia de la Materia, escapando de ella y yendo hacia el Espíritu. Por eso se utiliza la palabra «OM», porque ello hace que la energía circule hacia la Presencia.

En Occidente, el énfasis se pone en traer el Espíritu a la Materia. Esto lo realizamos con la afirmación «YO SOY EL QUE YO SOY», lo cual hace que las energías circulen desde la Presencia hacia este plano.

Ese es nuestro sendero. Si lo aceptamos, podremos obtener la integración que buscamos, que es la integración mediante la reunión del alma con la Presencia YO SOY en la ascensión. El raja yoga no promete la ascensión; lo más elevado que promete es samadhi. Sin embargo, al volver de samadhi aún seguirás en esta forma, aún seguirás cargando con tu karma.

El yoga que conduce a la ascensión: Agni yoga

El yoga supremo es el agni yoga. Este es el yoga de fuego, fuego sagrado. Está más allá de los cuatro tipos de yoga que se corresponden con los cuatro cuerpos inferiores, porque conduce a la ascensión. Este yoga ha sido enseñado por todos los Mensajeros de la Gran Hermandad Blanca. Incluso los profetas de Israel practicaban el yoga de fuego.

En la década de 1920, Nicolás y Helena Roerich comenzaron a divulgar las enseñanzas de El Morya y otros Maestros de la Gran Hermandad Blanca a través de los libros publicados por la Sociedad Agni Yoga. El agni yoga es el yoga del fuego sagrado de la Madre, el fuego sagrado de la Palabra Encarnada como la Palabra hablada (el decreto dinámico), el fuego sagrado del Padre y el Espíritu Santo. El Morya habla del agni yoga como el yoga de la era futura:

> Todos los Yogas anteriores, procedentes de las Fuentes más altas, se basaron en una cualidad determinada de la vida. Y ahora, en el advenimiento de la era de Maitreya, se necesita un Yoga que comprenda la esencia de toda la vida, omnímodo, que no eluda nada, precisamente como los jóvenes incombustibles de la leyenda bíblica que valientemente se sacrificaron en el horno de fuego y así adquirieron poder.[26]
>
> Tú podrías sugerirme un nombre para el Yoga de la vida. Pero el nombre más preciso será Agni Yoga. Es precisamente el elemento del fuego lo que da nombre a este Yoga del sacrificio.... El fuego no ocasionará una separación de la vida; actuará como un guía seguro hacia mundos lejanos...
>
> Veamos en qué se asemejan y en qué se diferencian el Agni Yoga de los Yogas anteriores. El Karma Yoga tiene muchas similitudes con él cuando actúa con los elementos de la Tierra. Pero cuando el Agni Yoga posee las formas de realización de los mundos lejanos, la diferencia se vuelve evidente. El Raja Yoga, Jnana Yoga, Bhakti Yoga, todos están aislados de la realidad circundante; y por ello no pueden entrar en la evolución del futuro. Claro está que un Yogui del Agni Yoga también lo debería ser del Jnana y del Bhakti, y el desarrollo de las fuerzas de su espíritu lo convierte en un Yogui del Raja Yoga. ¡Qué hermosa es la posibilidad de responder a las tareas de la evolución futura sin rechazar las conquistas pasadas del espíritu![27]

No hay progreso sin fuego. Esto es lo fundamental del sendero de los santos.

Quienes no interiorizan el fuego sagrado —porque no han hincado la rodilla ante nuestro Dios, que es un fuego consumidor[28]— sienten el fuego como tensión. Al «escapar de todo» pretenden huir tanto del fuego como del estrés.

Quienes sienten el fuego como fuego aprenden a interiorizarlo mediante interludios de meditación, comunión con la Madre Tierra, yoga, ejercicios de respiración, devociones, decretos o actividades físicas que equilibren y vivifiquen los órganos. Hay otros métodos que estimulan la asimilación del fuego en los cuatro cuerpos inferiores, como escuchar música clásica o religiosa, realizar actividades rítmicas o creativas, elevar la Kundalini,[29] incluso dormir profundamente para abandonar el cuerpo y prestar servicio con las huestes celestiales en el plano etérico. El trabajo en sí mismo es un medio para asimilar el fuego.

En el libro *Heart (Corazón)* leemos: «Aun los seres más elevados deben encender su espíritu con el fin de actuar».[30] Cuando se alcanza cierto nivel en el sendero de la espiritualidad, a menos que uno se convierta en una llama en ese momento, para siempre, se puede sufrir un retroceso y un desastre en la vida. Es imposible mantener y manifestar un determinado nivel de espiritualidad sin estar familiarizado con el fuego.

Pon la mano sobre el pecho y visualiza el Atmán como la manifestación de Brahmán, la visualización más clara que puedas tener sobre la presencia de Brahmán en la forma. Así, el Atmán, en el centro de ese punto, muy cerca del chakra del corazón, ese Atmán es la réplica de Brahmán en tu ser. Esa presencia de la manifestación Divina y esa llama es la puerta abierta para la reunión de tu alma con Dios.

El alma es mutable y solo se convierte en inmutable a través de la reunión con Atmán y la reunión con Dios. Por eso existe un sendero de luz y otro de oscuridad, por eso existe el bien y el mal, porque el alma debe tomar decisiones y elegir apartarse del mal y entrar en el Atmán. Entonces podrá andar en el éxtasis del Atmán.

Cuando sabes que Dios vive en ti, sientes como si llevaras a Dios en una litera de aquí para allá según vas haciendo camino. Y sientes que tienes una presencia valiosísima, un cargamento valiosísimo que vas llevando. Es una miniatura del SEÑOR en tu corazón. Y así, el templo se llena de luz porque Dios habita en ti y tú le das devoción a esa presencia.

Todos los caminos conducen al corazón de Dios

La plétora de perspectivas hindúes sobre Dios ha provocado mucha confusión acerca del hinduismo en Occidente. Pero Ramakrishna, el gran santo del siglo XIX, dijo que no debería existir conflicto alguno sobre la naturaleza de Dios: «En realidad, [las opiniones divergentes sobre la naturaleza de Dios] no son contradictorias. Tal como Lo comprenda un hombre, así se expresará Él. Si uno logra llegar a Él, uno no encuentra contradicciones... Kabir [un místico hindú del siglo XV] solía decir: "El Absoluto sin forma es mi Padre, y Dios con forma es mi Madre"».[31]

El gran conocimiento que imparte el Señor Krishna es que solo existe un Dios. Y ese Dios único —llámesele como se le llame— puede dirigir Sus rayos luminosos hacia nosotros mediante los Arcángeles, mediante los Maestros Ascendidos, mediante Seres Cósmicos o mediante la persona que tenemos sentada a nuestro lado. Pero la Fuente siempre es Dios. La procedencia siempre es desde el Dios único.

Por tanto, Dios tiene muchos disfraces. Cada uno de nosotros es una máscara de Dios y, detrás de ella, está la presencia viva del Señor. Krishna se pone muchos disfraces para que podamos demostrar nuestra devoción hacia quienes son aparentemente imperfectos; sin embargo, sabemos que el Señor del Amor vive dentro de ellos.

Como dice Krishna en el Bhagavad Gita: «Cualquier camino por el que los hombres viajen es mi camino: no importa a dónde vayan, el camino conduce hacia mí».[32]

Así, vemos que todos los caminos conducen al corazón de Dios. Siempre y cuando no nos idolatremos a nosotros mismos ni a otras personas, podremos percibir a Dios en todos los seres y sabremos que solo Dios es el dador de cualquier cosa que recibamos de esos seres.

El Arcángel Miguel es una máscara de Dios —como lo es el Arcángel Gabriel, como lo es El Morya—, pero sus máscaras nos cuentan una larga historia acerca de su sendero, sus impulsos acumulados, su causa por la santidad. ¿Cómo lograron una interiorización tan singular de una virtud de Dios? Por su amor y su sendero. Por consiguiente, si deseamos esa virtud de Dios, debemos acudir a uno de ellos como si acudiéramos a un profesor o un maestro o un científico, porque nuestra intención es lograr la excelencia en aquello que él sabe y aquello que él es. Pero todo se resume en un solo Dios, solo un Dios vivo.

Mucha gente en el mundo se ha fijado en la máscara en vez de hacerlo en el Dios detrás de la máscara, el Dios único y universal. Y, por tanto, la gente discute: «Si no crees en Jesucristo irás al infierno». Del mismo modo, si no crees en el Señor Krishna, si no crees en Moisés, si no crees en el Buda Gautama, irás al inferno. La gente ha perdido la idea de que Dios se nos aparece en muchas manifestaciones. No es panteísmo. No es idolatría. No se trata de muchos dioses. Es que Dios es infinito y nosotros tenemos una habitación finita; por tanto, a través de cada cual solo aparece una parte de Dios.

Así es que debemos tomar el arco y disparar la flecha hacia el corazón de nuestra idea más elevada de Dios. Entonces deberemos rezar a esa idea superior de Dios. La luz nos regresará y nosotros seremos elevados hasta ese nivel. Aquello que puedas conceptualizar, que puedas conocer, tocar, ver, ese punto de contacto con Dios, debe serlo absolutamente todo para ti. Y quizá, cuando lo alcances y logres unirte a ello, estarás en otro nivel de la montaña y verás la siguiente montaña que hay más allá, la cual no veías antes. Y así, paso a paso, logramos la unión con Dios.

El aliento de fuego sagrado

El Elohim Ciclopea resume las intenciones de los Maestros sobre cómo integrar el yoga en nuestra práctica diaria.

> Hemos aprobado y defendido varios sistemas de yoga para mantener el ritmo del flujo de la vida. Cuando estos se combinan con el ejercicio de respiración de cuatro pasos [que enseña Djwal Kul, ver más adelante] y con la visualización de la llama trina para que la luz fluya en los chakras, el ritmo del yoga, el ritmo del decreto dinámico, una alimentación correcta, hacer ejercicio y ponerse de cara al sol una vez al día durante diez minutos mientras se hace el llamado a Helios y Vesta* (con cuidado de no exponer los ojos directamente al brillo del sol), todo ello te proporcionará el contacto con una gran reserva de luz en el corazón de Helios y Vesta que es la acción de equilibrio de este sistema solar.[33]

El llamado a Helios y Vesta es el siguiente:

> ¡Helios y Vesta!
> ¡Helios y Vesta!
> ¡Helios y Vesta!
> ¡Que la luz fluya dentro de mi ser!
> ¡Que la luz se expanda en el centro de mi corazón!
> ¡Que la luz se expanda en el centro de la Tierra
> y que la Tierra sea transformada en el Nuevo Día!

---

*Cada sistema solar posee una focalización del Dios Padre-Madre, personificado en unas llamas gemelas que incluyen en su autopercepción todo el sistema solar y todas sus evoluciones. Helios y Vesta son la polaridad masculina y femenina de Dios y sostienen la llama en el Sol detrás del sol, en el centro de nuestro sistema solar.

Djwal Kul explica la importancia de la respiración como medio para lograr la iluminación y nos da este ejercicio del yoga supremo, una meditación sobre el aliento de fuego sagrado para equilibrar y expandir la conciencia:

> Tal como la inhalación y la exhalación de Dios son para la integración de los ciclos cósmicos, para desplegar mundos dentro de otros mundos y para el regreso de esos mundos al corazón de Dios de donde salieron, de igual modo el hombre, como cocreador con Dios, tiene el don del aliento de fuego sagrado. Si utiliza ese aliento para la consagración de la energía del Espíritu Santo dentro de los chakras y dentro del aura, el hombre verá cómo se convertirá en la mismísima plenitud de la Presencia de Dios...
>
> El aire que respiráis puede cualificarse con el aliento de fuego sagrado del Espíritu Santo. En efecto, el aire es, como si dijéramos, el potencial latente del aliento del Espíritu Santo. Es una energía pasiva que puede activarse mediante la Llama Crística cuando la energía del chakra del corazón es atraída hacia arriba a través del chakra de la garganta y es emitida como la Palabra sagrada...
>
> Consideremos ahora las dos funciones más importantes de los chakras: primero, ser vórtices de la exhalación, que supone la entrega de la energía de Dios como acción —la acción séptuple— de los siete rayos del Espíritu Santo; y, en segundo lugar, ser vórtices de la inhalación, la inhalación del aliento del fuego sagrado como esencia universal, la energía pasiva del Espíritu Santo. Estas funciones son más evidentes en el chakra de la garganta, por tanto, la finalidad de este estudio es dar a los devotos del Espíritu Santo un ejercicio realmente práctico y una comprensión fundamental sobre el uso del chakra de la garganta para la integración de los cuatro cuerpos inferiores mediante la inhalación y exhalación del aliento de fuego sagrado.
>
> Igual que se inspira y se espira a través del chakra de la garganta, todos los chakras toman y dan las energías de Dios

según la frecuencia que cada chakra tenga asignada. Las energías que entran por los chakras son del Espíritu Santo y de la Madre y están relacionadas con las funciones del alma en la Materia y el sustento de los cuatro cuerpos inferiores; y las energías que salen de los chakras son del Padre y del Hijo y están relacionadas con las funciones del alma en el Espíritu y la emisión de su potencial creativo espiritualmente...

Esta es una ilustración de la ecuación matemática que siempre está presente en el intercambio cósmico de energía entre Dios y el hombre y entre el hombre y Dios... La exhalación —el impulso del Espíritu hacia el exterior— es el factor más. El siguiente ejercicio os dará la capacidad de aumentar la inhalación: el impulso de la Materia hacia el interior, el factor menos. Y así llegaréis a conocer el equilibrio de ambos como la acción regenerativa de las corrientes de Alfa y Omega dentro de vuestra forma, vuestra conciencia y vuestro mundo.

Primero, asumid una postura de meditación, sentándoos cómodamente en una silla ante vuestro altar, el foco físico de vuestro culto. Si es posible, deberíais reservar una silla a utilizar solo durante las meditaciones y las invocaciones...

Poned los pies en el suelo, haciendo contacto con toda la planta sobre el suelo, las manos ahuecadas sobre el regazo, palmas hacia arriba, la cabeza erguida, la mirada hacia el frente, el mentón hacia dentro para permitir el flujo disciplinado de las energías del chakra del corazón a través del chakra de la garganta.

Ahora debe recitarse tres veces el Llamado al Aliento de Fuego [véase la siguiente página], la invocación de la Diosa de la Pureza para los devotos del Espíritu Santo. Recitadlo despacio, rítmicamente, con sentimiento. Absorbed cada palabra y cada concepto con la convicción en la mente y el corazón de que sois, aquí y ahora, herederos con Cristo.[34] Y como el hijo amado, la hija amada, reclamáis vuestra herencia... del fuego sagrado...

Es esencial que colguéis encima de vuestro altar la

Gráfica de la Presencia [véase gráfica en la página 27]... Estableced en la mente el concepto de un flujo perpetuo desde el corazón del Ser Divino individualizado hacia el corazón del Ser Crístico, hasta vuestra llama trina que late con el ritmo del latido del corazón de Dios. Vuestra Presencia YO SOY, a través del Ser Crístico, en respuesta a vuestro llamado, sellará vuestra aura dentro del mismísimo corazón del aliento de fuego de Dios en expansión. Recordad que Dios en vosotros es el que pronuncia el decreto, el decreto mismo y el cumplimiento del decreto.

Visualizad vuestra aura como un ovoide de luz blanca extendiéndose por debajo de vuestros pies y por encima de vuestra cabeza... Ved cómo el aura aumenta la intensidad de la luz a medida que la energía se expande desde el chakra del corazón y, a partir de ahí, desde todos los chakras, como la niebla sagrada que se denomina aliento de fuego de Dios. Que su pureza, integridad y amor llenen el ovoide de vuestra aura; y sentid cómo vuestra mente y vuestro corazón disciplinan esa energía y la mantienen en la tensión creativa de vuestra percepción cósmica. Terminad el llamado (tres veces) con la aceptación, las seis líneas de cierre:

YO SOY, YO SOY, YO SOY el aliento de fuego de Dios
desde el corazón de los amados Alfa y Omega.
Este día YO SOY el concepto inmaculado
expresándose doquiera que voy.
Ahora YO SOY el que está lleno de júbilo,
porque YO SOY ahora la plena expresión del Amor Divino.
Mi amada Presencia YO SOY,
séllame ahora dentro del corazón mismo
del aliento de fuego de Dios en expansión.
¡Que su pureza, su integridad y su amor
se manifiesten dondequiera que yo esté hoy y por siempre! (3x)

Yo acepto que esto se cumpla ahora mismo con pleno poder.
YO SOY esto cumplido ahora mismo con pleno poder.
YO SOY, YO SOY, YO SOY la Vida de Dios

Gráfica de tu Yo Divino

expresando perfección en toda forma y en todo momento. ¡Esto que pido para mí lo pido para todo hombre, mujer y niño en este planeta!

Ahora estáis preparados para el ejercicio de la integración del octavo rayo. A la cuenta de ocho, inspirad por la nariz el aliento sagrado. Al principio es bueno contar dando golpecitos con el pie en el suelo.

Se inspira por la nariz. Al hacerlo, empujad hacia fuera con los músculos abdominales, dejando que el aire os llene los pulmones completamente. Haced que los pulmones se llenen como un globo. Visualizad el aire que inspiráis como pura luz blanca.

Ahora, a la cuenta de ocho, aguantad la respiración y visualizad el aire penetrando en vuestra forma física como la esencia del Espíritu Santo, la cual alimenta, estabiliza y equilibra el intercambio de energía en los átomos, moléculas y células físicas. Visualizad esta energía sagrada fluyendo a través de vuestras venas, moviéndose por el sistema nervioso, afianzando la esencia de las energías equilibrantes del Espíritu Santo en vuestros cuatro cuerpos inferiores y absorbiendo todas las impurezas que estos contengan, que ahora podéis ver son expulsadas de vuestro sistema al espirar a la cuenta de ocho.

Que la exhalación sea deliberada y disciplinada a medida que soltáis el aire despacio, como si fuera una sustancia que se empuja por un tubo para que salga. Podéis redondear los labios para aumentar la tensión de la exhalación. Imaginad cómo el aliento es empujado desde el fondo del estómago mientras los músculos abdominales se contraen. Podéis inclinaros hacia adelante si ello sirve para hacer salir el poco aire que quede en los pulmones. Ahora volved a poner la cabeza derecha y aguantad la respiración, sin inspirar ni espirar, a la última cuenta de ocho.

Repetid este ejercicio diariamente, según vuestra capacidad física lo permita, hasta que establezcáis un ritmo, contando mentalmente si queréis: *Uno, dos, tres, cuatro, cinco, seis, siete, ocho y uno, dos, tres...* y así sucesivamente. Tened cuidado y no exageréis por un exceso de celo. Cada cual debe, en Cristo, discernir su capacidad, que puede ir desde una a doce repeticiones del ejercicio por cada sesión diaria.

Este ejercicio cuádruple sirve para equilibrar los cuatro cuerpos inferiores. La inhalación llega por el cuerpo etérico. La primera vez que se aguanta la respiración se produce una acción de energización a través del cuerpo mental. La exhalación es la emisión a través del cuerpo emocional. Y la última vez que se aguanta la respiración sirve para afianzar en la forma física la acción equilibrada de Padre, Hijo, Madre y Espíritu Santo.

Cuando hayáis dominado la inhalación, el aguante de la respiración, la exhalación y el otro aguante de la respiración de este modo y cuando lo acompañéis con la visualización del fuego sagrado emitiendo luz, energizando la conciencia, extrayendo las impurezas y finalmente afianzando las energías del Cristo, entonces y solo entonces podéis añadir al ejercicio la afirmación «YO SOY Alfa y Omega» a la cuenta de ocho. Deberéis afirmarlo mentalmente una vez por cada uno de los cuatro pasos del ejercicio. Esta afirmación sirve para establecer dentro de vosotros las lenguas hendidas de fuego, las llamas gemelas del Espíritu Santo que son las energías del Dios Padre-Madre.

Al invocar así estas energías y al utilizar el aliento como medio para transmitir esa energía a los cuatro cuerpos inferiores y afianzarla en la forma física, estaréis desarrollando la acción equilibrada del caduceo: el entrelazamiento de las espirales Alfa y Omega a lo largo de la columna vertebral que son para la victoria final de la polaridad masculina y femenina, la cual eleva las energías de los chakras, se une en el corazón como el Cristo y florece en la coronilla como la iluminación búdica del loto de mil pétalos...

Sin el equilibrio de las espirales de Alfa y Omega en vosotros, oh chelas del fuego sagrado, no podréis avanzar más en la expansión del aura...

Por tanto, esto es el principio de vuestro ejercicio de expansión. Además, también es el fin de vuestro ejercicio, porque, al final, en la completa manifestación del Dios Padre-Madre, veréis que vuestro ser y conciencia se habrán convertido en el aura, el campo energético, del Espíritu Santo. Veréis que de esa forma habréis atraído a esa Presencia del YO SOY y vosotros habréis sido atraídos por ella en una verdadera conflagración, la cual, benditos, es el ritual de vuestra ascensión en la luz. Así, desde el principio hasta el fin, las espirales Alfa y Omega dentro de vosotros son el cumplimiento de la mismísima Presencia viva de Dios.[35]

Mantra yoga

Como el hatha yoga, el mantra yoga es un complemento a las formas principales de yoga. Un mantra es una oración breve que se recita una y otra vez para acumular un impulso relacionado con una virtud en concreto dentro del alma. El vocablo *mantra* proviene del sánscrito y significa 'consejo sagrado' o 'fórmula'.

Los hindúes y los budistas utilizan la repetición de los nombres de Dios —y de los mantras sagrados que contienen los nombres de Dios— por toda la India como un medio de reunión con Dios. Porque el nombre de Dios es Dios, porque el nombre es un cáliz, una fórmula portadora de Su vibración. Por tanto, Dios y Su nombre son una sola cosa. Él te da Su nombre, tú recitas el nombre, después Él se entrega por completo a ti.

Hoy día, en Occidente, a mucha gente le cuesta meditar porque tienen la mente muy *yin*. Consumen demasiada azúcar y beben demasiados líquidos, como el café y los refrescos, la mayoría de los cuales contiene cafeína. Estos alimentos yin —especialmente el alcohol y las drogas recreativas— dificultan la concentración. Esta debilidad se ha implantado en nuestro cuerpo.

Con el fin de compensar esta flaqueza, recitamos mantras durante la meditación. Los mantras nos ayudan a concentrarnos en palabras, descripciones gráficas y visualizaciones. Al meditar y recitar esos mantras, nos unimos cada vez más al objeto de nuestra concentración. El mantra mantiene la mente disciplinada. Esta fue la gran solución de Saint Germain para todos sus discípulos de Occidente.

Muchas de las afirmaciones de Jesús, además de ser enseñanzas sagradas, también son fórmulas para aumentar la percepción de Dios que tiene el discípulo. Por ejemplo, las siguientes afirmaciones sobre la Ley se pueden utilizar como afirmaciones devotas de la Verdad. Cuando se utilizan de tal forma, estas afirmaciones se convierten en mantras importantísimos para el devoto del fuego sagrado: «YO SOY el camino, la verdad y la vida»; «YO SOY la resurrección y la vida»; «YO SOY la luz que alumbra a todo hombre que viene al mundo».

Cuando pronunciamos un mantra adecuadamente logramos una fusión con el objeto de ese mantra, que siempre es un atributo de Dios. Y un atributo de Dios es simplemente un rayo de luz que está conectado con Dios. Si recitamos mantras dedicados a Shiva, nos uniremos a Shiva.

Los mantras deben recitarse repetidamente porque la unión con Dios es un proceso gradual; se produce paso a paso. Cada vez que repetimos un mantra nos estamos acercando gradualmente a la unión con Dios. Al repetir el mantra, este efectúa un cambio en nuestro corazón y en nuestra mente.

Los occidentales con frecuencia no comprenden el valor que tiene la repetición. Algunas personas creen que es algo absurdo. Otros incluso dicen que es un lavado cerebral para el que recita el mantra y que le hace perder su fuerza de voluntad. Pero el verdadero valor de la repetición de mantras es que esta nos ayuda a lograr el estado en el que podemos recordar lo Divino. Además, nos ayuda a saldar el karma que hemos creado con el chakra de la garganta al abusar de la ciencia de la Palabra hablada.

Por ese motivo conviene tener un mantra en los labios.

Los grandes profetas y patriarcas, en sus viajes, erigían un altar dedicado al SEÑOR allá donde acampaban. El Arcángel Gabriel y el Arcángel Miguel estaban con ellos y, allá donde se encontraran ofrecían sus oraciones a Dios.

San Juan Crisóstomo da la siguiente enseñanza: «En cualquier parte, allá donde estés, puedes erigir un altar dedicado a Dios en tu mente mediante la oración. Y así, procede rezar durante el ejercicio de tu oficio, durante un viaje, estando de pie en una esquina o sentado haciendo tus trabajos manuales». San Juan dice que la persona que desarrolle esta costumbre acabará por «capacitarse en la invocación devota e ininterrumpida del Nombre de Jesucristo». Esta oración recitada se convierte en una «oración de la mente» y, finalmente, en una «oración del corazón, que abre el Reino de Dios [la conciencia de Dios] dentro de nosotros».[36]

Después de recitar un mantra durante cierto período de tiempo, la ignorancia del devoto se purifica. Este puede tener una experiencia mística al percibir directamente, en un destello, la verdad del mantra. El siguiente paso es *moksha,* la reunión con Dios.

Al concentrarnos en el sol de nuestra Poderosa Presencia YO SOY, podemos llenar el cáliz con las palabras del mantra. Todos los mantras de nuestro libro de decretos[37] han sido dictados por los Maestros Ascendidos. Por tanto, el mantra o decreto es una bolsita con sus Cuerpos Causales, una pequeña fórmula bien atada. Y cuando repitamos las palabras, habremos creado el equivalente de la vibración del Maestro en nosotros mismos y nos habremos sintonizado con ella.

Nos referimos al Maestro como la fuerza yang (Espíritu) y a nosotros como la manifestación yin (Materia), una polaridad más y menos, masculina y femenina, motivo por el cual otorgamos al alma el género femenino. Por tanto, cuando recitamos estos mantras y los combinamos con la meditación, nos convertimos en el punto de anclaje para el Maestro en el planeta.

A medida que escoges a tu Gurú, elige tus mantras. Recítalos regularmente y verás cómo comenzarán a cantar en tu corazón. Al pronunciar un mantra una y otra vez, ese se repite a sí mismo en ti. No se trata de autohipnosis. No es una autoprogramación. El mantra está vivo. Es la extensión del Gurú que dio el mantra, que ahora se te devuelve a través de la voz de tu Gurú, que está dentro de ti.

Escoge al Maestro que más se parezca a ti, el Maestro al que tú más te parezcas. Luego escoge a otro Maestro que manifieste una maestría que tú necesitas muchísimo, de forma que te veas obligado a recitar sus mantras también. Elige el Maestro que encarne de forma tan grandiosa esa cualidad que te falta que, a través del corazón de ese Maestro, puedas conseguir el equilibrio de las cualidades de Dios dentro de ti.

Quizá te parezca que necesitas amar más, o tener más bondad o más misericordia. Kuan Yin es una gran Maestra a quien puedes ofrecer mantras, porque nunca se puede tener demasiada misericordia ni demasiada compasión hacia la vida.[38]

La transferencia del registro de la vida

La transferencia del registro de la vida de una encarnación a la siguiente debe estudiarse considerando el hecho de que es necesario purificar ese registro para alcanzar el yoga supremo.

Mediante el poder de la luz, todo el bien que hace el hombre se transmite a su Cuerpo Causal, el Cuerpo del Bien Causativo. Ahí se guarda, como en una reserva de gran fortaleza y abundancia espiritual, en una reluciente esfera de espléndida realidad. Los patrones negativos que los hombres generan cuando actúan equivocadamente se vuelven parte del yo inferior y quedan registrados (por así decirlo) dentro de los «huesos» o estructura densificada del cinturón electrónico.

Como enseña el Señor Lanto: «Ese cinturón se extiende

desde la cintura hasta debajo de los pies. Tiene la forma de un gran timbal. Contiene los registros acumulados de vuestros pensamientos, sentimientos, palabras y actos negativos; por consiguiente, es vuestro karma negativo».[39]

Por supuesto, cuanto más extensa sea nuestra existencia (millones de años de encarnaciones, creando conforme al ego humano), más grande se habrá hecho el timbal. Sus múltiples capas están comprimidas como platos, casi como el pastel de hojaldre, con una capa sobre otra y así sucesivamente. Y encerrados en ese cinturón electrónico se encuentran tu creación humana y tu karma.

Si vertieran sobre ti todo el contenido de tu cinturón electrónico, te mataría. Por ello Dios nos asigna a cada uno de nosotros, en el lapso de una vida, solo cierta cantidad del contenido del timbal, la parte que, de acuerdo con nuestro logro, seamos capaces de afrontar. Las personas con las que debamos servir o trabajar, también deberán estar encarnadas al mismo tiempo que nosotros.

Mediante un proceso especial que tiene lugar al final de cada encarnación, el registro de vida se transfiere a una envoltura electrónica que contiene la sustancia acumulada del mundo del individuo. Es necesario que reciba la envoltura y la afronte en su próxima vida. Cuando el individuo reencarna, los registros que corresponden a las emociones, los pensamientos y la memoria se colocan dentro de sus respectivos vehículos y el alma continúa evolucionando desde el nivel al que llegó en su vida anterior.

El registro y la sustancia de la personalidad se transfieren a la estructura física del hombre mediante los genes, los cromosomas, las hormonas, la sangre, los líquidos, los nervios, los huesos y el cerebro. La sustancia no redimida del hombre no solo se deposita en los átomos del cuerpo físico, sino también en los de los cuerpos emocional, mental y etérico y en la masa energética que llamamos alma.

A través de los patrones que el hombre tiene estampados en los cuatro cuerpos inferiores y en el alma es que este puede conservar su personalidad de una encarnación a la siguiente. Hasta que encuentra su identidad espiritual a través del yoga supremo, el hombre conserva los patrones de sus impulsos acumulados personales. Con frecuencia, de una encarnación a la siguiente se observan parecidos fisiológicos, porque tales rasgos son simplemente el reflejo de la personalidad del alma, que permanece inmutada.

Según la ley de la atracción (la atracción se produce entre cosas semejantes), muchas veces los padres atraen almas con rasgos de personalidad parecidos a los suyos. Por tanto, la corriente de vida nueva puede asumir, a través de los genes y cromosomas de sus padres, aquellos rasgos que también son de su propia evolución. En los casos en que padres e hijos parecen no tener nada en común, se puede concluir que los lazos kármicos los atrajeron con la única finalidad de saldar las injusticias que se impusieron unos a otros.

Aquí vemos en acción la ley de los opuestos, que Job sintió intuitivamente cuando dijo: «El temor que me espantaba me ha venido».[40] Cuando miramos con la suficiente honestidad bajo la superficie de nuestro propio mundo, con frecuencia descubrimos que las características que despreciamos en otros (especialmente en miembros de nuestra familia) son precisamente las debilidades que debemos superar en nosotros mismos, para lo cual fuimos enviados a encarnar.

Hasta que no desechemos nuestras antipatías y nuestros anatemas, no podremos superarlas. Porque la energía que está cualificada con repulsión se convierte en el imán que atrae hacia nosotros el objeto de nuestro desdén. Qué cierto es que, lo que vemos en los demás, es probablemente aquello en lo que nos convertiremos.

La transmutación del registro de la vida

Todos los que aspiren a liberarse de la rueda del karma, la ronda de la reencarnación, deberán tener claro que antes deberán transmutar su registro de la vida junto con la causa, el efecto, el registro e incluso la memoria de todo acto erróneo.

El hombre no escapa de su karma personal al pasar por la transición llamada muerte, aunque pierda su forma y pueda perder temporalmente su identidad. Porque allá donde el hombre va, con él va su registro de la vida, que debe ser purificado antes de que el hombre pueda lograr el yoga supremo. Y viceversa, la práctica del yoga supremo le enseña al hombre a purificar su registro de la vida.

Precisamente para eso están Saint Germain y Porcia con su dispensación de llama violeta para la era de Acuario. La llama violeta atraviesa el cinturón electrónico y puede empezar a penetrar, disolver, transmutar y equilibrar esa energía y hacer que vuelva a tu Cuerpo Causal transmutada, aunque nunca conozcas a las personas con quienes tienes deudas kármicas, aunque no hayas nacido en el momento adecuado ni en el siglo adecuado, como mucha gente piensa, la cual revive siglos pasados en sus fantasías, en las obras de teatro y demás.

La llama violeta es el disolvente universal en el sentido de que disuelve un problema universal, que consiste en tener un montón de cabos sueltos de karma, antiguo y reciente, que hay que atar, y tener la oportunidad al final de esta era de Piscis de ascender.

En épocas anteriores se nos exigía el saldo del cien por cien de nuestro karma antes de que pudiéramos regresar al corazón de Dios. Toda jota y tilde de la ley debía cumplirse; todo ergio de energía mal cualificada a lo largo de todas nuestras encarnaciones debía purificarse antes de poder ascender. El requisito de la Ley era la perfección.

Gracias a la misericordia de Dios y de los Señores del Karma, la antigua ley se ha anulado. Ahora, quienes hayan saldado el 51 por ciento de sus deudas con la vida pueden recibir el don de la ascensión. Después podrán saldar el restante 49 por ciento desde el reino ascendido mediante el servicio a la Tierra y a sus evoluciones.

El Señor Lanto nos dice:

> Debajo de la calma superficie de vuestro ser hay cavernas de conciencia que pudieran encontrarse en un estado de confusión. Ello con frecuencia indica una polarización de karma negativo dentro de la psique. Este karma, generado en épocas recientes y remotas de la historia personal, es la causa subyacente del cisma dentro del yo.
>
> Es un proceso necesario expulsar al enemigo interno mediante la invocación del fuego sagrado. Cuando invocáis ese fuego, se produce la transmutación y se liberan las energías que habéis aprisionado en matrices de pensamientos y sentimientos imperfectos.
>
> Inmediatamente después de que son sacadas del cinturón electrónico y purificadas por las llamas de Dios, estas energías ascienden a vuestro Cuerpo Causal. Este es el cuerpo de Primera Causa y es el depósito de todo el bien Divino que jamás hayáis exteriorizado.
>
> Tal como el cinturón electrónico contiene el registro y la sustancia mal cualificada del karma humano negativo, el Cuerpo Causal tiene la carga de luz que registra todo el karma positivo. Por tanto, el Cuerpo Causal pertenece al orden y universo espiritual y los cuatro cuerpos inferiores y el cinturón electrónico pertenecen al orden y universo natural.
>
> La gloria del cuerpo celestial es el medio por el cual superamos y trascendemos el cuerpo terrenal. En palabras de san Pablo: «[El cuerpo terrenal] se siembra en corrupción, resucitará en incorrupción. Se siembra en deshonra, resucitará en gloria; se siembra en debilidad, resucitará en poder. Se siembra cuerpo animal, resucitará cuerpo espiritual. Hay cuerpo animal, y hay cuerpo espiritual. Así también está escrito: Fue hecho el primer hombre Adán alma viviente; el postrer Adán, espíritu vivificante».[41]

Las doctrinas perdidas del karma y la reencarnación: claves del yoga supremo

La perpetuación del dogma ortodoxo cristiano ha conservado la verdad en gran manera, aun cuando se han distorsionado muchas cosas. La verdad sobre el karma y la reencarnación es algo prácticamente irreconocible en la teología occidental, pero esta verdad es esencial para la comprensión y la práctica del yoga supremo.

El Morya destaca lo siguiente:

> Uno de los errores más perniciosos de la ortodoxia actual... es la mentira de que Jesús es el único Hijo de Dios; y que, además, Jesús encarnó con una total maestría de Cristeidad y no tuvo que seguir el Sendero ni realizar su propio potencial Divino interior antes de comenzar su misión.
>
> Estas cosas están bien claras en las escrituras, pero se han leído y vuelto a leer tantas veces, que el alma ya no oye la verdadera intención. Las capas de tergiversación y luego la eliminación de las propias claves han dado hoy al cristianismo una religión diluida que no posee ni el fervor ni el fuego para enfrentar a los desafiadores de la civilización, ya sea en el comunismo del mundo o la pornografía o toda clase de perversiones o inmoralidades que roban la luz del alma.
>
> Os digo que nada puede avanzar en esta vida a no ser que el individuo tenga una verdadera comprensión de Dios y su relación con ese Espíritu eterno. Por tanto, comprended que Jesús no vino de Dios como un alma nueva, nacido por primera vez en su encarnación de Nazaret. ¡No es así! Jesús estuvo encarnado como Josué, el héroe militar del pueblo hebreo. Estuvo encarnado como José y llevó su túnica de diversos colores como hijo preferido y pasó por toda clase de tribulaciones y persecuciones a manos de sus hermanos, que sentían celos de él. Sin embargo, encontró el favor ante los ojos de Faraón.
>
> Vosotros conocéis al alma de Jesús en Eliseo, discípulo

del profeta Elías. Y sabéis que Elías volvió en la persona de Juan el Bautista como estaba profetizado y como está escrito. Jesús dio a sus discípulos la confirmación de que Juan el Bautista era Elías que había regresado,[42] ratificando así la enseñanza de la reencarnación...

No se puede creer en la reencarnación a menos que también, con firmeza, se afronten y se conquisten los actos del pasado. Así, la falta de responsabilidad, debido a la crianza de los hijos que hay actualmente en Occidente, no prepara a guerreros del Espíritu para que afronten las incursiones de las fuerzas de la lujuria y la avaricia que persiguen la luz de esta nación y de esta ciudadela de la libertad.

Comprended, por tanto, que vuestra comprensión del Dios único y del Cristo único os da la capacidad de ver que ese Dios y Cristo únicos os han otorgado la Presencia YO SOY y el Ser Crístico como la manifestación de la divinidad pura: no muchos dioses, sino un solo Dios. Y el Hijo puro de Dios es el Cristo universal, cuyo cuerpo y pan se parten por vosotros. Y, por tanto, como participantes de la luz, unidos al Santo Ser Crístico, también podéis pasar por las iniciaciones del discipulado como hizo Jesús. Y deberíais tener la esperanza y la expectativa de que ese Cristo habite en vosotros corporalmente.

¿Por qué una evolución de naturaleza espiritual? ¿Por qué han venido los profetas? ¿Por qué han aparecido los avatares? ¿Porque ellos son los hijos preferidos y el resto son pecadores? ¡No es así! Y es la mentira más perniciosa, como he dicho, pues detiene a *todos,* impidiendo que se alcance la meta de ese supremo llamamiento en Cristo Jesús del que habló el apóstol.[43] ¡Y nadie se atreve a convertirse en un héroe o en un líder o en un ejemplo!

Lo que puede hacer uno, lo pueden hacer todos. Y esta es la filosofía del Consejo de Darjeeling que deseamos impartir. Deseamos vivificaros y avivaros, como Dios ha facultado a que hagan los santos, para desencadenar ese potencial de vuestro corazón, esa chispa divina, y enseñaros que, vida

> tras vida, habéis ido avanzando hacia ese punto en el que tendréis el valor de ser quien sois en realidad y no aceptar la filosofía de que habéis evolucionado de los animales y que no podéis sobrepasar la matriz de la creación animal.[44]

Quienes ponen su fe en la forma actual de la palabra escrita y no toman en consideración la Palabra de Dios como el propósito divino original, con frecuencia se desviarán. Sin embargo, ningún argumento tiene el poder de disuadirlos de su curso equivocado, que a ellos les parece correcto.

En el libro de los Proverbios encontramos la frase: «Hay camino que al hombre le parece derecho; pero su fin es camino de muerte».[45] La muerte a la que este pasaje se refiere es la de la autopercepción del Yo: la percepción del Yo Superior o la Presencia YO SOY. Cuando los hombres son resucitados de la muerte a la vida, su percepción de la Verdad superior se les restituye. Esta Verdad es en realidad una parte de la vida que vive en todo hombre. Y esta vida, que es Dios, puede comulgar con ellos a diario a través de la mediación del Cristo. Él puede enseñarles a desenredar los hilos enmarañados de la vestidura de su conciencia, pues Él es el único que puede hacer esa vestidura sin costuras.

La Verdad quc Dios imparte al hombre cuando este Lo invoca está vinculada con los grandes misterios de la vida que se han transmitido de maestro a discípulo durante las épocas de oscuridad, así como en períodos de una iluminación relativa. Las muchas personas a quienes preocupa la conservación del conocimiento correcto se sentirán aliviadas al saber que, a lo largo de la extensa corriente histórica que va desde civilizaciones antiguas y desconocidas hasta el tiempo presente, el hilo de contacto entre Dios y el hombre jamás se ha roto.

Como dice Saint Germain: «Debido a mi dedicación a la santa libertad, he mantenido constantemente, por decreto cósmico y con la aprobación del cielo, un contacto con una o más corrientes de vida encarnadas en la Tierra durante cada década, desde que ascendí, con pocas excepciones. Jesús y otras grandes lumbreras que han descendido con la plenitud del plan divino se han aparecido asimismo y, en ocasiones, se manifiestan a los hombres y las mujeres hoy en día sin más esfuerzo que el necesario para girar el dial con el fin de recibir una imagen televisiva».[46]

El conocimiento guardado en los retiros de la Gran Hermandad Blanca

Es un hecho que, periódicamente, se han ocultado a las masas las más grandes verdades debido al abuso que han hecho de tales verdades durante el declive y la caída de muchas grandes civilizaciones, cuando la gente le dio la espalda a Dios. Sin embargo, la antorcha del conocimiento se ha mantenido dentro de la santidad de los retiros de la Gran Hermandad Blanca. Allí, desde el amanecer de los tiempos, se han enseñado los ritos practicados por quienes han vencido al mundo. A lo largo de todas las épocas hasta el presente, los jerarcas de esos retiros han ofrecido a las almas en evolución las verdaderas enseñanzas del Anciano de Días.

Estos retiros de la Gran Hermandad Blanca están afianzados en lo que se denomina plano etérico: una dimensión que está por encima de nuestro mundo físico, mental y emocional. Es una dimensión elevada, cerca de las octavas a las que nos referimos como el cielo o la octava de los Maestros Ascendidos.

En esos niveles de conciencia, los Maestros Ascendidos de la Gran Hermandad Blanca afianzan ciertas energías por la humanidad. Y a esos retiros llegan las almas de quienes, estando encarnados, tienen el deseo de prepararse, durante la noche, mientras su cuerpo duerme. Su alma viaja a esos lugares donde los Maestros fungen como instructores de la humanidad. Antes de encarnar, nuestros grandes antepasados religiosos —los santos, la Virgen

María y Jesús— también estudiaron en esos retiros para prepararse.

No siempre nos acordamos de que hemos estado en los retiros del mundo celestial, pero a veces despertamos por la mañana con el recuerdo de alguna experiencia. Creemos que se trata de un sueño, pero muchas veces no es así. Se trata de una experiencia real en la que nos hemos encontrado con gente de luz, instructores, avatares, ángeles, individuos Crísticos, consejeros.

Hay personas que, durante experiencias cercanas a la muerte, han visto a ciertos consejeros a quienes vieron como una corte suprema y ante quienes recuerdan haber recibido una revisión personal. Ellos son los Señores del Karma, quienes nos aconsejan y asesoran. Nos preparan cada vez que vamos a encarnar y nos reciben después. Antes de cada encarnación, nos dicen cuál es nuestra tarea y nuestra misión en esa vida, lo cual se registra en lo más profundo de nuestra alma. Cuando somos pequeños queremos ser policías, bomberos, enfermeras o médicos. Poco a poco vamos formando en nuestro corazón el concepto de lo que es nuestra misión en la vida y buscamos la educación necesaria para poder lograr esa meta.

Hay un dicho que reza: «Cuando el pupilo está listo, el maestro aparece». Y así, cuando ha demostrado merecer la confianza de recibir las verdades superiores que solo el imprudente impartiría a las masas, el discípulo es acompañado a uno de los retiros del plano etérico. Ahí puede sentarse a los pies de los grandes Maestros de Sabiduría y tener la oportunidad de aprender las mismas técnicas que aprendió Jesús, las cuales utilizó para lograr la maestría sobre sí mismo. Pero como todos los que le han precedido, el discípulo debe demostrar su merecimiento a cada paso del camino.

Así, el yoga supremo no solo lo practican los hombres no ascendidos (los que desean ser conquistadores que pelean en los campos de la vida), sino también quienes ya han vencido, los Maestros Ascendidos, que regresan a la escena de su victoria para encontrar la unión con el Dios que mora en la conciencia en evolución del hombre no ascendido. Ciertamente este es el yoga supremo.

La vestidura sin costuras: desposar al alma con Dios

En la Biblia encontramos muchos ejemplos de almas que están en el sendero del yoga supremo. En la historia de José, uno de los doce hijos de Jacob, se hace referencia a su «túnica de diversos colores».[47] Esta túnica significa que el iniciado está pasando por ciertas pruebas de la Hermandad antes de manifestar la vestidura sin costuras del Cristo.

Esta espléndida túnica, envidia de todos los hermanos de José, estaba compuesta de franjas iridiscentes, los colores del Cuerpo Causal del hombre: blanco, rosa, oro, amarillo, verde, azul, morado y violeta. Por tanto, vemos que José —el soñador ocioso que fue vendido como esclavo por sus hermanos, que se convirtió en intérprete de los sueños en la corte de Faraón y después en gobernador de todo Egipto— tenía la protección, el poder y la providencia de un hijo de Dios cuya misión estaba patrocinada por la Gran Hermandad Blanca.

Los estudiantes de historia recordarán casos en los que un alma se elevó hasta el cénit del poder y el logro por la humanidad. Tales figuras cumplen el destino del Cristo en sus respectivas áreas de desempeño. Al hacerlo, avanzan en el orden jerárquico.

Volviendo a la simbología de la túnica de diversos colores, ha de observarse que la división de la luz blanca en siete rayos (siete aspectos de la identidad) se logra mediante la descomposición de la alta frecuencia de la luz. En este caso, el todo (el fuego blanco) es igual a la suma de sus partes (los seis rayos inferiores). Junto con la pura luz blanca, estos rayos componen la naturaleza séptuple de la Deidad en su expresión a través de las evoluciones del hogar planetario.

Los rayos iridiscentes correspondientes a los días de la semana

Cada día de la semana, se emite hacia este sistema solar, desde el corazón de Alfa y Omega, la acción concentrada de uno de los siete rayos de Dios. Se trata del arco iris de luz que fluye hacia el mundo de la forma a través del prisma de la conciencia Crística. Cada uno de los rayos del sol es portador de una determinada cualidad o atributo de la Divinidad.

El orden de la precipitación comienza el domingo, día de la iluminación del Hijo acerca del propósito del Padre (el rayo amarillo). Como reza el dicho: «Todas las cosas empiezan con una idea». Así, desde la omnisciencia del Espíritu se emite una idea intacta y completa de la Mente de Dios, el deseo de Su corazón.

El lunes, la idea reúne la llama del amor (el rayo rosa) y con ello el potencial creativo de la Divinidad. El martes, al haber igualado en sí misma los patrones inherentes a la sabiduría y el amor, esta idea-deseo recibe el poder activador (el rayo azul) necesario para una manifestación equilibrada.

El miércoles se infunden en la idea las propiedades que dan vida del verde clorofila. El jueves, la idea es alimentada por la ayuda que prestan las huestes angélicas, el oro y morado del Espíritu y el Cuerpo de Dios del rayo masculino y femenino. El viernes su manifestación está completa en la séptuple pureza de la conciencia Crística (el rayo blanco) y queda sostenida en el mundo de la forma gracias al ritual y la libertad de la llama violeta que se emite el sábado. Así son los siete días de la creación cumplidos con regularidad cíclica.

Quienes deseen dedicar su vida a una comunión ininterrumpida pueden amplificar la luz de su mundo y su servicio a la humanidad vistiendo el «color del día». Vestir el color del día te ayudará a visualizarte como una llama y a concentrar las cualidades de la llama en tu conciencia.

Los Maestros sugieren que sus discípulos, al vestirse de los siete rayos, usen prendas de color único para que las huestes celestiales puedan concentrar a través de ellas sus impulsos acumulados personales de victoria espiritual a través del servicio que han prestado en uno o más de los siete rayos.

En su servicio a la vida, los hombres expresan afinidad hacia un color o rayo específico, del cual llegan a ser parte de una forma real. En el cuarto capítulo, «Jerarquía», trataremos de los siete rayos y los miembros de la jerarquía que sirven en esos rayos. También explicaremos cómo se distribuyen los talentos y servicios de la humanidad de acuerdo con el mismo principio de división de la luz blanca en sus componentes.

El núcleo de cada rayo de manifestación (el centro de la llama) siempre está compuesto del fuego blanco de la pureza. Del mismo modo en que todos los colores se funden en el blanco cuando se gira deprisa una rueda de colores, el núcleo de fuego blanco de cada rayo encarna los otros seis colores. Por tanto, sea cual sea el rayo en el que una persona esté prestando servicio (y tal rayo puede cambiar de una encarnación a la siguiente), se le exige al individuo que mantenga el equilibrio de los otros seis rayos en su servicio a la vida. Uno de los requisitos para ascender (la manifestación de la pura luz blanca) es el equilibrio de la maestría en todos los rayos. Aunque los candidatos a la ascensión con frecuencia han desarrollado una concentración «principal» en un rayo y otra «secundaria» en otro, tal como en la universidad podrían tener un campo de estudios principal como especialidad y otro secundario.

La vestidura sin costuras del Cristo representa la unidad fundamental de Dios y el hombre. El vestido de boda es lo que significa la unión alquímica del hombre con su Yo Superior. La vestidura sin costuras también concentra el deseo de Dios de unir a las personas de varias procedencias y distintas experiencias en una actividad de luz. Porque Dios quiere que los hombres se reúnan sin temor a mezclar las múltiples facetas de la vida

Divina en sí mismos, al servicio de todos. Mediante su servicio conjunto, los hombres pueden crear una vestidura sin costuras como protección, gracias a la cual los miembros del Cuerpo del Señor (de la iglesia universal y triunfante) se unen en acción tal como están unidos en espíritu.

Las fuerzas que obran contra el yoga supremo: la contaminación a través de los pensamientos y sentimientos de las masas

Pero existen muchas fuerzas que se oponen a la unión de Dios con el hombre y a la del hombre con el hombre. Por ejemplo, el enorme peso de la creación humana errónea, con la cual todos los que evolucionan en la Tierra cargan la atmósfera del mundo diariamente, convierte a todo el mundo en una posible víctima del abuso mental. Estos efluvios son canalizados hacia la persona en cuestión por parte de quienes ponen su atención en ella (al ponerse en contacto con la persona) o son atraídos por vibraciones parecidas, ocultas en los pliegues de su propia mente subconsciente. Las personas que se convierten en dianas de este tipo de práctica abusiva, así como quienes puedan ser instrumentos de tales prácticas, con frecuencia son completamente inconscientes de lo que está teniendo lugar.

Aquí introducimos los comentarios del Gran Director Divino sobre el tema de la contaminación por pensamientos y sentimientos. Él deja clara la necesidad de una perpetua protección contra los pensamientos y sentimientos negativos del mundo.

> Los miembros de la profesión médica y otros investigadores de las ciencias materiales han realizado una gran cantidad de estudios y experimentos sobre el efecto que tiene la mente sobre el cuerpo. A este respecto quisiera apuntar que el planeta es uno solo, pero esta idea es demasiado grande para la comprensión de la mayoría de la gente. Cada nación

es una sola, y esta idea también es demasiado grande para la comprensión de muchos. La comunidad es una sola, y esta idea algunos la pueden asimilar.

Para quienes sean capaces de comprenderlo, debo decir que la totalidad del mundo (la civilización en su totalidad) está sujeta a los pensamientos y sentimientos de cada individuo tomados singularmente y a los pensamientos y sentimientos de la humanidad tomados como un todo.

Los pensamientos y sentimientos de las masas han creado escasez, hambre y enfermedades, guerras y desastres naturales. Los pensamientos de las masas han conspirado para hacer temblar los cimientos del cielo y producir avatares con una misión divina con el fin de corregir las condiciones que la humanidad se ha causado a sí misma debido a este uso inapropiado de la energía divina.

Los pensamientos de las masas son un factor esencial en la manifestación de la felicidad o infelicidad planetaria e individual. Hoy día, los hombres están presenciando más que nunca la diseminación de ideas violentas a través de los medios de comunicación. Quisiera recordar que la diseminación de la paz, la belleza, la armonía, la cultura y la realidad también se puede activar mediante el uso correcto de los medios de comunicación, las ciencias y la mente del hombre.

Es una verdadera lástima que muchos líderes ortodoxos del mundo, a excepción de unos pocos, como el doctor Norman Vincent Peale, no hayan enseñado a la gente el poder del pensamiento positivo, el poder de la mente sobre la materia y el control de las emociones. La educación de la gente es tan deficiente en estos temas que muchos profesionales exitosos de hecho proyectan sentimientos de hostilidad contra personas y segmentos de la sociedad que nos les agradan; e ignoran totalmente el gran daño que hacen y el gran karma en que incurren. Debido a la escasez que hay en los altos puestos de un conocimiento correcto sobre las leyes que gobiernan la transferencia del pensamiento, el poder de la energía mal utilizada en el ámbito del pensamiento sale hacia el mundo y estimula fricciones.

Si clérigos y seglares en los movimientos ortodoxos del cristianismo y otros órdenes religiosos despertaran y reconocieran el poder del pensamiento y sentimiento correcto para atraer más de lo mismo y galvanizar la acción correcta, proporcionarían una base sensata para la existencia del poder del buen ejemplo en la comunidad mundial.

Pues por sutiles e invisibles que sean las sigilosas vibraciones de maldad y odio mortal que ahora irradian en el mundo, el poder del bien se tragaría el poder de la oscuridad y la luz alumbraría muchos de los problemas que ahora inquietan a la humanidad, si aquellos a quienes miran las masas buscando liderazgo tomaran una postura firme a favor de la rectitud (el «uso correcto» del pensamiento y el sentimiento).[48]

Redes y campos energéticos flotantes

El Gran Director Divino enseña más cosas relacionadas con el tema del pensamiento y sentimiento de las masas:

> Conscientes de las estimadas palabras del salmista de antaño: «Aunque ande en valle de sombra de muerte, no temeré mal alguno, porque tú estarás conmigo; tu vara y tu cayado me infundirán aliento»,[49] deseo hablar de las insidiosas redes y campos energéticos mecánicos que existen, sutiles, aunque invisibles, en la atmósfera planetaria.
>
> La hermosa y dulce Tierra a la que Dios ha concedido mucha abundancia se ha convertido en una morada peligrosa en muchos lugares inesperados, pues la propia atmósfera ha sido cargada con grandes redes o campos energéticos flotantes que encarnan contracorrientes de los pensamientos y sentimientos humanos. Y la conflictiva tasa vibratoria armónica de esos campos es tal, que estos producen grandes molestias en la vida elemental, así como en la humanidad...
>
> Como sabéis, cuando un individuo usa energía (y esto

ocurre siempre que se ejerce el pensamiento o el sentimiento), la propia energía no se destruye incluso después de pasar por el nexo de la conciencia, donde ocurre la cualificación con veneno o con bendiciones. Por ello, toda la humanidad emite continuamente energía a la atmósfera.

Ahora bien, debido a que la ley de los armónicos tiene que ver con las afinidades, las cosas parecidas se buscan mutuamente; por tanto, se produce un fortalecimiento en los estratos de energía mal cualificada, así como en los de la energía cualificada debidamente, a medida que las vibraciones cualificadas similarmente se van agregando línea tras línea. Muchos han notado que, en los lugares espirituales, en los templos y las iglesias, se puede recibir una gran paz comparado con las calles y los negocios llenos de ajetreo del mundo exterior. Por el contrario, al entrar en sitios que están cualificados con disputas o pasiones destructivas y triviales, frecuentemente los hombres se ven atrapados en sentimientos que no mantienen la acción vibratoria de la felicidad Divina y la paz...

En la atmósfera, por tanto, por todo el planeta, existen campos energéticos o redes flotantes que contienen las energías cargadas de pensamientos y sentimientos indebidos de la humanidad, las cuales abundan en los *guetos* de las grandes ciudades y los lugares en los que el crimen y la pobreza están muy extendidos. Sin embargo, no recuerdo más que unos pocos lugares sobre la superficie terrestre donde estos grandes campos energéticos a la deriva no producen destrucción allá donde se los absorbe. Son como campos de minas flotantes en el mar. Existiendo insidiosamente bajo el nivel de lo visible, van a la deriva para afectar a los hombres confiados y para producir unos resultados que la mayoría de los hombres contemporáneos ni siquiera ha soñado...

No puedo negar que algunos de ellos, debido a su tamaño y sus patrones de densidad, son particularmente letales y, por ello, mortíferos para los incautos que, por consiguiente, están desprotegidos frente a ellos. Tal como una nube cubre el sol antes de la tormenta, en muchos casos una bajada del grado de la felicidad normal o del bienestar es indicativo de la presencia de un campo energético invisible de esa índole.

Existen dos simples defensas que los hombres tienen a su disposición contra estos escollos invisibles. Una consiste en reconocer que el desplazamiento puede llevar a una persona con rapidez hacia una zona fuera del centro de impulso; por tanto, muchas veces uno estará absolutamente a salvo a una distancia de dos o tres kilómetros. En otras ocasiones, por varias razones, cuando las personas no pueden huir convenientemente de la zona invadida, pueden hacer una poderosa petición a la Divinidad, a los Seres Cósmicos y los Maestros Ascendidos, como Jesús y el Arcángel Miguel, con el fin de recibir ayuda espiritual para alejar esos campos energéticos o transmutarlos en luz.

Ahora bien, ni por un momento deseo que nadie acepte que, tan mortíferos como sean estos campos energéticos, no pueda logarse que cedan ante el invencible poder de Dios. Pero tal como Don Quijote fue incapaz de derrotar a los molinos con la punta de su lanza, no tiene sentido, con palabras de san Pablo, pelear como quien golpea el aire.[50]

Comprended que en la actualidad existen pocas personas encarnadas físicamente que sean capaces de lidiar al instante con las más malévolas de estas condiciones desde el punto de la gracia personal exteriorizada. Pero estoy seguro de que el llamado no pasa desapercibido en el cielo y, por tanto, se pueden abrir grandes brechas en esos campos energéticos. A veces pueden ser reducidos o cortados en dos con un golpe de la espada de llama azul invocado por un chela.

No deseo que el cuerpo estudiantil sea demasiado consciente de estas condiciones, pero tampoco conviene estar sujetos a ellas siendo totalmente inconscientes. Por consiguiente, en un estado de equilibrio mental y espiritual perfecto, la humanidad debe comprender que estas condiciones existen y que operan de forma casi mecánica. Tampoco son siempre monstruos fijos, sino que frecuentemente son como bestias depredadoras que deambulan por el aire sujetas a vagar inconscientemente y a ser atraídas por centros minuciosamente afines en individuos o en grupos.

Eso quiere decir que quienes se permiten a sí mismos estar sujetos a las acciones vibratorias del temor, la ira, la maldad humana o el odio, o incluso un sentimiento de que existe error o injusticia, pueden atraer hacia sí, desde diferentes partes del planeta, focos grandes o pequeños exactamente del mismo tipo de cualidad de negación que ellos mismos permiten que obre a través de su conciencia de la mente y los sentimientos. ¿No supone esto un sensato argumento, pues, para tener constantemente pensamientos de belleza, santidad, protección y gracia?...

Debo admitir que hay ciertas actividades de los magos negros y unas acciones insidiosas que bien podremos denominar brujería virulenta, que fomentan y animan deliberadamente la acumulación de esas reservas de energía que causan resultados negativos...

¿Veis cómo las reservas de fuerza negativa también pueden acumularse en esos bancos deambulantes de negación que utilizarán los hermanos de la sombra y a los que recurrirán cuando los necesiten para luchar contra el Bien? Esta energía mal cualificada, por tanto, se vuelve disponible para los poderes de la oscuridad con el fin de confundir la mente del hombre y trastornar su mundo cuando sea posible y crear así más y más confusión en las masas.

Por ello, los programas de televisión indeseables, las películas infames y los libros destructivos son tan efectivos en perturbar a los pequeños y a la gente de todas las edades. Esas cosas entran en contacto en lo emocional con las nubes de energía que causan resultados negativos y se alimentan a través de la conciencia, manteniendo una absorbente fascinación en los hombres una vez que estos se involucran emocionalmente con el drama. Las secuencias de la trama en la mayoría de esas historias malsanas con frecuencia no son más que copias de sí mismas en un nuevo formato. No negamos que muchos de sus autores disfrutan de una gran popularidad entre los hombres, pero deben tener presente que un día darán cuentas de cómo administraron la vida...

Quede claro que no vemos el drama con malos ojos; porque vuestro Señor Maha Chohán, en sus épicos escritos cuando estuvo encarnado como Homero, trajo un conocimiento cultural que fluye hasta la época actual. Vuestro amado Saint Germain, en sus magníficas publicaciones shakespearianas y sus muchos otros escritos, trajo el renacimiento de la virtud y la cultura al mundo...

Es absolutamente cierto que no hay ningún otro poder más que Dios. También es verdad que el bien al final triunfará. Pero para asegurarnos efectivamente de que el bien triunfe sobre el velo de energía mal cualificada al que llamamos mal, debemos invocar las fuerzas de la misericordia, que con rapidez responderán a la imploración de los santos: «¿Hasta cuándo, SEÑOR?».[51]

El uso de formas de pensamiento en la expansión de la conciencia

Del mismo modo en que la energía del pensamiento y del sentimiento de la humanidad se utiliza para crear campos energéticos de negatividad en el mundo, el practicante del yoga supremo puede utilizar conscientemente la energía del pensamiento y del sentimiento para crear campos energéticos de gran beneficio para sí mismo y para el mundo. El primer paso en esta ciencia es el estudio de las formas de pensamiento.

El tema de las formas de pensamiento tiene que ver con la creación mental de diseños de perfección para atraer de las octavas espirituales poder creativo y manifestaciones creativas. Al mantener un concepto en la mente, atraemos la manifestación física de ese concepto. Esto se produce casi sin esfuerzo. La conciencia se constriñe, se restringe y se expande mediante la creación de formas de pensamiento relacionadas con la geometrización de Dios. Es una especie de trigonometría cósmica, algo magnífico, como cálculo cósmico. Es una forma de la Mente Divina utilizada con fines expansivos.

El Señor Himalaya, un gran Maestro de la India, no habla a sus discípulos; los recibe en silencio. Les enseña a meditar ante él y a percibir sus formas de pensamiento mediante una intensa sintonización con su mente. Nosotros hemos recibido dictados suyos y hemos recibido sus indicaciones a través de su conciencia Crística.

El Señor Himalaya sugiere que cerremos los ojos y visualicemos a los santos y Seres Cósmicos con la forma de pensamiento de la genciana azul o del loto azul, una flor del corazón de color azul zafiro intenso y fogoso. Mediante esa visualización podemos ver la unidad de todo el cosmos y de todo el Espíritu de la Gran Hermandad Blanca.

Los Maestros Ascendidos, cuando enseñan, frecuentemente utilizan formas de pensamiento. Saint Germain usa la forma de pensamiento de la cruz de Malta en sus enseñanzas sobre alquimia.[52] Por nuestra parte, nosotros podemos meditar en la forma de pensamiento, la cual se llenará y, finalmente, se convertirá en una manifestación en la forma.

Una forma de pensamiento como la cruz de Malta puede producir una variedad de manifestaciones. Debido a que muchos estudiantes de Saint Germain mantuvieron en su mente esta forma de pensamiento, su imagen fue transmitida a los diseñadores de joyería, quienes empezaron a diseñar cruces de Malta. Estos captaron una forma de pensamiento que esperaba en el aire (por así decirlo) y, durante algún tiempo, la joyería en forma de cruz de Malta estuvo de moda por todo el país.

Este mismo principio también se aplica a las invenciones. Cuando se mantiene una matriz en la mente, es como si se suspendiera en los éteres y otras personas pueden sintonizarse con ella y precipitarla o incluso patentarla.

Por tanto, el gran misterio que posee el alquimista es la

comprensión de la conciencia como ingrediente supremo. Con Dios todo es posible. Si tú posees Su conciencia, todas las cosas te serán posibles inmediatamente en manifestación.

Si tienes una forma de pensamiento perfecta en mente, esta, en sí misma, es un imán que atraerá hacia ti, a la manifestación, la exteriorización de esa imagen. Por ejemplo, Jesús, cuando multiplicó los panes y los peces, mantuvo en su mente la forma de pensamiento del pan y los peces. Jesús era un adepto de esta ciencia y, en consecuencia, así mismo se manifestó.

El mantener cualquier concepto en la mente conlleva una gran responsabilidad, porque tal como sea el concepto, así será la manifestación. Podemos sembrar buenas o malas semillas. Debemos ser responsables de los pensamientos desviados, porque nuestros deseos magnetizan su manifestación.

Las formas de pensamiento que elevan la conciencia pueden visualizarse con objetos como, por ejemplo, unas alas. Para evocar alas, escoge una música clásica adecuada, como la novena sinfonía de Beethoven, la música del grial de *Parsifal,* de Richard Wagner, la «Cabalgata de las valquirias» u otras interpretaciones clásicas que inspiren y eleven tu conciencia. La música de *Lohengrin* también es excelente.

Con esa música puedes imaginar un par de alas, quizá sobre un reloj de arena. Ve cómo las alas elevan el reloj de arena. La idea es elevar el tiempo hacia un estado en el que lo utilicemos adecuadamente. Y qué mejor manera de hacerlo que comprender que Dios, que es la eternidad representada en la elevación, también es magnetizado o atraído a tu imagen y luego transferido a ti debido al hecho de que has autorizado que tu Presencia Divina actúe por ti.

El Buda Gautama ha utilizado la forma de pensamiento del ancla para enseñar. Él explica que hay que mirar a esta forma de pensamiento de la misma forma en que los hijos de Israel miraban el caduceo, la serpiente de bronce que Moisés puso sobre una asta y elevó en el desierto. Cuando los hijos de Israel la miraban, se curaban de las mordeduras de las serpientes ardientes que el SEÑOR había enviado para juzgarlos.

Al ver la forma de pensamiento del ancla y al visualizarla, puedes derramar en ella, como una matriz, todas tus esperanzas, tus planes, tu destino y la esencia transmutada de tu karma y tu psicología como una destilación de tu ser. Y si fijas tu esperanza al ancla, y el ancla también representa esperanza, verás que conservarás lo que es real en ti y descartarás lo irreal, a medida que todas las cosas permanentes confluyen hacia la forma de pensamiento del ancla.

El Señor Maitreya utiliza la forma de pensamiento de un clíper, del cual nosotros somos el ancla: «Oh corazones de luz, efectivamente sois puntos de anclaje —bajo el mar del plano astral y en el corazón de la Tierra— de la gran, gran luz del buque nodriza de nuestra Hermandad. Así es como el barco clíper es mi símbolo y el símbolo del viaje de mi alma en el tiempo y el espacio».[53]

La forma de pensamiento para la curación fue creada por los Arcángeles y transmitida por Rafael, Arcángel del quinto rayo. Esta forma de pensamiento es otro regalo que Dios nos da con Su amor, formulada científicamente para volver a magnetizar y restaurar los elementos de tus cuatro cuerpos inferiores según el diseño de la Naturaleza. La forma de pensamiento curativa está compuesta de esferas concéntricas de la luz curativa de Dios: una esfera blanca rodeada de otra azul, todo ello suspendido dentro de un globo verde.

Cuando reces pidiendo curación, has de saber que el llamado obliga a la respuesta. Llama al SEÑOR y sabe que él responderá: «En el nombre de Jesucristo y su presencia que me acompaña en la persona de mi Ser Crístico, llamo al corazón de mi Presencia YO SOY y a los ángeles de la curación para que la hermosa forma de pensamiento curativa me selle en la perfecta luz de la conciencia que Dios tiene de mi plenitud, ¡manifestada ahora!».

Luego visualiza esferas de fuego sagrado descendiendo como

la presencia pulsante del Espíritu Santo. Visualiza el núcleo de fuego blanco dentro de la llama centelleante de azul zafiro, envuelta en los fuegos saltarines verde esmeralda.

Con tu inefable amor hacia el Espíritu Santo, magnetiza primero la forma de pensamiento curativa desde la Mente de Dios hacia tu corazón y, después, hacia cualquier zona del cuerpo que esté afectada, alterada o enferma.

Otras formas de pensamiento que utilizan los Maestros son el Sagrado Corazón de Jesús, el corazón púrpura de fuego de Saint Germain, el círculo y la espada de llama azul de Astrea, la espada de llama azul del Arcángel Miguel, la balanza de la justicia de Porcia, el Corazón Diamantino de El Morya, la rosa blanca de la Virgen María, el azulejo (pájaro) de la felicidad de Lanello y la flor de lis de Saint Germain (la llama trina).

Gautama nos dirige a que hagamos lo siguiente: «Al contemplar la belleza de Dios, no descanséis vuestros ojos cansados simplemente fijándolos en la forma de la montaña o la lluvia o el río o el sol o la flor o el árbol o el hermoso rostro de un niño, de un ser querido, de un alma purificada y blanqueada. Penetrad más allá de la forma para no convertiros en adoradores de la forma. Descubrid la clave, el patrón interior. Y cuando tengáis el patrón, tendréis la clave de la creación misma, pues el patrón que contengáis será el patrón que podréis multiplicar».[54]

Cuando comiences a meditar en formas de pensamiento espirituales, aprenderás a condicionar tu mente y espíritu hacia sus capacidades creativas y esas capacidades aparecerán en todos tus trabajos. Comenzarás a entender cómo usar tus sentidos físicos de una mejor forma, porque entenderás que estarás trabajando con los dedos de la mente al utilizar esas formas de pensamiento. Más tarde, transferirás tu percepción sensorial a la punta de tus dedos.

Al hacerlo bajo la dirección de Dios a través de tu Presencia, descubrirás que tienes un mayor control sobre tu creatividad como nunca lo has tenido. Tú puedes hacer esto, y lo puedes hacer cada día mejor si logras acumular un impulso de oración, de hablar con Dios, de hablar con los ángeles y darles tareas a realizar y de mantener tus chakras abiertos hacia Dios en vez de hacia la contaminación del mundo.

Cómo invocar la protección de la vestidura sin costuras

Debido a que los hombres emiten pensamientos y sentimientos discordantes a raudales cada día mediante la mala cualificación de la energía de Dios, el individuo debe hallar un medio de protegerse. A menos que lo logre a través de un rechazo consciente de esos pensamientos inadecuados, descubrirá que, ya sea consciente o subconscientemente, esos efluvios penetrarán en los dominios del yo. Los banales efectos de tal penetración invariablemente emergen a la superficie después. Pero pueden producir, desde el momento en que consiguen la entrada al mundo subconsciente del individuo, una respuesta vibratoria a la negatividad que apesadumbra al alma y produce sentimientos de infelicidad, depresión y enfermedad, frustrando así totalmente su producción creativa.

Existe un modo en que todas las personas de la Tierra pueden invocar a su Presencia Divina y pedirle que las envuelva con la vestidura sin costuras del Cristo vivo. Esa vestidura es una manifestación de alta frecuencia de luz vibrante que en efecto puede ser bajada todos los días y a todas horas para que arrope al yo con una enorme protección. Mediante la constante devoción e invocación por parte del suplicante, el poder de esta vestidura de luz puede convertirse en algo cada vez más real.

Ha habido reportes sobre algunos grandes adeptos de India que han desarrollado una capacidad tal de bajar esta vestidura de luz a la manifestación, que han llegado a desviar una bala de escopeta para cazar elefantes cuando el plomo se aplastó al entrar en contacto con la luz, cayendo al suelo a poca distancia del cuerpo.

Claro está que los estudiantes sensatos ni afirmarán tener ni pondrán a prueba un desarrollo tal de la armadura de Dios («No tentarás al SEÑOR tu Dios»),[55] pero mantendrán una fe y una confianza implícitas en que, cuando la necesidad surja, la luz de Dios los defenderá de todos los ataques contra su persona.

La vestidura sin costuras es una poderosa forma de pensamiento para proteger y sellar el aura de los pensamientos y sentimientos negativos procedentes de la conciencia de las masas. Tú puedes ponerte esta vestidura como un tubo de luz envolvente al derramar tu amor hacia la Presencia Divina mientras dices:

> Oh mi constante y amorosa Presencia YO SOY, tú, luz de Dios sobre mí cuyo resplandor forma un círculo de fuego ante mí para alumbrar mi camino:
>
> ¡YO SOY quien te invoca con plena fe para que coloques desde mi propia poderosa Presencia Divina YO SOY un gran pilar de luz alrededor de mí ahora mismo! Mantenlo intacto a cada momento que pase, manifestándose como una lluvia reluciente de la bella luz de Dios a través de la cual nada humano puede jamás pasar. ¡Dirige al interior de este bello círculo eléctrico de energía cargada divinamente, una rápida oleada del fuego violeta de la clemente y transmutadora llama de la libertad!
>
> ¡Haz que la energía siempre en expansión de esta llama proyectada hacia abajo al campo energético de mis energías humanas convierta completamente toda condición negativa en la polaridad positiva de mi Gran Ser Divino! Que la magia de su misericordia purifique con luz mi mundo de tal manera que todos aquellos con los que entre en contacto sean siempre bendecidos con la fragancia de violetas desde el mismo corazón de Dios, en memoria del bienaventurado día del amanecer en el que toda discordia —causa, efecto, registro y memoria— sea convertida para siempre en la victoria de la luz y la paz de Jesucristo ascendido.
>
> YO SOY quien acepta ahora constantemente el poder y la manifestación plenas de este fíat de luz, y quien lo invoca

para que entre en acción instantánea por mi libre albedrío otorgado por Dios, y por el poder de acelerar ilimitadamente esta sagrada emisión de ayuda proveniente del mismo corazón de Dios, ¡hasta que todos los hombres hayan ascendido y sean libres en Dios en la luz que nunca, nunca, nunca falla!

También puedes recitar esta oración más corta, que es muy eficaz:

Amada y radiante Presencia YO SOY,
séllame ahora en tu tubo de luz
de llama brillante maestra ascendida
ahora invocada en el nombre de Dios.
Que mantenga libre mi templo aquí
de toda discordia enviada a mí.

YO SOY quien invoca el fuego violeta,
para que arda y transmute todo deseo,
persistiendo en nombre de la libertad
hasta que yo me una a la llama violeta.

Cuando ofrezcas estas oraciones, mira a la Gráfica de tu Yo Divino, que representa el tubo de luz (a la página 27). Visualiza el tubo de luz como una corriente concentrada de energía vital e inteligente, que teje una armadura de protección invencible, un cilindro de sustancia luminosa espiritual alrededor de todo tu ser. Puedes imaginar que estás de pie dentro de una botella de leche gigantesca. Tu tubo de luz tiene aproximadamente nueve metros de diámetro y se extiende bajo tus pies un metro dentro de la tierra.

A medida que equilibres y expandas tu llama trina, el tubo de luz irá aumentando de tamaño. El tubo de luz de un Ser Ascendido como Jesucristo o el Señor Buda es tan grande como el planeta.

La visualización es una parte importante del ritual de perfeccionamiento en el que tú participas cada vez que usas el decreto anterior de fuego violeta y tubo de luz. Por tanto, la meditación sobre la Gráfica de tu Yo Divino te ayudará a obtener diariamente toda la potencia de la luz de Dios que nunca falla.

La concentración de este poderoso tubo de luz espiritual alrededor de tu forma física aislará tu mente y tu conciencia. Siempre que mantengas la acción del tubo de luz, tendrás una armadura impenetrable que te escudará de las jugadas y los ardides de los efluvios físicos del planeta.

Pero si te inmiscuyes en cualquier clase de actividad discordante (ya sea en chismes, discusiones, si te dejas llevar por la ira o la desesperación), debes invocar rápidamente la ley del perdón y la llama violeta transmutadora y después debes invocar el tubo de luz una vez más. Cualquier desgarre en la vestidura espiritual provocada por la introducción de la desarmonía en tu campo energético debe enmendarse tan pronto como hayas recuperado el equilibrio a través de la misericordia del Cristo.

El alma que se rodea con la infalible luz de Dios recibe un enorme poder de protección. El Arcángel Miguel, Defensor de la Fe, habla del deseo que Dios tiene para todos los hombres:

> ¡Gracia, perfección y victoria son todo el propósito de Dios para todos! Dios no quiere que los hombres permanezcan en un estado desprotegido y vulnerable. Dios no quiere que los hombres estén sujetos entre sí al dominio de los sentimientos y pensamientos. Dios no quiere que los hombres se hagan mutuamente sugerencias impropias ni quiere que, como resultado de esas sugerencias, las personas sean inducidas a caer en el error, el dolor y la infelicidad.
>
> Dios quiere que la protección de ese gran y trascendente Niágara de luz que baja fluyendo desde la Presencia Divina de los hombres sea una sustancia tangible de luz de los Maestros Ascendidos (a lo que llamáis tubo de luz) y que ello los fortalezca contra las hordas de la oscuridad y las sombras de tal forma que ¡nada —y digo, nada— lo atraviese jamás!
>
> Las personas han aceptado en su conciencia la idea de

> que el tubo de luz puede desagarrarse con facilidad. Y debido a que han pensado que el tubo de luz puede penetrarse fácilmente, así ha sido cualificado. Por tanto, a través de este tubo de luz han pasado las hondas y flechas de atroz fortuna y, como resultado, la infelicidad y la lucha han entrado en su conciencia.
>
> Cuando se dan cuenta de que este gran poder de luz baja fluyendo desde su Presencia Divina (que reside en el espacio por encima de ellos) e irradia a su alrededor como una catarata del Niágara —un verdadero torrente de luz maestra ascendida desde el corazón de Dios (de su Presencia Divina individualizada), que no puede atravesarse— y cuando cualifiquen así ese muro de luz, ¡os digo que el hombre tendrá una libertad que no ha conocido anteriormente![56]

¿Puede ser que el profeta Jeremías viera el tubo de luz y el fuego violeta en su interior cuando Dios predijo el juicio de los moabitas que llegaría con seguridad? El escrito en Jeremías 48:45, cuando se entiende según una interpretación esotérica, sugiere que así fue:

> A la sombra de Hesbón se pararon sin fuerzas [debido a las energías de la humanidad cualificadas negativamente, a los pensamientos y sentimientos llamados fuerza siniestra] los que huían; mas salió fuego [la misma Presencia que estaba en la columna de fuego o tubo de luz que dio protección y dirección a los Israelitas cuando cruzaron el desierto, ahora exige el juicio sobre la conciencia de la idolatría] de Hesbón [la palabra hebrea que significa 'rendir cuentas' sugiere un lugar para la rendición de cuentas kármicas], y llama [la llama violeta transmutadora] de en medio de Sehón [un centro de culto], y quemó [transmutó] el rincón de Moab [la parte de sustancia mal cualificada por los moabitas], y la coronilla [la causa y el núcleo] de los hijos revoltosos [de su sustancia emocional].

Palabras que se sintonizan con las energías de Dios

El poder de las afirmaciones que contienen el nombre de Dios para bajar su luz debe comprenderse en relación con el decreto de llama violeta y tubo de luz. De hecho, la ciencia del ser se basa en la afirmación que Dios hace de su flamígera identidad, la cual dio a Moisés: «YO SOY EL QUE YO SOY».[57] Pero no es necesario que nosotros investiguemos esa ciencia ni el gran alcance de la conciencia de Dios para poder comprender una verdad absoluta, importante e inmediata: Las palabras «YO SOY» se sintonizan con las energías y con la mismísima Presencia de Dios, cuandoquiera y dondequiera que se pronuncien.

El hombre no puede pronunciar esta científica afirmación del ser sin experimentar una parte de la conciencia divina. Por tanto, cuando se pronuncien las palabras «YO SOY», esas deben ir seguidas de frases constructivas que fijen en la mente la naturaleza regeneradora del Ser Crístico (el verdadero hombre de Dios), así como el propósito divino de sabiduría y poder para liberar al hombre en su totalidad.

Te ofrecemos un decreto sencillo que puedes memorizar y utilizar frecuentemente para afirmar la naturaleza de Dios en el hombre como una llama, una llama violeta. Cada vez que pronuncies las palabras «YO SOY» estarás afirmando que «Dios en mí es…». Ahora comprenderás que lo que vaya después de tu invocación será activado por la Presencia de Dios allá donde te encuentres, en el centro del corazón de tu ser y conciencia.

YO SOY la llama violeta
  en acción en mí ahora.
YO SOY la llama violeta
  solo ante la luz me inclino.
YO SOY la llama violeta
  en poderosa fuerza cósmica.
YO SOY la llama violeta
  resplandeciendo a toda hora.

YO SOY la llama violeta
brillando como un sol.
YO SOY el poder sagrado de Dios
liberando a cada uno

El lavamiento del agua por la Palabra: la llama violeta

Cuando termines el ritual de invocación del tubo de luz como expresión del yoga supremo, es esencial que invoques en mayor medida el fuego violeta del amor de la libertad en ti, a través de ti y a tu alrededor, dentro del tubo de luz.

La llama violeta no siempre se siente, y habitualmente no es visible para quien acaba de empezar a practicar este ritual. Sin embargo, puede hacerse visible y tangible en muy poco tiempo. Por tanto, cuando invoques la llama, mantén siempre en tu conciencia el vivo recuerdo de un fuego refulgente y crepitante, un fuego violeta. Imagina intensamente la acción de la llama, hasta el punto en que sientas y oigas sus latidos en los poros de tu cuerpo físico, en tu cerebro, tus huesos, tus nervios y en todas las células y átomos de todo tu ser.

Hay ciertas actividades en la llama que tienen que ver con la vida elemental: los electrones danzarines, las salamandras de fuego y los componentes energéticos de la propia llama. Todo ello se magnetiza para servir al hombre mediante la intensa visualización que él mismo realiza. Esta visualización debe incluir no solo una imagen mental, sino también el sentimiento del corazón: un gran amor hacia la luz y empatía hacia la llama, que te da la capacidad de sentir la unidad con Dios, al borde del éxtasis espiritual. Cuanto más fuerte sea la visualización, más fuerte será la acción de la llama. Y debes vivir la acción de la llama con todas tus facultades espirituales. De igual modo, esas facultades cobrarán vida a medida que hagas uso de la llama violeta.

Un método bien sencillo de visualizar las llamas es el de fijar en la mente el recuerdo de una gran hoguera. Reteniendo el concepto de la acción de las llamas físicas, ve cómo asumen el color de la Llama Divina que deseas invocar, en este caso, el violeta.

Ahora agranda la imagen de las llamas hasta que llenen toda tu conciencia. Luego visualízate a ti mismo entrando hacia el centro de la flamígera Presencia de Dios. Siente cómo Su amor te envuelve como un loto de mil pétalos, cada llama un pétalo de la conciencia de Dios que todo lo abarca.

A través del uso meticuloso de la «llama violeta cantarina» (como la ha denominado el Arcángel Zadquiel,[58]) la causa, el efecto, el registro y la memoria de todos los errores e impulsos acumulados dañinos del pasado se desprenderán de toda tu conciencia, tu ser y tu mundo. Por el poder de la luz de Dios que nunca falla, todo eso cambiará en un abrir y cerrar de ojos, convirtiéndose en energía espiritual, que entonces podrás utilizar para aplicar a tu avance y regeneración hacia los dominios de la libertad.

Como un anexo esencial a tus devociones, el fuego violeta debería ser una parte integral de tu visualización del tubo de luz. El rayo de luz, que tiene su origen en el corazón de la Presencia, desciende hacia tu campo energético. Cuando llega al «suelo» (el punto de invocación), brota en forma de llama violeta. Ve cómo salta y late a través de los pliegues de tu conciencia como un forro morado de la vestidura sin costuras.

Antaño, la capa de la llama violeta transmutadora la vestían los gobernantes patrocinados por la Hermandad. Este manto de protección (el «rito»* investido divinamente en los reyes como foco de la llama de la libertad, el púrpura imperial) los ayudaba a transmutar las condiciones indeseadas de su propio mundo, así como a repeler los malvados pensamientos y sentimientos de otras personas.

El poder de la llama violeta y de todas las llamas de Dios se

---

**rite* 'rito' en inglés, se pronuncia igual que *right* 'derecho'; juego de palabras utilizado en referencia al "derecho divino" de los reyes. (N. del T.)

conoce como «el poder del "tres por tres"», porque en él está contenida la acción de la llama trina. A través de este poder de darte la plenitud es que la llama violeta te prepara para las iniciaciones futuras.

Como sabes, el cero añadido al uno para crear el diez introduce el siguiente espacio en la columna de números. Espiritualmente hablando, el paso del nivel 9 (que es el poder del 3 x 3) al nivel 10 es el paso iniciático. Ello supone tu graduación hacia el siguiente orden de magnitud de la Llama Divina interior. Aquí el ciclo de transformación pasa hacia la espiral ascendente de la transfiguración y se espera de ti que te hayas preparado mediante el ritual de la transmutación para la prueba divina.

San Pablo se refirió a esta prueba como un reto diario cuando dijo: «Cada día muero». Y también dijo: «La obra de cada uno cuál sea, el fuego la probará».[59] Porque cuando invocas la llama violeta transmutadora ante el altar del ser, ella prepara tu conciencia para los siguientes ciclos de iniciación.

La llama violeta, como la pluma del Arquitecto de tus nobles aspiraciones, concentra el poder del Espíritu Santo, que te ayuda a transmutar lo que haya de negativo en ti y a abrir camino para la gran entrada positiva de la perfección divina en tu mundo.

Si invocas la llama violeta al menos una vez al día, aunque es preferible que lo hagas dos o tres veces, descubrirás que las causas y el núcleo de la infelicidad, el temor, la aflicción y un montón de espinosos problemas humanos se eliminarán gradualmente en tu mundo. Ello tendrá lugar cuando se le arranquen al yo interior sus registros e impulsos acumulados de los errores pasados. A medida que la llama violeta va transmutando las energías que has invertido en la imperfección, estas se elevan hacia tu Cuerpo Causal y allá se almacenan hasta que las necesites.

Cuando la generosa aplicación de la llama violeta disuelve las penetraciones de los efluvios psíquicos del mundo y los pensamientos y sentimientos erróneos de otras personas, ocurre lo que podríamos llamar un «lavamiento del agua por la Palabra».[60]

Esto es una purificación espiritual. Se trata del bautismo de fuego al que se refirió Juan el Bautista cuando dijo: «Viene uno más poderoso que yo, de quien no soy digno de desatar la correa de su calzado; él os bautizará en Espíritu Santo y fuego».[61]

Cómo «conseguir» el Espíritu Santo

Ahora bien, es cierto que mediante la persistente oración a Dios y a Cristo los seguidores de algunos movimientos religiosos, de hecho, invocan un descenso del Paráclito (el Espíritu Santo), cuya presencia provoca que se forjen grandes cambios en ellos, si son receptivos a la guía del Espíritu Santo.

Sin embargo, el don del Santo Consolador no siempre se conserva. A veces, los beneficiarios regresan al mundo y vuelven a las andadas, derramando así el valioso aceite del cáliz de su conciencia. Incluso los que son totalmente sinceros pueden perder la bendición conferida por no saber cómo conservar la esencia de la luz divina y cómo protegerla de las actividades vampíricas de las fuerzas psíquicas, las cuales, cuandoquiera que sea posible, se alimentan de las energías puras del devoto.

A este respecto hay que observar que el uso continuo de la llama violeta también puede producir que la conciencia se llene del poder y la radiación del Espíritu Santo. Este es el proceso del otorgamiento gradual, por el cual una persona puede invocar en su mundo el bautismo de fuego del Espíritu Santo mientras pasa con éxito por los pasos ordenados de la iniciación. Si ella desea con todo su corazón «conseguir» el Espíritu Santo, puede usar este método gradual para asegurarse de que conservará en su mundo el amor y la luz del Paráclito.

Pero la consagración de su vida al Espíritu Santo carga al discípulo de grandes exigencias, el cual debe estar dispuesto a ser autodisciplinado si es que desea que Dios le enseñe. Debe mantenerse muy reservado interiormente y calmado exteriormente para poder conservar en el cáliz de su conciencia la esencia del fuego sagrado que invoca. El proceso de vestirse con el Espíritu del Señor es acumulativo; por tanto, el discípulo no puede darse el lujo de disipar las energías sagradas de la vida con permisividades o condenando a cualquier parte del Cuerpo de Dios.

La espiritualización de la conciencia es un proceso del todo natural que implica no solo la llama violeta, sino también todas las llamas que surgen del corazón de Dios. La conciencia del Espíritu Santo es el prisma a través del cual pasan esas llamas en su viaje de Dios al hombre. El acercamiento al Espíritu Santo es rapidísimo mediante el fuego violeta porque esta es la llama que consume la creación humana, que se interpone entre el hombre y su Dios e impide su unión con el Altísimo. Pero tal como todos los caminos conducen a Roma, todos los rayos conducen al Espíritu Santo. Deseamos, por tanto, familiarizarte con los muchos senderos que conducen al Origen.

Abrir el camino hacia el Origen con las llamas de Dios

A continuación, damos una lista de las llamas de Dios que pueden invocar quienes deseen practicar el yoga supremo. Independientemente de su color, todas las llamas poseen un núcleo de fuego blanco de pureza que encarna todos los atributos de Dios.

Llama de la fe, el poder, la perfección, la protección y la voluntad de Dios: azul; actividad del primer rayo.

Llama de la sabiduría, la inteligencia y la iluminación (la focalización de la Mente de Dios): amarillo; actividad del segundo rayo.

Llama de la adoración, el amor y la belleza: rosa; actividad del tercer rayo.

Llama de la pureza (la focalización del diseño inherente de toda la creación), también conocida como *la llama de la ascensión:* blanco; actividad del cuarto rayo.

Llama de la curación: verde esmeralda; actividad del quinto rayo.

Llama de la precipitación, la abundancia y la provisión: verde chino con matices dorados; actividad del quinto rayo;

Llama de la ayuda a los demás y el servicio: morado y oro; actividad del sexto rayo.

Llama de la libertad y la transmutación, también conocida como *la llama violeta cantarina:* violeta; actividad del séptimo rayo.

Llama de la misericordia: tonos que van desde el violeta y rosado hasta el morado orquídea y el morado oscuro intenso (la visualización de un centro rosa alrededor del núcleo de fuego blanco de la llama de la misericordia intensificará la acción del Amor Divino dentro de la cualidad del perdón); actividad del séptimo rayo.

Rayos secretos del Poderoso Cosmos: cinco llamas cuyos colores no han sido revelados, que se pueden invocar para un gran beneficio personal y planetario.

Llama trina, también conocida como la llama del Cristo porque en ella se concentra la acción equilibrada del amor, la sabiduría y el poder, un requisito previo a la Cristeidad: rosa, oro y azul, tres penachos afianzados en el corazón de la Presencia Divina, el Ser Crístico y el cuerpo físico del hombre; actividad del primer, segundo y tercer rayo.

Llama de la resurrección: madreperla; actividad del sexto rayo.

Llama del consuelo (conocida también como *la llama del Espíritu Santo*): blanco teñido de un delicado rosa; actividad del tercer y cuarto rayo.

Llama del honor cósmico: blanco teñido de oro; actividad del cuarto y sexto rayo.

Llama de la paz: amarillo dorado, utilizada con frecuencia junto con la llama morada; actividad del sexto rayo.

Llama de la intrepidez: blanco teñido de verde; actividad del cuarto y quinto rayo.

La utilización de la llama violeta transmutadora y de todas las llamas pueden llevar al hombre lejos en el camino del yoga supremo. Porque estas llamas le dan la capacidad no solo de decretar una cosa y establecerla en su mundo[62] («acentuar lo positivo»), sino también de negar la negatividad («eliminar lo negativo»;[63]) eliminar la causa y el núcleo de, y, por tanto, la propensión hacia la acción errónea.

Despojarse de lo viejo y vestirse con lo nuevo

El Señor Lanto nos enseña:

> El cultivo que el hombre hace de su conciencia está dominado por los patrones de la mente y el alma, los cuales se encuentran en capas en lo profundo de su subconsciente. Debido a esas influencias invisibles es que la gente dice que no se entiende a sí misma. Las personas no saben por qué hacen lo que hacen. No les es posible forzar la apertura de la entrada de la conciencia, rondar por los pasillos de la memoria y ver cada costumbre a medida que se va desarrollando, para después desarraigar los patrones de pensamiento indeseables.
>
> Existe un modo mejor. Y ese modo es la saturación de la conciencia propia con la llama de la valía cósmica...
>
> Nosotros no nos atrevemos a eliminar la cizaña del campo de la conciencia humana sin tomar en cuenta que, si lo hacemos prematuramente, también podríamos arrancar el buen trigo.[64] Bien se sabe que cuando los brotes de la cizaña y el trigo son jóvenes, se parecen. Por ello se los deja crecer juntos hasta la cosecha. Cuando han madurado y están listos para la siega, se los separa con facilidad. La cizaña se reúne y ata en manojos para quemarla; y el trigo se almacena en el granero.
>
> La forma más segura de eliminar la cizaña de la conciencia humana antes de que obstruya al trigo de la conciencia divina es utilizar las llamas de Dios. Pero pocas veces se dan

> cuenta los hombres de qué son las llamas; y cuando hablamos de ellas, a menudo se quedan desconcertados.
>
> Repitamos, pues, que existe un orden y universo naturales y que existe un orden y universo espirituales... Las llamas de Dios son del orden espiritual; y estas, por gracia de Dios, penetran en el orden natural con el poder transformador del Espíritu Santo.[65]

Por supuesto, la Naturaleza aborrece el vacío. Por tanto, uno no puede continuar utilizando la llama violeta transmutadora y las demás llamas de Dios sin volverse totalmente constructivo en pensamiento y sentimiento. Simultáneamente a la destrucción de los modelos imperfectos, la construcción de pensamientos y sentimientos correctos debe tener lugar.

Jesús comparó al hombre del que se había echado fuera un espíritu inmundo a una casa que se acaba de barrer, libre de las malas creaciones humanas y de los demonios del pensamiento y sentimiento humanos. Jesús dijo que, a no ser que un hombre así tuviera cuidado, el espíritu inmundo iría a encontrar otros siete peores que él y regresaría para habitar la casa. «Y el postrer estado de aquel hombre viene a ser peor que el primero».[66]

Para protegerse de algo así, siempre se debe usar el tubo de luz junto con la invocación de las varias llamas de Dios; y ciertamente la edificación de un carácter como el de Cristo debería ser un ritual del templo. El uso de la llama violeta prepara el templo del hombre como morada del Espírito Santo. Así, al purificar su templo, «así como él es puro»,[67] el hombre es capaz de conservar el nuevo vino del Espíritu.

Las cosas viejas deben desaparecer y todas las cosas deben hacerse nuevas. San Francisco de Asís comprendió bien este proceso de despojarse de lo viejo y vestirse con lo nuevo, y lo expresó en su oración:

> Señor, hazme un instrumento de tu paz.
> Donde haya odio, déjame sembrar amor;

donde haya ofensa, perdón;
donde haya duda, fe;
donde haya desesperación, esperanza;
donde haya oscuridad, luz; y
donde haya tristeza, alegría.

Oh, Maestro Divino, concédeme que no busque tanto
ser consolado como consolar;
ser comprendido como comprender;
ser amado como amar.
Porque es al dar que recibimos,
es al perdonar que somos perdonados, y
es al morir que nacemos a la vida eterna.

Armonía: la clave de la llave

Un requisito clave para quienes quieran practicar el yoga supremo es el de mantener la armonía. El Dios Armonía es un Ser Cósmico que asimiló la llama de la armonía de tal forma que llegó a ser conocido con ese nombre. Él nos dice:

> La armonía es una ciencia, tal como lo es la música; y las notas de las matemáticas hacen sonar los acordes de principios cósmicos...
>
> La llama de la armonía de Dios crea un imán del Sol Central. Ese imán supremo de amor armonioso es supremamente atrayente de todo lo bueno y supremamente repelente de todo lo malo. Por tanto, quienes deseen sobrevivir cuando la Tierra está en el caos y la desintegración y la muerte deben comprender claramente que el antídoto para todo eso es la pureza de la armonía...
>
> La armonía, pues, es el equilibrio de luz, de centros solares, campos energéticos electrónicos. Cuando hay equilibrio, hay armonía. Cuando hay equilibrio y armonía, entonces y solo entonces puede haber aceleración.
>
> Podréis tener dones virtuosos maravillosos, pero con frecuencia, en una vida o en muchas, la corriente de vida de

un individuo no sobrepasa cierto nivel de logro en lo profesional o cierto nivel de virtud, porque el individuo alcanza la línea donde deja de haber equilibrio, donde no puede llevar hacia un impulso acelerado esa virtud que sí puede funcionar con una vibración inferior.

Tomad, por ejemplo, una peonza. Para girar, la peonza debe tener cierta aceleración y cierto equilibrio. Así, cuando la ley de la armonía que opera en vuestro interior alcanza un nivel por debajo de cierta aceleración, ya no puede mantenerse. Y ahí es cuando entra la discordia con la desintegración y, finalmente, la autodestrucción. Por consiguiente, para poder tener la clave de la armonía, debéis tener la clave de la aceleración del amor...

Allá donde la energía se encuentra atada en nudos de autoengaño, de disonancia, de egoísmo, de odio; todas esas manifestaciones, incluyendo la ansiedad, causan la desaceleración de aquello que es armonía Divina dentro del mismísimo núcleo de fuego de la propia llama trina. Así, cuando el impulso acumulado de la disonancia llega a ser demasiado grande, la parte superior de la llama trina no puede girar. Cuando sus tres penachos tienen una altura distinta (desequilibrio), no puede girar y, por tanto, los fuegos de la resurrección no pueden brillar.

Por tanto, al considerar a quienes poseen ciertas virtudes que no pueden sobrepasar, contemplamos a individuos que, por ejemplo, bajo circunstancias normales pueden expresar paciencia, misericordia o bondad, pero cuando la tensión y la angustia se introducen en el patrón de la vida, la persona ya no es bondadosa, paciente y misericordiosa. Esto se debe a que esas cualidades han recibido solo cierto ímpetu en su aceleración. No se han acelerado más a causa de los impedimentos que hay dentro de los cuatro cuerpos inferiores.

Estos impedimentos son como islas de oscuridad en un mar de luz; es decir, se tiene la esperanza de que ese sea el estado de conciencia. Porque allá donde la conciencia es un mar de luz con islas de oscuridad, las islas se pueden inundar con la llama del amor, la libertad y la transmutación y, por consiguiente, se pueden disolver de inmediato. Pero cuando los individuos no prestan atención al mantenimiento del mar cósmico de conciencia y permiten que el valioso don que es el receptáculo de la vida llegue a estar más y más dominado por islas cada vez más grandes de negrura, desesperación y oscuridad, pecados no confesados, esas islas se convierten en continentes. Y pronto ocupan más espacio y tiempo dentro del campo energético que es el mar de luz; y se tragan el mar. Y, por tanto, el individuo no posee la capacidad de impulsar hacia adelante y acelerar cualquier don de la vida, cualquier llama de creatividad ni llevar a término ningún simple proyecto. Por tanto, pedimos que nuestros chelas pongan su atención en la ciencia de la llama de la armonía de Dios...

Que la armonía Divina, como núcleo de fuego blanco de todo ser, luz y radiación, llegue a significar más para vosotros que cualquier otra cosa en la vida. Que la armonía Divina os proporcione la clave de la luz, que en sí misma es la clave alquímica. Así, la armonía es la clave de la llave.

Pensad en estas palabras y haceos la pregunta: «¿Por cuántas puertas pasaré; cuántas llaves debo encontrar para entrar finalmente en el Sanctasanctórum de mi propio Ser Divino?[68]

El misterio de la llama trina

En nuestro estudio del yoga supremo, ahora abordamos el misterio de la llama trina de iluminación Crística que Dios ha puesto en cada corazón. Aunque mide menos de un milímetro y medio de altura en la persona normal y corriente, esta llama puede expandirse hasta penetrar en toda la funda física y llegar a la atmósfera de la Tierra como una expresión más grande de la naturaleza Crística del hombre.

Los tres penachos de la llama se han de ver en el siguiente

orden: el rosa (amor) hacia la derecha de uno mismo, extendido por la mano derecha en servicio; el amarillo (sabiduría) en el centro, iluminando la mente y el corazón; y el azul (poder) a la izquierda de uno mismo, atrayendo la fortaleza de Dios.

Aunque hay siete rayos en manifestación y cada persona tiene una afinidad especial con uno o más de ellos, todos los rayos tienen en común la manifestación de la Santa Llama Crística dentro del corazón. Esta llama trina de la vida se proyecta como un rayo de luz desde el corazón de la Presencia, a través del cordón cristalino. Este rayo desciende primero hasta el Ser Crístico (el Cuerpo Mental Superior), donde brota como una llama. El rayo continúa su descenso hacia el corazón del hombre, donde produce otro foco flamígero de la naturaleza trina del Cristo.

El Maestro Ascendido Saint Germain ha usado la flor de lis (el lirio dorado de tres pétalos) como insignia personal y como emblema de la causa de la libertad que él tan noblemente ha patrocinado. La flor de lis es una réplica de la llama de la vida que reside en cada persona. Esta llama tripartita es, en realidad, la llama única de la vida que late en todos los corazones.

Amor, sabiduría y poder constituyen la trinidad de la naturaleza divina manifiesta en el hombre. Se conoce al hombre o la mujer que posee esas cualidades en perfecto equilibrio como un individuo Crístico. Cuando uno de los penachos de la llama trina está desproporcionado en la persona, se produce un desequilibrio correspondiente en la personalidad exterior. Tales desequilibrios personales solo se pueden corregir volviendo a equilibrar la llama trina. Ese proceso es absolutamente esencial antes de que tenga lugar la unión divina, porque la llama trina en el hombre debe llegar a ser congruente con la llama trina de Dios antes de que Dios y el hombre puedan ser, en verdad, uno solo.

¿Qué valor tiene el poder, por ejemplo, si el resto de la naturaleza humana exhibe muy poca sabiduría y muy poco amor? Cuando una persona posee una concentración mayor del penacho amarillo, es frágil intelectualmente, carece de las cualidades de la comprensión amorosa y de la fuerza de voluntad para emplear sus destrezas mentales eficazmente en los dominios de la acción en el mundo o para su éxito personal. Por otro lado, una persona puede ser, por así decirlo, «todo amor». Su manifestación es todo amor, pero le falta la capacidad de transmitir ese amor de forma activa hacia los demás y, con frecuencia, expresa poca inteligencia sobre cómo transmitirlo de una manera adecuada.

En resumidas cuentas, cualquiera puede observar que una actividad desequilibrada de la llama trina de la vida no producirá armonía en el mundo del individuo. Por tanto, el decreto «Equilibra la llama trina en mí», que se encuentra al final de este capítulo, es una súplica a la Divinidad y al Ser Crístico para fortalecer los penachos de la llama trina de acuerdo con la necesidad individual. Porque hay que reconocer que cada discípulo tiene la necesidad de amplificar en su propia naturaleza las cualidades del Cristo de las que pueda carecer. Para hacerlo, debe ser objetivo acerca de las debilidades y deficiencias personales en su carácter, dándose cuenta de que la luz del Cristo siempre está presente —incluso a la puerta de su corazón— para elevarlo de los valles del desánimo y la derrota hasta las cumbres del logro.

Los que vienen a Lúxor para sentarse a los pies del Maestro Serapis y aprender los preceptos de la automaestría, escuchan la siguiente enseñanza sobre cómo equilibrar la llama trina en una de las primeras conferencias a las que asisten:

> Cuando los hombres no progresan, siempre se debe a un desequilibrio en la llama trina de la vida. La vida que late en vuestro corazón es una tríada en movimiento, que se compone de energías tripartitas. La Santa Trinidad del Padre, Hijo y Espíritu Santo —cuerpo, mente y alma; tesis, antítesis y síntesis; Brahma, Vishnú y Shiva;[69] amor, sabiduría y poder— también es el rosa, azul y oro de la conciencia divina.
>
> La voluntad de Dios es predominante en un tercio de la totalidad, pero carente de la sabiduría de Dios, la dorada

iluminación de su conocimiento supremo, incluso el poder está desprovisto de acción; y sin amor, el poder y la sabiduría se convierten nada más que en la fragilidad de la autopreservación. El equilibrio de la llama trina crea un patrón de la ascensión para todos.

Las emociones dominantes se controlan con amor y con el poder del amor en acción. Debido a que la sabiduría de los hombres es insensatez para con Dios,[70] estos perciben que no es en la psicología del mundo, sino en el equilibrio de las energías del corazón donde los hombres avivan los fuegos de la ascensión para el día de su victoria. El horno del ser, incandescente, debe por necesidad manifestar los colores del fuego sagrado; y la espiral del nido de la serpiente debe por necesidad elevarse recta, levantada por las alas de la fe, la esperanza y el logro (fe, esperanza y caridad) hasta que el hombre-Cristo esté entronizado en todos. Esta es una victoria científica del Espíritu.

Este universo no se creó sin precedente. Detrás del programa no hubo un experimento vano, sino la eterna sabiduría del Creador infinito, cuyos propósitos son percibidos vagamente por los hombres de visión inferior. Las emociones controladas por el amor en equilibrio con la sabiduría crean una definida marca de poder que la vida no puede resistir. El progreso, pues, resulta de la sintonización con todos los aspectos trinos de Dios en perfecto equilibrio.

Si vuestra tendencia es hacia el estudio excesivo o el sentimiento de una sabiduría egoísta, sacada del depósito del conocimiento del mundo, recordad que con todo lo que acumuléis, a menos que tengáis sabiduría, vuestro conocimiento no es más que una campanilla ruidosa o un címbalo estridente. Y si el amor que estáis manifestando es un amor que espera algo a cambio como una dote de la amada, no sois conscientes de la voluntad del Gran Dador, cuyos deseos solo son darse por completo a la amada. Si vuestro poder es como un diluvio o un fuego arrasador que cubre las montañas y las llanuras o consume aquello a lo que quiere beneficiar, entonces debéis adquirir la maestría de la santa sabiduría y el santo amor, para que vuestro poder pueda estar bajo las riendas de la trinidad del equilibrio.[71]

La llama única de la vida es la misma para todos. Sin embargo, debido a las varias cualificaciones con que los hombres han marcado las energías que fluyen a todas horas desde el corazón de la Presencia, la llama no se manifiesta de igual manera en todos. Equilibrar la naturaleza propia, al comprender que la naturaleza divina del hombre es la esencia del amor de Dios, la sabiduría de Dios y el poder de Dios, es, por tanto, una importante fase del trabajo del templo que todos pueden realizar sin demora y que ofrecerá beneficios inmediatos.

En este capítulo hemos conferido los rudimentos del yoga supremo a todos los que deseen recibirlos como niños pequeños. La práctica de estos sencillos preceptos exige poco tiempo cada día, con el gasto nada más que de tu energía y atención.

¿Por qué no intentas utilizar el yoga supremo, no solo para tu libertad, sino para la de toda la humanidad? Si practicas el yoga supremo con constancia y sigues las demás instrucciones que se dan en este libro, bien podrás convertirte en un ser libre en Dios. Siguiendo los pasos del Maestro nazareno, hallarás tu destino cósmico desplegándose ante ti como el infinito sendero de la vida.

Decreto para equilibrar la llama trina

En el nombre de la amada, Poderosa y Victoriosa Presencia de Dios YO SOY en mí y de mi muy amado Santo Ser Crístico, invoco a los amados Alfa y Omega, amados Helios y Vesta y a la llama trina de amor, sabiduría y poder en el corazón del Gran Sol Central, al amado Morya El, amado Señor Lanto, amado Pablo el Veneciano, amado Poderoso Víctory, amada Diosa de la Libertad y los Siete Poderosos Elohim, amados Gurú Ma y Lanello, todo el Espíritu de la

Gran Hermandad Blanca y la Madre del Mundo, vida elemental: ¡fuego, aire, agua y tierra!

Para que equilibréis, hagáis que destelle, expandáis e intensifiquéis la llama trina dentro de mi corazón hasta que yo manifieste todo lo que vosotros sois y no quede nada de lo humano.

¡Asumid el dominio completo y el control de mis cuatro cuerpos inferiores y elevadme a mí y a toda la vida por el poder del «tres por tres» a la gloriosa resurrección y ascensión en la luz!

En el nombre del Padre, de la Madre, del Hijo y del Espíritu Santo, yo decreto:

¡Equilibra la llama trina en mí! (3x)
¡Amado YO SOY!
¡Equilibra la llama trina en mí! (3x)
¡Asume tu mando!
¡Equilibra la llama trina en mí! (3x)
¡Auméntala a cada hora!
¡Equilibra la llama trina en mí! (3x)
¡Amor, sabiduría y poder!

[Haz el decreto cuatro veces usando «destella», «expande» e «intensifica» en lugar de «equilibra», la segunda, la tercera y la cuarta vez. Termina con el siguiente párrafo].

¡Y con plena fe acepto conscientemente que esto se manifieste, se manifieste, se manifieste! (3x), ¡aquí y ahora mismo con pleno poder, eternamente sostenido, omnipotentemente activo, siempre expandiéndose y abarcando el mundo hasta que todos hayan ascendido completamente en la Luz y sean libres!

¡Amado YO SOY! ¡Amado YO SOY! ¡Amado YO SOY!

Segundo capítulo

La ascensión

Caminó, pues, Enoc con Dios,
y desapareció, porque le llevó Dios.
GÉNESIS

La ascensión

SI PUDIERAS SENTARTE A LOS PIES DEL Maestro más grande y preguntarle: «¿Qué propósito tiene la vida?», él contestaría: «Prepararte para la ascensión».

Serapis Bey, jerarca del Templo de la Ascensión en Lúxor (Egipto), nos dice: «Los hombres deben volver a lo prístino, a la realidad del caminar interior con Dios, a la magia del templo alto encarnada y captada por la Verdad viva».[1]

El propósito de la encarnación del hombre, como lo define el Gran Director Divino, es...

> ...ascender para regresar al corazón de Dios después de manifestar una superación victoriosa. A no ser que se cumpla este propósito, los hombres continuarán recogiendo los efectos de sus propias siembras, que suelen ser acumulativas en el sentido de que se crea más discordia de la que se equilibra en un período de tiempo dado. Por tanto, siempre se exige un equilibrio de pagos, que hace necesario su regreso al planeta Tierra mediante el ritual de la reencarnación. Este continuo ofrecimiento de misericordia Divina al hombre es una necesidad y una oportunidad para quienes hacen intentos una y otra vez para que finalmente triunfen.
>
> Quienes consiguen equilibrar en el reino de Dios la parte aceptada de sus deudas con la vida, descubren que la

natural expansión de la llama de la vida se derrama a través de sus formas de carne, a través de su conciencia, a través de sus pensamientos y sentimientos, hasta que el espíritu de la resurrección, al penetrar en el universo con el poder del Sol detrás del sol, atrae poderosos rayos de luz de la Presencia de Dios hacia la forma física, y la conciencia asciende con una percepción en permanente expansión. Ellos descubren, como descubrió Elías cuando fue arrebatado en el carro de fuego y subió al cielo, que hasta los átomos y electrones que componen su ser empiezan a atraer de la Divinidad una radiación cada vez mayor; y su forma y cuatro cuerpos inferiores literalmente se transfiguran.[2]

¿Qué es la ascensión?

Entonces, ¿qué es la ascensión? La ascensión es el regreso victorioso a Dios de Su amado Hijo, cuyo descenso a la forma tiene la única finalidad de expresar abajo las cualidades del cielo que están arriba. No nos referimos a un lugar, sino a una condición. Una vez que el hijo individual ha superado las condiciones externas, puede decir con Cristo: «Yo tengo una comida que comer, que vosotros no sabéis».[3] Porque cada ola de gozo que tiene es el gozo de Dios, de los ángeles, de la realización.

Saint Germain dice: «Cuando alguien recibe el don de la ascensión de su propia Presencia YO SOY y del Consejo Kármico, de ella desaparece la apariencia de la vejez tan rápidamente como una sonrisa alza los labios; y el magnetismo y la energía de tal persona se convierten en el ilimitado poder de Dios que emana de su ser. La escoria del cuerpo físico, el cansancio del cuerpo emocional, fatigado por las creaciones de odio, la incesante rutina del cuerpo mental, todo eso desaparece y es sustituido con total facilidad por sus equivalentes divinos. Los sentimientos se cargan del amor de Dios y los ángeles. La mente se imbuye de la Mente de Dios de brillo diamantino, omnipresente, omnisciente, omnipotente. La totalidad del ser se inspira y aspira».[4]

Mediante la ascensión, el Hijo se une al Padre. Aquel ya no puede permanecer unido a la tierra, porque está lleno de la luz del Sol y ya no tiene necesidad alguna del cuerpo físico. En un momento, en un abrir y cerrar de ojos, cambia: su carne se vuelve transparente, sus venas se llenan de luz rosa y dorada y los mismísimos átomos de su ser se hacen más y más ligeros. En este estado de ligereza, sin peso, la forma ligera, libre en Dios, ya no puede estar atada a la tierra. Por tanto, ha de elevarse «en el aire», donde una nube de luz blanca la recibe y ella desaparece de la vista mortal; y el Hijo, reuniéndose con el Padre, se funde en Su omnipresencia.

Por tanto, la ascensión es una acción de elevación que afecta al ser del hombre por completo. La elevación de la forma en el aire es, en realidad, un efecto secundario como resultado de la aceleración de los electrones que giran alrededor del núcleo de cada átomo de los cuatro cuerpos inferiores. Mediante este proceso de aceleración, la conciencia individual se une a la conciencia Crística del Preceptor Eterno.

Durante el ritual de la ascensión, el alma logra la reunión permanente, primero con el Ser Crístico y después con la Presencia YO SOY. Desde ese estado del Ser centrado en Dios, que se distingue de los planos de la tierra solo por un aumento de la velocidad de los electrones o de su tasa vibratoria (como algunos lo han llamado), el hombre ascendido podrá venir «como le habéis visto ir al cielo».[5]

Ello no quiere decir que los Seres Ascendidos reencarnen en forma física, más bien que poseen el poder, después de ascender, de aparecerse a voluntad a los hombres no ascendidos, ofreciendo así las bendiciones y la curación de las octavas de luz a quienes aún no han llegado hasta ahí. Así se apareció Jesús en Patmos al amado Juan.[6] Desde entonces, Jesús se ha aparecido a muchos de sus discípulos.

«La ascensión es una parte inevitable del sistema divino», dice Serapis en sus lecciones introductorias a los neófitos. «Consiste en las siguientes iniciaciones: la transfiguración en la configuración divina, el ritual de la crucifixión en la cruz de la Materia, la resurrección de la sustancia muerta y, finalmente, la iniciación de la propia llama de la ascensión, que eleva al hombre y lo saca de los dominios de sus energías recalcitrantes y de todas las actividades peligrosas, la imperfección mortal y el error. La ascensión es el principio del reino para cada persona. Y cuando todas las almas hayan sido tomadas y no quede ninguna, el mundo ascenderá para regresar al corazón de Dios como un planeta victorioso».[7]

Las iniciaciones de la transfiguración y la crucifixión

El Maha Chohán explica: «La trasfiguración es cuando la luz del Cristo Cósmico desciende para llenaros, y el poder del Espíritu Santo y el de Dios Padre-Madre, hasta que todos los átomos y las células de vuestro ser son un recipiente de luz. Y quienes os rodean deberían ver el blanco resplandeciente de vuestras vestiduras... Podréis pasar por la iniciación de la crucifixión porque habréis vivido la transfiguración».[8]

Juan el Amado, el discípulo que presenció la transfiguración, la crucifixión y la resurrección de Jesús, nos da una invaluable enseñanza sobre la iniciación de la crucifixión:

> ¿Comprendéis que podéis pasar por esta iniciación sin renunciar a los cuatro cuerpos inferiores? ¿Comprendéis que la expiación que podéis hacer es una expiación del factor energía?
>
> Mediante la entrega a la llama del fuego sagrado de toda la energía que Dios os ha dado, podéis mantener el equilibrio para el planeta mediante el peso de la luz. («¡Ligera es mi carga!».[9]) La carga de luz que lleváis proviene de las luchas transmutadas al sacrificar todo lo que es inferior a la perfección.
>
> Llegará el día en que Dios también reclamará los cuatro cuerpos inferiores. Pero vosotros podéis ser testigos vivos de

la purificación de las células, de muchas células del Cuerpo de Dios en la Tierra, para que esas piedras vivas del templo puedan ser electrodos para mantener intacta la conciencia entera de la humanidad, conservada para la venida de la gran gloria de la ley del amor.

En todas las épocas hay personas que eligen convertirse en estrellas del firmamento del ser; y cuando una era termina y otra comienza, debe haber quienes formen el arco, llevando las espirales de energía de una dispensación a la siguiente, de un nivel de conciencia al siguiente. Ellas forman el puente sobre el cual la humanidad pasará hacia la era de oro de iluminación y paz...

Vivís en una época en que muchos, y unos pocos en nombre de muchos, han de representar el drama, la recreación del ritual sagrado del Viernes Santo, cuando Jesús bajó a los planos donde habitaban aquellos espíritus de los muertos. La iniciación de la crucifixión conlleva el descenso del alma a los niveles más oscuros del planeta, donde están los rebeldes que se han negado a reconocer al Cristo como la luz «que ilumina a todo hombre que viene al mundo».[10]

Por tanto, como veis, mientras el cuerpo de Jesús yacía en la tumba, su alma, su mente superior, estaba activa en las profundidades del astral, en el lugar que llaman purgatorio, donde se mantenía a las almas de los muertos desde los días de Noé (los días del hundimiento de la Atlántida) debido a que se negaron a someterse a la ley de Dios, motivo por el cual se les negó el renacimiento y la entrada a la pantalla de la vida.

Jesús tuvo la tarea (una tarea que también es para cada hombre y mujer que pasa por el ritual de la crucifixión) de ir a los lugares más oscuros de la Tierra y predicar la luz, impulsar a los espíritus a que se alineen con la Presencia de Dios. En ese momento, pues, justo antes de la vivificación de las células con el fuego de la resurrección, es necesario dar testimonio de la Verdad a la conciencia de las masas. Así, veréis cómo os encontraréis enseñando la Palabra de Verdad en sitios en los que no esperabais estar. Y entenderéis que ello forma parte del ritual sagrado y que no podéis participar de la plenitud de la espiral de la resurrección hasta que hayáis cumplido esa misión.

Es necesario que, en la hora de la tribulación, esos rebeldes vean la gloria, vean el sacrificio y la victoria en vuestra frente. Es necesario que entren en contacto con aquellos que están dispuestos a hacer el sacrificio supremo por ellos. Cuando el contacto se ha producido y la Palabra, como el pan sagrado de vida, ha sido partido, podréis volver para la celebración de la espiral de la resurrección. Y entonces, la vivificación del templo corporal, del alma, el corazón y la mente también será para aquellos a quienes predicasteis.

Recordad bien estas palabras de Juan el Amado: «Sin la cruz no puede haber corona. Sin la crucifixión no puede haber resurrección».[11]

La llama de la resurrección y la llama de la ascensión

«El futuro es como lo hagáis, así como el presente es como lo habéis hecho», dice Serapis Bey. «Si no os gusta, Dios ha proporcionado una forma de que lo cambiéis; y esa forma es aceptando las corrientes de la llama de la ascensión».[12]

El hombre se identifica tanto con su cuerpo físico, sus emociones, sus pensamientos y sus patrones de la memoria, que apenas comprende quién o qué es en verdad. En realidad, el hombre es un espíritu flamígero que descendió a la forma y a la conciencia mortal para demostrar su maestría sobre el yo y la sustancia, con el fin de poder ascender y regresar al Espíritu de donde vino.

Como resultado de su identificación con la conciencia de la forma (que siempre conlleva la dualidad), el hombre ha creado un registro personal de bien mezclado con mal. Mientras que el bien se ha elevado a su Cuerpo Causal, el mal se ha acumulado en una espiral negativa que rodea su forma como un cinturón electrónico. Esta acumulación de cualidades negativas ha sido denominada efluvios humanos. Se trata de la acumulación de sustancia —un velo de energía cualificado con el pensamiento y el sentimiento mortal—que posee densidad y peso. Además de obstruir los cuatro cuerpos inferiores y obstaculizar así el flujo de la pureza a través del ser del hombre, esta espiral negativa (a la que el ego, el intelecto y la voluntad del ser humano dan validez) se opone directamente a la espiral de la ascensión y confina al alma a la atracción de la gravedad de la Tierra.

A lo largo de la historia del planeta, ciertas corrientes de vida han demostrado que esta espiral negativa de limitación humana puede vencerse mediante la cualificación científica de las energías de Dios; es decir, invocando el fuego sagrado. Al estudiar el magnífico ejemplo del Maestro Jesús y las iniciaciones que demostró públicamente por y para la humanidad, descubrimos que, durante su ministerio, empleó aspectos específicos del fuego sagrado para demostrar ciertos aspectos de la Ley. Cada demostración de la superioridad de la Ley Divina sobre la humana cumplió en su vida una fase de una o más de las treinta y tres iniciaciones que toda alma ascendente debe pasar.

En este capítulo nos ocupamos del triunfo de Jesús sobre el último enemigo: la muerte. Utilizando los poderes del fuego sagrado, primero como este se manifiesta en la frecuencia de la llama de la resurrección y después como late en las corrientes de la ascensión, Jesús demostró que la vida es el estado natural del ser y la muerte el estado no natural.

Los primeros registros bíblicos en que consta que Jesús usó la llama de la resurrección para devolver la vida al cuerpo físico fueron la resurrección del hijo de la viuda y de la hija de Jairo. Después, con la resurrección de Lázaro[13] y finalmente con su propia resurrección, Jesús demostró para siempre la superioridad de la ciencia divina sobre las leyes de la muerte y la decadencia.

La llama de la resurrección es una aceleración de la llama trina en que los penachos rosa, azul y amarillo se mezclan uniéndose en uno solo, adquiriendo la iridiscencia de la madreperla. La presencia del espectro de colores dentro de la llama significa que su intensidad o velocidad está justo por debajo de la del fuego blanco de la corriente de la ascensión.

La llama de la resurrección se utiliza para resucitar y curar los cuatro cuerpos inferiores mediante la emisión del poder encerrado en el núcleo de fuego blanco de todos los átomos del ser del hombre. La llama de la ascensión se utiliza para acelerar sus cuerpos hasta el punto de una reunión total no solo con el núcleo de fuego blanco de sus átomos, sino con su propia Presencia YO SOY. Así, al invocar la llama de la resurrección, la luz procedente del interior de los átomos se atrae hacia afuera para sanar la «carne» del hombre. Al invocar la llama de la ascensión, la propia carne es acelerada hasta la frecuencia de la luz dentro del átomo.

Cuando el hombre es capaz de mantener la frecuencia de la llama de la ascensión dentro de su carne, nada puede impedir su reunión con el núcleo de fuego blanco, que es la ascensión en la luz. Jesús fue alguien en quien la gloria de Dios, en la plenitud del descenso divino, latió a través de la forma de carne como luz blanca. Esa luz, surgiendo y volviendo a surgir desde el corazón de Dios, entró en el resplandeciente sol de todos los átomos de la sustancia de su mundo y transformó lo corruptible en incorruptible.

El Buda Gautama describe el poder de la llama de la resurrección:

> El efecto de esta llama sobre el entorno al que desciende puede compararse con la energía emitida en la desintegración del átomo. Con la llama de la resurrección no solo se movió la piedra, sino que se partieron peñascos, se movieron montañas, descendieron el trueno y el relámpago y aquello que era mortal se desechó mientras Jesús caminó por la Tierra para terminar su vida y servicio como una reencarnación plena del espíritu de la resurrección.

> El bendito, como Hijo del hombre, demostró lo que las evoluciones del planeta deben demostrar en esta hora.[14]

Durante el período iniciático de tres días después de su crucifixión, Jesús llevó la llama de la resurrección a sus cuatro cuerpos inferiores, donde esta aceleró la acción de la llama trina de la vida que forma el núcleo de todas las células. La reanimación de su cuerpo físico se hizo posible gracias a la imponente radiación de su espíritu eternamente consciente e inmortal, que fue transferido a su forma mediante las impulsoras corrientes de la llama de la resurrección. La llama de la vida, aumentada por el Espíritu Santo y las huestes angélicas del servicio, fue, por tanto, soplada de nuevo en su forma. El ritual de la resurrección, que se representa en el reino de la naturaleza cada primavera, lo cumplió el Hijo de Dios en aquella primera Semana Santa en aras del Hijo del hombre.

Sin embargo, tú puedes recibir la iniciación de la resurrección sin tener que pasar por el proceso llamado muerte. Existen iniciados que caminan por esta Tierra en el estado resucitado, habiendo pasado por la iniciación de la resurrección. Esta es una iniciación anterior a la ascensión en la cual se camina por la Tierra con un cuerpo físico y mientras se contiene la llama de la resurrección, la espiral de resplandor madreperla con la cual se emiten los rayos arcoíris de Dios.

Durante un período de cuarenta días después de la resurrección, Jesús instruyó a sus discípulos sobre Ley Cósmica. Al mismo tiempo, al mantener el impulso acumulado de la llama de la resurrección en su ser, fue capaz de afianzar la esperanza de la resurrección en los cuatro cuerpos inferiores del planeta y en la conciencia en evolución de la humanidad.

Cuando el ciclo de la victoria se completó, llegó el momento cósmico de que la llama de la resurrección, al circular en espiral por su mundo, se acelerara hasta alcanzar la frecuencia de la llama de la ascensión. Mientras tenía lugar esta acción, el amado Maestro subió caminando al monte de Betania y allí, ante la presencia de muchos testigos, ascendió hasta la nube de su Presencia YO SOY. El fuego sagrado dentro de su ser se fundió con el fuego sagrado que giraba en el exterior. Así, el flamígero espíritu del hombre se unió al Flamígero Espíritu de Dios; y desapareció de la vista mortal porque su ser ya no vibraba al nivel de la conciencia mortal.

Así, al mirar los presentes la forma de Jesús, percibieron que se elevó desde el monte de Betania en una gloria de tal trascendencia e inspiración como para conmoverles el alma por toda la eternidad. El viento sopló sobre sus vestidos y la majestuosidad de su expresión sobrepasa toda descripción. Los latidos de su amor por cada uno de ellos vivificaron en sus corazones la llama de la respuesta. Los más iluminados de entre ellos supieron en su interior que ahí, por gracia de Dios, ellos mismos estarían algún día, siguiéndole en la regeneración.

Al flotar en el aire, subió cada vez más, y poco a poco un gran fuego blanco envolvente, parecido a una nube, lo ocultó a la vista. Mientras los presentes aún miraban fijamente al cielo, dos ángeles se pusieron junto a ellos vestidos de blanco. Los ángeles hablaron, y dijeron: «Varones galileos, ¿por qué estáis mirando al cielo? Este mismo Jesús, que ha sido tomado de vosotros al cielo, así vendrá como le habéis visto ir al cielo».[15]

Y eso hizo, porque Jesús regresó de la nube de su Presencia YO SOY. El acontecimiento del monte de Betania no supuso la conclusión de la vida de Jesús en la Tierra, aunque ahí demostrara su capacidad de unirse a su Presencia YO SOY y al Señor Maitreya (a quien él llamó «Padre»). Jesús siguió caminando por la Tierra con toda la gloria de la llama de la resurrección. Marchó de Palestina para viajar a Oriente, donde enseñó hasta que ascendió a la edad de ochenta y un años.

El Buda Gautama esboza el sendero que tomó Jesús:

> Qué alegría es saber que el ser bendito, Jesús, caminó por la Tierra con la llama de la resurrección desde el momento en que abandonó la zona de Palestina, marchando para realizar otros trabajos y, finalmente, terminar esa hermosa vida en la Tierra a la edad de ochenta y un años con el poder del nueve, el «nueve por nueve» y el «tres por tres». ¡Qué consecución más hermosa!
>
> Durante todos esos años la Tierra recibió el afianzamiento de su llama de la resurrección a través de las cadenas montañosas y las aguas, de los refugios de los Himalayas. Así, el Señor y Salvador cumplió todas las cosas, hasta la plenitud de la ley de la resurrección, para que vosotros podáis seguir sus pasos. Así fue como el bendito vivió en Cachemira. Así fue como el bendito ascendió en su último paranirvana desde el corazón de Shambala.[16]

Desde ese día, muchos han presenciado la venida del Señor Cristo, de la luz a la manifestación, demostrándoles que no está muerto, sino vivo por siempre: ¡un Maestro *viviente!* Jesús nos pide que sigamos sus pasos y consigamos el logro de caminar por la Tierra con la plenitud de la llama de la resurrección.

Habiendo alcanzado ese nivel de percepción Divina del Yo, que nace del Espíritu, la conciencia y el ser del Ser Ascendido son como el viento que sopla donde quiere.[17] La conciencia puede ir y estar allá donde desee para concentrar la llama de la identidad. Como dice el Maestro Ascendido Serapis Bey:

> La conciencia puede moverse. Puede penetrar. Puede volar. Puede romper ataduras. Puede soltarse de las amarras de la vida y salir al mar, el mar profundo donde las salobres lágrimas de mi gozo son una espuma de esperanza, renovada una y otra vez. Estoy alegre como nunca, y no hay recuerdo de los estados anteriores. Estos son desechados como algo finito, trivial, como un capricho pasajero de la mente mortal.

Ahora pongo mi conciencia
en los seres de fuego,
en las huestes seráficas.
Ahora veo el deseo de Dios
de ser el más intenso
y brillante resplandor blanco;
un horno blanco incandescente
cuyo frescor es mi deleite.

Veo las sombras y los velos
del pensamiento y la estupidez humana
derretirse y evaporarse,
desvanecerse en el aire;
y todo lo que YO SOY está por doquier,
y por doquier YO SOY.[18]

Juan el Amado pregunta:

¿Cómo podemos transmitir a aquellos de vosotros que no habéis experimentado la entrada de la gran corriente de la espiral de la ascensión, qué es esa energía? ¿Acaso debamos decir que es como la desintegración de miles o decenas de miles de átomos, estando el hombre en el centro? ¿Acaso debamos decir que es como la explosión de mundos o centros solares? ¿O debiéramos decir que es como el despliegue de un lirio o una rosa?

Quizá la poesía de la ascensión debierais escribirla vosotros al vivir ese gran ritual. Quizá al final de esta vida. Porque, como se os ha enseñado, las puertas están abiertas para quienes hagan el llamado, presten el servicio y soliciten cada prueba. Porque línea a línea, precepto a precepto, se consigue la victoria. Ascendéis cada día. Estáis ascendiendo por las espirales de vuestro ser y vuestra conciencia. No sois como erais ayer o la semana pasada; y si ofrecéis devociones diariamente al Altísimo, estaréis a años luz de vuestro yo anterior.[19]

Requisitos para la ascensión: pureza, disciplina y amor

Pureza, disciplina y amor son requisitos para la ascensión, porque con estas virtudes la Ley se satisface: pureza de consagración, de corazón, mente y alma; disciplina en los motivos y el deseo; pensamientos, sentimientos y actos transparentes, que brilla en la corriente cristalina de la conciencia que fluye de vuelta a su Fuente.

Pureza es la disciplina de dirigir todas las energías propias hacia una acción amorosa. La pureza es ir con Cristo hasta el final. Es prestar ayuda a los pobres de espíritu. Es curar a los enfermos y resucitar a los muertos. Es someterse a las pruebas del Gran Iniciador. Es renunciar totalmente y rezar sin cesar.

Ser puros en la disciplina de la Ley es «amar al SEÑOR tu Dios» con la totalidad del ser, «amar a tu prójimo» como alguien en quien vive el Cristo, y amar al Cristo en todo Maestro Ascendido con suficiente devoción como para dejar atrás las cosas del mundo y decir: «¿Qué me importa eso? ¡Te seguiré!».[20]

El ritual de la ascensión es la meta de todos los que entienden su razón de ser. Esta iniciación puede llegar a todo el mundo, y lo hará; incluso a un niño pequeño, cuando esté listo: cuando haya equilibrado su llama trina; cuando sus cuatro cuerpos inferiores estén alineados y funcionen como cálices puros de la llama del Espíritu Santo en el mundo de la forma; cuando haya alcanzado un equilibrio de maestría en los siete rayos; cuando haya alcanzado la maestría sobre el pecado, la enfermedad y la muerte y sobre toda condición exterior; cuando haya realizado su plan divino mediante el servicio a Dios y el hombre; cuando haya saldado al menos el 51 por ciento de su karma (es decir, cuando el 51 por ciento de la energía que recibió en todas las encarnaciones haya sido cualificada constructivamente o transmutada); y cuando su corazón se fije solo en Dios y el hombre y él aspire a elevarse en la luz infalible de la eternamente ascendente Presencia de Dios.

El proceso de la ascensión también conlleva pasar las iniciaciones que se dan en Lúxor: la transmutación del cinturón electrónico, el uso correcto de los chakras y el caduceo, la elevación del átomo semilla (la Kundalini) y la construcción del cono de fuego para la transmutación de los últimos vestigios de la creación humana de uno mismo.

En un principio se exigía el saldo total del karma personal antes de que el hombre pudiera regresar al corazón de Dios. Cada jota y tilde de la Ley debía cumplirse, cada ergio de energía que se hubiera cualificado mal a lo largo de todas las encarnaciones debía purificarse antes de poder ascender. La perfección era el requisito de la Ley.

Ahora, sin embargo (gracias a la misericordia de Dios dispensada por los Señores del Karma), la antigua ley oculta se ha apartado. Quienes hayan saldado solo un 51 por ciento de sus deudas con la vida pueden, por decreto divino, recibir la gran bendición de la ascensión. Ello no quiere decir que el hombre pueda escapar de las consecuencias de sus actos ni implica que mediante la ascensión pueda evadir las responsabilidades incumplidas. Esta dispensación, sin embargo, da al hombre la capacidad de obtener la libertad y la perfección del estado ascendido más rápidamente con el fin de que pueda, desde ese plano de conciencia, saldar el resto de las deudas con la vida.

Entonces, cuando la Gran Ley haya sido satisfecha y el 100 por cien de las energías que el hombre recibió desde que salió del corazón de Dios hayan sido cualificadas con la perfección, él podrá continuar por el camino superior de la aventura y el servicio cósmico en la eternamente perfecta reunión del hombre con Dios.

Cada hombre es digno de la pureza de Dios, de Su amor y Su disciplina, pues el Cristo es el Hombre Real que jamás ha pecado y jamás ha muerto. El Cristo que vive en todos recibe las energías de Dios en nombre del alma. Por tanto, todos pueden invocar la pureza en su nombre sin temor ni vergüenza por los fracasos del pasado, porque «él es la propiciación por nuestros pecados». Al invocar la pureza, todos los hijos de Dios pueden disolver el velo de errores del pasado que los han separado de su verdadera identidad. Cuando el velo de energía mal cualificada se consuma finalmente, el Espíritu de Dios descenderá sobre su conciencia unificada y dirá: «Este es mi Hijo amado, en el cual YO SOY quien tiene complacencia».[21]

Con este fin puedes utilizar la siguiente técnica de meditación* y preparar tu conciencia para la entrada de la pureza, que debe invocarse a diario si ha de ser mantenida.

Meditación en la bola blanca de fuego

Comienza poniendo la atención en la Gráfica de tu Yo Divino (en la página 27). Cuando estés en paz y en armonía con la vida, centra la conciencia en el núcleo de fuego blanco del ser, que puedes visualizar como una pequeña bola blanca en la base de la llama trina dentro de tu corazón. Aísla los sentidos de sus percepciones del mundo —tus lazos con otras personas, tus pensamientos sobre las cosas del exterior—, porque solo haciendo eso podrás poner todo tu ser en la bola blanca de fuego.

Primero conviértete en la bola y después en la llama que hay en el centro de la bola. Imagínate a ti mismo dentro de la bola, elevándote por el conducto del cordón cristalino hacia el centro de tu percepción Crística del Yo. Permanece ahí y absorbe la radiación del amor puro, la sabiduría pura y el poder puro concentrados en la llama trina de tu Ser Crístico. Mantén la visión de ti

---

*Los estudiantes deben tener cuidado con las técnicas de meditación realizadas mediante el descenso de la conciencia con un método de «cuenta regresiva», en que se les enseña a sentir cómo bajan a un subnivel de conciencia en vez de ascender desde el punto de contacto dentro de su corazón. Tales intentos de entrar en contacto con el Espíritu de Dios no solo están llenos de peligros, sino que también conllevan un fracaso supremo, porque mediante la meditación en los chakras que hay por debajo del corazón, el hombre puede entrar en contacto únicamente con la irrealidad.

mismo dentro de la bola blanca de fuego, continúa subiendo por el conducto del cordón cristalino hacia el centro de la Mónada Divina, la llama trina en el corazón de tu Presencia YO SOY.

Siente cómo te vas uniendo a Dios, hasta que ya no estés definido conscientemente aparte de Su Ser, sino que seas consciente solo de tu Yo en Dios, como Dios. Disfruta en la dicha de esa reunión y comprende que ahí, en el Sanctasanctórum, estás viviendo un fragmento de lo que un día tendrás con el ritual de la ascensión.

Al cabo de unos momentos, siente cómo vuelves, despacio, bajando por el conducto del cordón cristalino. Concentrando tanto tu percepción Divina del Yo como tu percepción Crística del Yo dentro de la bola blanca de fuego, desciende al punto de contacto en la forma, la llama trina dentro de tu corazón. Comprende que ahí, en el cáliz de los cuatro cuerpos inferiores, estás afianzando el potencial del Padre, del Hijo y del Espíritu Santo.

Siempre y cuando permanezcas en la conciencia de la llama de la vida, tendrás la autoridad de ordenar; y la vida obedecerá. Dios hablará a través de ti, la Palabra (el Cristo) se proyectará y el Espíritu cumplirá tu decreto. Por tanto, consciente del señorío de la Trinidad, con una humilde reverencia hacia la Presencia del «Tres en Uno», recita esta oración de pureza:

> En el nombre de mi amada Poderosa Presencia YO SOY
> y mi Santo Ser Crístico, amado Jesucristo y Espíritu Santo,
> humildemente invoco la llama de la pureza de Dios:
>
> ¡Abrid la puerta a la pureza!
> ¡Abrid la puerta a la pureza!
> Que las brisas soplen y pregonen pureza
> sobre el mar y sobre la tierra;
> que los hombres comprendan
> la voz del mandato del Cristo Cósmico.
>
> Vengo a abrir de par en par el camino
> para que los hombres sin miedo puedan decir siempre:

YO SOY la pureza de Dios.
YO SOY la pureza del amor.
YO SOY la pureza de la alegría.
YO SOY la pureza de la gracia.
YO SOY la pureza de la esperanza.
YO SOY la pureza de la fe.
Y todo lo que Dios pueda hacer con la alegría y la gracia combinadas.

Señor, YO SOY digno de tu pureza. Deseo que tu pureza me atraviese en un gran estallido cósmico para eliminar de la pantalla de mi mente, de mis pensamientos y de mis sentimientos, toda apariencia de acción vibratoria humana y todo lo que sea impuro en substancia, pensamiento o sentimiento.

Sustitúyelo todo ahora mismo por la plenitud de la Mente de Cristo y la Mente de Dios, el poder manifiesto del espíritu de la resurrección y de la llama de la ascensión, para que pueda entrar al Sanctasanctórum de mi ser y hallar que el poder de la transmutación está actuando para liberarme por siempre de toda discordia que se haya manifestado alguna vez en mi mundo.

YO SOY la pureza en acción aquí, YO SOY la pureza de Dios establecida por siempre, y la corriente de Luz desde el mismo corazón de Dios que encarna toda su pureza fluye a través de mí y establece a mi alrededor el poder de la pureza cósmica invencible que nunca puede volver a ser cualificada por lo humano.

Aquí YO SOY, tómame, oh, Dios de la Pureza. Asimílame y úsame en las matrices de emisión para la humanidad de la Tierra. Haz que invoque la pureza no solo para mí mismo, sino para toda la vida. Haz que invoque la pureza no solo para mi familia, sino para toda la familia de Dios bajo la bóveda celeste.

Te agradezco y acepto esto manifestado aquí y ahora mismo con pleno poder como la pureza y la autoridad de tus palabras habladas a través de mí para producir la manifestación instantánea de tu pureza cósmica en mis cuatro cuerpos inferiores, intensificándose a cada hora y acelerando esos cuerpos hasta que alcancen la frecuencia de la llama de la ascensión.

La ascensión mecánica

Antes de continuar revelando algunos de los grandes misterios de la ascensión, nos vemos obligados a advertir al lector de los peligros inherentes en ciertos motivos y métodos incorrectos utilizados en la búsqueda de la ascensión.

En primer lugar, la búsqueda de la ascensión no debe estar basada en una filosofía escapista, el deseo de librarse del mundo antes de haber afrontado los desafíos que implica ser el Cristo en acción en medio de la confusión. La ascensión es para los vencedores y para los solitarios que se atreven a amar, tanto si reciben amor a cambio como si no, simplemente porque nunca se cansan de buscar al Cristo detrás de la máscara de la conciencia humana.

En segundo lugar, la búsqueda de la ascensión no debe estar basada en la ambición, el orgullo a causa de los poderes espirituales o el deseo de exclusividad o de estar por encima del prójimo. Quienes utilizan sus poderes espirituales para producir fenómenos gracias al control de las fuerzas elementales, las entidades desencarnadas y los demonios, también tienen una motivación equivocada.

La capacidad de una persona de producir fenómenos como hacer aparecer objetos (y otro tipo de materializaciones), detener las funciones del cuerpo físico o involucrarse en la proyección astral no es garantía de que tal persona haya satisfecho los requisitos para la ascensión. De hecho, al interrumpir la dispensación oculta (cuando ciertos requisitos de la Gran Ley relativos a la ascensión y a la relación gurú-chela se relajaron), los Maestros dejaron de utilizar los fenómenos como medio de demostrar la existencia de mundos, seres y leyes superiores a sus chelas no ascendidos.

El lector recordará que el Señor produjo muchos fenómenos a través de Moisés con el fin de mover a los egipcios a la compasión hacia los hebreos y la obediencia a Sus leyes. Sin embargo, el corazón de Faraón se endureció. Desde los profetas del Antiguo Testamento hasta Jesús, Pablo, Juan y los santos, encontramos constancia de milagros presenciados por muchos que demuestran, más allá de toda duda, el extraordinario contacto que tenían esos elegidos con la jerarquía. Pero en la mayoría de los casos, quienes debieran haberse beneficiado de tales demostraciones permanecieron impasibles.

Aunque en la actualidad, esas experiencias santas, que a menudo conllevaban fenómenos insólitos, de ningún modo han desaparecido, la Hermandad ha abandonado, casi por completo, este método de enseñar a una generación obstinada. Porque el registro muestra con claridad que, en todos los casos, quienes no desearon creer se negaron a aceptar los fenómenos incluso de curaciones milagrosas y apariciones como prueba de su propio destino superior. No obstante, la jerarquía se reserva el derecho de revelar sus más sagrados milagros para las almas receptivas que hayan pasado ciertas iniciaciones y para los humildes de corazón que esperan al Señor.

Además, las fuerzas oscuras a menudo producen fenómenos con el fin de engañar a los elegidos y hacer que los niños de Dios sigan a esas oscuras estrellas que estimulan y enseñan el desarrollo de la conciencia de la personalidad en vez de la conciencia Crística. Por tanto, en estos últimos días la Hermandad enfatiza la elevación de la conciencia individual, así como la planetaria, mediante la diseminación generalizada de sus enseñanzas. En vez de emplear la materialización de objetos, voces y formas como evidencia de la jerarquía, el acento se pone ahora en la desmaterialización (es decir, la espiritualización) de la conciencia humana.

Guardar una relación muy cercana con los diversos complejos de poder, que se han convertido en la base del deseo de logro —incluso de la propia ascensión— de algunos hombres, está el deseo de controlar el universo (incluyendo al hombre) mediante la ciencia material, sin reconocer la supremacía del Espíritu como Primera Causa. Dentro del marco de esta forma mecánica de ver la vida, de esta perspectiva intelectual de la inmortalidad, encontramos que la apertura forzada de los chakras y la elevación prematura de la Kundalini es uno de los peligros más grandes para las almas aspirantes que carecen del logro para lidiar con las energías —tanto buenas como malas— que de ese modo ellas invocan.

En esta disertación sobre la ascensión mecánica, el Gran Director Divino habla de varios conceptos esenciales, que nadie que haya puesto la ascensión en el punto de mira debería desconocer:

> La mecánica sensación de poseer logro es lo que habitualmente está detrás de la violencia de los hombres que buscan por la fuerza la gracia espiritual y su divinidad en desarrollo mediante la errónea suposición de que los secretos del universo se pueden dominar mecánicamente, incluyendo la ascensión.
>
> Lleno de una gran curiosidad acerca de los misterios de la vida y queriendo siempre investigar lo desconocido, el hombre ha descubierto muchas leyes que gobiernan el control y uso parcial de la energía. Asimismo, ha dominado en parte las simples manipulaciones del poder de la mente sobre la materia. En ambos casos, los hombres han utilizado el conocimiento sin principios y han provocado la traición de la alianza entre el Padre y el Hijo con el fin de arrancarle al universo, con violencia si fuere necesario, los misterios del reino de los cielos.
>
> Un ejemplo claro de las perversiones que surgen cuando el conocimiento parcial sustituye a la sabiduría imparcial se observa en el concepto de la creación mecánica del hombre

y en la creación mecánica de la materia. Esta idea está basada en la noción errónea de que el hombre no es más que una máquina bien ajustada cuyos componentes se pueden duplicar mediante procesos científicos que son conocidos o que se pueden descubrir.

Cuando se conozca toda la Verdad y los registros akáshicos se revelen, los hombres entenderán cómo el principio de la mecanización (si se puede decir que tenga principio) se utilizó hace mucho tiempo en las eras de Lemuria y la Atlántida, antes del diluvio de Noé, para producir formas humanas monstruosas que dieron repetidos problemas a la Tierra y sus evoluciones. Pero el concepto mecanicista también ha adquirido forma de doctrina. Han surgido cultos religiosos y filosofías políticas que proponen una victoria mecánica para el hombre. Estas afirman que al realizar cierto ritual o al crear un superestado, la humanidad tendrá asegurada la entrada al reino de Dios.

Debemos admitir que el deseo de la jerarquía es que todos obtengan la victoria Crística, pero no a cualquier precio ni con cualquier método... El fin nunca puede justificar los medios, porque los medios del logro espiritual son tan importantes como la meta. Es por ello por lo que ninguna simple actitud mecanicista hacia la obtención de la victoria en la vida podrá jamás ser un sustituto de la gracia divina o del espíritu de la luz Crística, que tiene la finalidad de ser el Mediador para cada hombre entre la personalidad exterior en evolución del alma y la inmaculada creación de Dios: la imagen perfecta del Padre o Presencia YO SOY de Dios individualizada para cada hombre y dentro de él.

Al explorar la teoría mecanicista en lo que respecta a la resurrección, digamos que hay individuos que proclaman que existe un método mecánico por el cual los hombres pueden literalmente resucitar a los muertos o resucitarse a sí mismos con medios artificiales, sin el conocimiento y el uso del espíritu de la resurrección y sus procesos divinos.

Ahora bien, que nadie malinterprete nuestras palabras

entendiendo que no favorecemos el uso de las artes curativas científicas como forma de reanimación y continuación de la vida para la humanidad. Pero que todo el mundo entienda el uso de la verdadera curación, que siempre debe tener como objetivo principal la reinstalación de la armonía divina en el ser del hombre en vez del alivio temporal de la aflicción física con esos métodos materiales que han sustituido el conocimiento científico espiritual del espíritu de la resurrección.

... Señalemos la doctrina de la ascensión mecánica, mediante la cual, a las personas, siguiendo métodos que podríamos denominar «rutinarios en su ejecución», se les garantiza la ascensión con la práctica de ciertos rituales y la realización de ciertos actos mecánicos...

No niego que algunos individuos han logrado los poderes del reino del cielo con un intento rutinario y elementos parciales de las ciencias cósmicas. Sin embargo, en casos así, debido a que hay una gran ausencia de la gracia de Dios y a la utilización del poder y la presión del logro individual en vez de una actitud reverente que diga «tuyo es el poder», tales personas deberán completar, en algún momento y en algún lugar, cada puntada parcial de logro, hasta que la gracia Divina lo haya puesto todo correctamente en la vestidura sin costuras del Cristo eterno, el sumo sacerdote del verdadero ser del hombre.

Acerca de la ascensión, dejad que afirme que, aunque es cierto —como en el caso de la forma del hombre mismo y en la composición de la materia— que electrones y átomos, células y órganos de hecho juegan un papel en la sustancia exterior manifiesta, lo que asegura el funcionamiento en la forma exterior es la polarización de las energías espirituales.

Por tanto, aunque es cierto que el micro o macrouniverso podría considerarse como una gran máquina o un motor, también es cierto que las corrientes de energía que fluyen inteligentemente a través de la forma exterior de ese motor se derivan de niveles espirituales de amor y poder universales, cuyo diseño santo se puede hallar en la mismísima Palabra;

y, en este caso, en el verbo *geometrizar.* La g simboliza a Dios*, la primera y única Causa; la e es la energía que emana de esa Fuente; la o es el *output* o producción de esa energía; *met* es el metro o unidad de esa energía; e *izar* es la acción automática de esa energía, derivada únicamente del ímpetu divino del amor-sabiduría de la Divinidad.

Quisiera destacar el poder de la gracia divina y cómo los hombres, gracias a la oración infinita y santa (siendo la «oración infinita» los grandes gemidos interiores del alma y siendo la «oración santa» la imploración consciente que se dirige a la Deidad con pureza de conceptos correctos) pueden atraer de la Divinidad la gracia suficiente para cada momento, la cual expandirá la luz y conciencia a unas proporciones Crísticas tales como para poner literalmente la percepción Divina en el foco individual de la conciencia. Esto da la capacidad a todos de elevarse no solo al saldar el karma (al vencer el error), sino también, espiritualmente, mediante el logro de la plenitud del don de Dios que es la Filiación divina, el ritual de la ascensión, donde se hace subir al rayo de Sol del ser individual por la escalera de luz hasta la Gran Fuente Solar...

Acéptese, pues, que la mera mecánica no es el requisito principal del conocimiento de Dios, sino que el poder puro del amor es la percepción del infinito. El amor expansivo del Creador entrará en todos ámbitos de la vida (cuando se lo invite), hasta que el templo esté inundado de una luz tan inefable como para elevar automáticamente cada faceta de vuestra vida hacia su victoria y libertad.[22]

Todos pueden ascender por Cristo

Serapis enfatiza lo siguiente:

Puesto que la ascensión en la luz es la meta de toda la vida en la Tierra (ya sea que las partes individuales lo sepan

---

* *God* 'Dios' en inglés. (N. del T.)

> o no), es esencial que la vida comprenda que el fruto del esfuerzo es la realización Divina. No es necesario que ello vaya acompañado de una sensación de lucha, sino tan solo de un sentimiento de aceptación, como lo declaró san Pablo: «Cree en el Señor Jesucristo, y serás salvo»,[23] lo cual quiere decir: «Cree en el poder del ejemplo finito-infinito como algo que tú mismo puedes lograr; pon a un lado el sentimiento de pecado, enfermedad y muerte; y entra en la belleza de la plenitud (santidad) e idealismo Crístico».
>
> Si Dios amó tanto al Unigénito, el Cristo, y si el Cristo es la Imagen Divina, entonces esa es la imagen de Dios según la cual todos los hombres son creados... Un regreso a esa imagen no ha de ser una maniobra complicada ni un carisma dogmático, sino que puede llegar a ser, mediante la absorción de la sencilla conciencia del Mesías, el medio por el cual todos puedan entrar al reino del cielo que está en el interior. Así se refinará vuestra conciencia y se volverá ascendente hacia la Deidad en la cual toda la vida ha de fundirse."[24]

En verdad, los misterios de la creación de Dios son muchos. Al hacer de su ascenso hacia la nube de su Presencia YO SOY una demostración pública, Jesús reveló uno de los grandes misterios de la vida. La ascensión es el deseo que Dios tiene para con todos los hombres. Por ello todo el cielo permanece preparado para ayudar al hombre, a la mujer o al niño que, teniendo fe, busque la santa inocencia para expresar su verdadera identidad Crística como Hijo de Dios. La vida entera debería dar la bienvenida a la oportunidad de seguir los pasos del Maestro. Jesús fue un guía, uno de muchos. Porque Enoc, el séptimo desde Adán, también ascendió al corazón de Dios,[25] como lo han hecho muchos otros de los cuales la Biblia menciona solo unos pocos: Elías, Melquisedec, María, la madre de Jesús, y Juan el Amado.

Cuando la ascensión como meta se mantiene ante los ojos del alma, ello ennoblece la vida del individuo y de todos aquellos que contacte con el propósito divino; y esa dedicación se extiende al mundo para cumplir los propósitos de Dios.

Existen muchas avenidas para el servicio y el empeño creativo, abiertas para quienes hagan de la ascensión su meta principal en la vida. Cada uno de los siete rayos de Dios proporciona la oportunidad de conseguir logros magníficos por Dios y el hombre. Quienes no consigan ascender en una encarnación, pero se hayan esforzado con sinceridad en ese sentido, se preparan en los niveles internos después de la transición llamada muerte, de forma que la encarnación posterior sea la victoriosa.

Por otro lado, algunos que se ganan la ascensión renuncian al premio. Ellos no ascienden, sino que reencarnan para poder ayudar a quienes siguen luchando por vencer. [Véase «El ideal del Bodisatva, páginas 316]. En cualquier caso, el servicio que presten los hombres jamás se pierde, sino que en última instancia contribuye a su victoria en la luz.

En consecuencia, empezamos a ver cómo el plan divino es atemporal, cómo trasciende las épocas. La declaración del Cristo «Antes que Abraham fuese, YO SOY»[26] es una declaración de ser, es una declaración que surge de la conciencia, la cual proviene de la Mente de Dios. El hecho de que todos los hombres puedan decir: «Antes que Abraham fuese, YO SOY» muestra el poder del Logos Divino (la Palabra) de penetrar el cosmos y manifestarse como ser y conciencia individual dentro del tiempo y el espacio a la vez que trasciende las dos cosas. Este es el poder de todo hombre nacido del Espíritu. Este es el poder de la Primera Causa con el que se crean todas las cosas.

Cada individuo que acepte su destino divino pasa de la muerte a la vida, convirtiéndose en aquello que en realidad ya es. Concebidos por Dios y nacidos en libertad para que puedan ascender hacia el propósito cósmico, todos los hijos de Dios pueden obtener la plenitud de la Cristeidad y así manifestar la naturaleza y el ser de Dios. En tales conceptos no hay blasfemia, sino tan solo el dulce sentimiento de la realización, que es el plan divino para todo hijo y toda hija de Dios.

La ascensión es el cumplimiento de la voluntad de Dios para todos los hombres. El Cristo, cuando descendió a la Tierra, exclamó: «He aquí, ¡YO SOY quien ha venido a hacer tu voluntad, oh, Dios!». La conciencia descendente del hombre, al identificarse con el Ego Divino, afirma el fin que Dios quiere para su creación. Moisés recibió la revelación de ese fin cuando Dios se le apareció en la zarza ardiente. Afirmando la supremacía de Su Ser universal, que estaba individualizado en la llama, el SEÑOR pronunció las simples palabras que proclaman el principio y el fin del ígneo destino del hombre: «YO SOY EL QUE YO SOY».[27] Aquí el SEÑOR se refirió a la verdadera naturaleza de Su Ser; y dejó clara la imagen del ser que no está condicionado por circunstancias, sino que condiciona las circunstancias, el ser que no es señoreado, sino que señorea.

Así, habiendo descendido a hacer la voluntad de Dios, el hombre completa el ciclo de la vida mediante el ritual de la ascensión, que despliega la verdadera escatología de cada corriente de vida. La ascensión es la predestinación —el destino preordenado— de todos los que estudien para prepararse para el regreso al corazón de Dios por la senda de luz que es la llama de la ascensión.

Cómo recrear el ritual de la reunión

El ritual de la reunión con la Presencia se recrea cada vez que el individuo elige 1) identificarse con el Ser Crístico de su propio ser, 2) purificarse haciendo invocaciones al fuego sagrado, y 3) saldando su karma al prestar ayuda y servicio a la vida.

Como advierte Serapis Bey:

> La causa, el efecto, el registro y la memoria de todo lo que está incompleto, de todo lo que es oscuridad y de todo lo que es intransigencia debe ser abandonado voluntariamente por el alma que aspire a la libertad del estado ascendido. Si os contentáis con regodearos en episodios de vuestra historia

> personal, en buscar una declaración intrapsíquica de vuestros registros del pasado, podéis conseguirlo si lo buscáis con la suficiente diligencia, pero será solo un conglomerado de circunstancias triviales de las cuales, como un mal sueño, algún día querréis escapar. De lo contrario, se convertirá en un señuelo astral, como bonitas baratijas y destellantes fruslerías, que os distraerá de la vía que conduce a vuestra libertad inmortal.
>
> Para ascender debéis abandonar vuestro pasado y entregárselo a Dios, sabiendo que Él posee el poder de Su llama e identidad para transformar todo lo que hayáis forjado con mala intención y confusión en el interior de la belleza del diseño original que, por el poder de Su amor, produjo el fruto de la eterna bondad. ¡Deshaceos de la ilusión, velo tras velo, de la «persona personal» y tened la disposición, en el nombre de Dios Todopoderoso, de transformar vuestro mundo![28]

Mediante el uso de la llama violeta transmutadora, mediante la aplicación del pensamiento y la acción correcta y mediante el poder de la cualificación correcta, el conjunto de las energías del hombre —la sustancia de su alma— vuelve a identificarse con Dios. Esta práctica no es farisaica, sino que es la rectitud iluminada del Yo Superior cuando Dios actúa a través de Su creación para proveer una forma de vida nueva para el Hijo que manifieste en su carne esa vida que Dios es en verdad. Así es devuelto el hombre a la divina imagen y semejanza.

Aquello que ha abandonado la perfección no puede regresar a la perfección con un mero pensamiento. ¿Puede perder sus manchas el leopardo? «¿Y quién de vosotros podrá, por mucho que se afane, añadir a su estatura un codo?».[29] El proceso redentor implica la total consagración de la mente, el corazón y el alma del hombre. Solo a través del bautismo diario del Espíritu Santo, amorosamente invocado por el discípulo, pueden los fuegos de la creación devolver al individuo al lugar secreto del Altísimo.

Saint Germain explica: «El constante enredo del ego humano en situaciones que le llevan a incurrir en karma, en las que se intercambian odios entre las corrientes de vida y las únicas satisfacciones de la vida se derivan de la afirmación de la personalidad humana, es una trampa que impide la evolución del alma. Es obvio que, si todo proviniera del Uno, todo debería regresar a Él. Por tanto, al prepararse para la unión de las almas que acontece en el Gran Regreso, uno ha de considerar la efusión natural de la verdadera hermandad en todo lo que hace. Viejos odios y deseos ancestrales de venganza, que provienen en muchos casos de condiciones kármicas antiguas, han de transmutarse. Mientras la llama del perdón no esté activa en los hombres, es imposible que logren ascender».[30]

El perdón de los pecados no se produce, como muchos creen, al hacer una simple declaración de fe en el Hijo de Dios. Esa declaración no es más que la piedra fundamental de la pirámide divina sobre la cual el suplicante debe reconstruir su templo, línea sobre línea, piedra sobre piedra, según el diseño original, hasta que haya cumplido todas las cosas; y la piedra final de este edificio es la victoria de su ascensión en la luz.

«El proceso de la ascensión es uno de total perdón», continúa Saint Germain. «Es un proceso de transmutación y transformación. Es atraer hacia el interior las santas energías y la purificación de todas las energías que se han utilizado mal en el pasado. Es un proceso regenerativo que no solo empieza en la forma física, sino también en el corazón y el alma del hombre. Es la orden Crística dada a la gran Ley Cósmica para que atraiga dentro de la forma las propiedades magnéticas que atraigan más y más a Dios hacia la mónada individual. Al fluir hacia dentro la gran radiactividad interna de la luz cósmica y al reunir intensidad para convertirse en el imán del ser del hombre, ese ser refleja cada vez más las propiedades regenerativas del Creador».[31]

La conciencia y la vida deben utilizarse como herramientas para implementar la realidad individual. La individualidad de un hombre puede definirse como esa parte de la conciencia de Dios con la que él se identifica, mientras que la personalidad es solo la máscara ilusoria que aparece a partir de la mente mortal y se une a la conciencia de mortalidad.

La Mente Crística es victoriosa sobre todas las circunstancias exteriores. Esta concentra el poder de curar, el poder de resucitar a los muertos y el de hacer mayores cosas porque el Cristo está unido al Padre.[32] Esos poderes los reciben quienes buscan fielmente el sendero ascendente. Al entrar en la inefable luz detrás del velo de carne, hallan el cáliz de unión divina del que todos deben beber algún día y, habiendo bebido, no sentir sed jamás.

El cuerpo solar imperecedero y el caduceo

La manifestación del cuerpo solar imperecedero y la maestría del caduceo son señales de victoria en el Sendero. Serapis Bey ofrece el siguiente comentario sobre esas señales de la aparición de Cristo:

> Cuando el hombre funciona bajo la dirección y la actividad divina, ya sea dentro o fuera del cuerpo, toma la energía que se le dispensa (que ignorantemente puede haber sido utilizada mal) y crea en cambio un gran cuerpo de luz, llamado vestidura inmaculada sin costuras del Cristo vivo, que un día se convertirá en el gran cuerpo esférico solar imperecedero.
>
> Nacido de las energías del sol y de las del Sol detrás del sol, el cuerpo solar imperecedero se convierte en un imán. El magnetismo de lo Divino es una calamita que transmutará la sombra de la octava humana y transformará la conciencia del que está ascendiendo, de forma que, poco a poco, en su mundo se produzca gradualmente una disminución de los lazos tenaces que los hombres, a lo largo de los siglos, han tejido con personas, lugares, condiciones y cosas. Simultáneamente, tendrá lugar una renovación de las antiguas

alianzas entre el alma y el Padre, por lo cual el Hijo reconoce que el regreso al corazón de Dios es sumamente imperativo.

Así, la calamita divina y el cuerpo solar imperecedero se activan. Y debido a que existe un mecanismo de repuesta creado en la conciencia de abajo, ello se convierte en una ocasión para que el Padre, mediante la elección del libre albedrío del hombre, tenga entonces la autoridad de elegir la hora en que el Hijo regresará a Él. Sin embargo, a menos que la senda de la llama se cree en forma de caduceo, el alma no será capaz de realizar su vuelo alado de vuelta a Dios.

El caduceo se aprovecha tanto de la fuerza centrípeta como de la centrífuga. Utiliza la energía conocida por los hindúes como Brahma y Shiva, el Creador y el Destructor. Así se hacen conscientes los hombres de las fuerzas de desintegración, que fluyen en una espiral en sentido contrario a las agujas del reloj y devuelven una estructura básica al Espíritu, y de las fuerzas de creación, que fluyen en una espiral en el sentido de las agujas del reloj desde el Espíritu hacia el reino de la manifestación. La acción del caduceo le proporciona al hombre la victoria sobre el infierno y la muerte; y con la ascensión, el postrer enemigo se destruye.[33]

Las alas en la parte superior del caduceo simbolizan el hecho de que las energías santas y vitales tanto del sistema nervioso simpático como del sistema central alrededor de la columna vertebral se han elevado hasta el ojo espiritual de percepción. Ahí, las alas de la percepción espiritual elevan al individuo y ponen en funcionamiento el mecanismo cósmico de la ascensión.

Así, la llama de arriba (en el corazón de la Presencia) atrae a la llama de abajo (la llama trina dentro del corazón) y el vestido de bodas desciende alrededor del cordón cristalino para envolver a la corriente de vida del individuo en esas corrientes tangibles y vitales de la ascensión.

Enormes cambios se producen en la forma de abajo, y los cuatro cuerpos inferiores del hombre se limpian de todas las impurezas. Cada vez más ligera se vuelve la forma física;

y con la ligereza del helio, el cuerpo comienza a elevarse en la atmósfera, la atracción gravitacional se anula y la forma queda envuelta por la luz de la gloria exteriorizada que el hombre conoció con el Padre en el principio, antes de que el mundo existiera.[34]

Señales de la conciencia ascendente

Cuenta Serapis:

En el pasado, muchos de los santos que levitaban en la atmósfera lo hacían debido a la intensidad con la que magnetizaban la energía de la Llama Divina de arriba. El flotar en el aire de estos santos era testimonio de su relación devota e íntima con la Presencia Divina. Así, el Yo Divino alado elevará al hombre de vuelta al corazón de Dios; y lo que descendió, también ascenderá. El matrimonio alquímico (la unión del yo inferior con el Yo Superior) acontecerá cuando el yo inferior haya mostrado buena fe y la disposición a cumplir todas las obligaciones establecidas en la alianza de la reunión divina.

Algunos podrán decir que, durante la ascensión, la forma de carne se elevará, dejando un montón de ceniza blanca sobre el suelo, debajo de los pies del aspirante. Esto es cierto en algunos casos, cuando la alquimia de la ascensión se realiza de forma un poco prematura y por razones cósmicas. En este caso, la ceniza blanca es el residuo no transmutado de la corriente de vida. En otros casos, ese residuo está ausente del lugar donde el individuo ascendió, habiendo sido transmutado por una intensa acción del caduceo.

Es cierto que, aunque la forma de una persona pueda dar muestras de vejez antes de ascender, todo eso cambiará y la apariencia física del individuo se transformará en un cuerpo glorificado. El individuo asciende, pues, no en un cuerpo terrenal, sino en un cuerpo espiritual glorificado en el cual se transforma la forma física de manera instantánea, por una total inmersión en la gran Llama Divina. Así, la conciencia que el hombre tiene del cuerpo físico cesa y alcanza un estado en el que no tiene peso. Esta resurrección tiene lugar mientras la gran Llama Divina envuelve a la restante capa de creación humana y transmuta, con un patrón de redes cósmicas, todos los patrones celulares del individuo —la estructura ósea, los sistemas venoso y arterial, los sistemas nerviosos central y simpático— y todos los procesos corporales sufren una gran metamorfosis.

La sangre en las venas se transforma en una luz líquida dorada. El chakra de la garganta brilla con una intensa luz blanca y azul. El ojo espiritual en el centro de la frente se convierte en una Llama Divina alargada que se eleva. Las prendas del individuo se consumen totalmente y este aparece vestido de una túnica blanca: el vestido sin costuras del Cristo. A veces el cabello largo del Cuerpo Mental Superior (el Ser Crístico) aparece como oro puro en el ser que está ascendiendo, mientras que los ojos, sea cual sea su color, pueden asumir un hermoso azul eléctrico o un pálido violeta.

Estos cambios son permanentes y el individuo es capaz de llevar consigo su cuerpo de luz a dondequiera que lo desee o puede viajar sin el cuerpo espiritual glorificado. Los Seres Ascendidos pueden, y en algunas ocasiones lo hacen, aparecer en la Tierra como mortales comunes, vistiendo prendas físicas parecidas a las de la gente de la Tierra y moviéndose entre ella con algún propósito cósmico. Eso hizo Saint Germain después de ascender, cuando fue conocido como el Hombre Prodigio de Europa. Una actividad así depende de una dispensación que ha de conceder el Consejo Kármico. La aparición de Jesús a Juan en Patmos es otro caso igual.[35]

El ser simplemente transportado de una ciudad a otra por el Espíritu, como en el caso de Felipe,[36] o el elevarse temporalmente en levitación no es lo mismo que la ascensión y ello no ha de interpretarse así. El profeta Elías, cuando ascendió, fue llevado al cielo en un carro de fuego.[37] Este carro de fuego, como lo denominamos, simboliza el estruendo de las densidades atómicas de la humanidad girando como ruedas en la sustancia ígnea de la llama de la ascensión, hasta que cada átomo, célula y electrón se purifica de toda escoria. Así, el hombre es impulsado hacia la llama de la ascensión mientras estas «ruedas en medio de ruedas»[38] aceleran su tasa vibratoria hasta que giran con la velocidad de la luz y el tono divino hace sonar desde dentro de ellas la nota de la victoria individual.

Tanto si se trata de Zaratustra, que ascendió para regresar a Dios en una gran llama, como de Elías, que marchó al cielo en un carro de fuego, la llama de la ascensión es la llave que abre la puerta para todos los hombres hacia la inmortalidad. La llama es el vehículo que transporta al individuo que está ascendiendo para devolverlo al corazón de su Presencia Divina. Este mantiene plena conciencia de todo el ritual y, una vez ascendido, se convierte al instante en un emisario de la Gran Hermandad Blanca para llevar a cabo sus varios objetivos, que siempre están sometidos a la directiva de la Paternidad de Dios.[39]

El Templo de la Ascensión y su jerarca

Serapis Bey, Chohán del Cuarto Rayo de la pureza, es conocido como el Gran Disciplinario. Su servicio consiste en preparar a los discípulos del Espíritu Santo para el ritual de la ascensión en su retiro, el Templo de la Ascensión, en Lúxor (Egipto). Los estudiantes son admitidos a este retiro solo después de que han pasado con éxito ciertas iniciaciones que imparten otros miembros de la jerarquía ascendida, quienes actúan como patrocinadores y Gurús de los iniciados no ascendidos.

Al hablar de los requisitos para entrar al Templo de la Ascensión y el servicio que este retiro presta a la humanidad, el Maestro aconseja lo siguiente:

La inmortalidad tiene un alto precio y exige que la pequeñez de los hombres dé la totalidad de los hombres. Pero los hombres solo pueden dar aquello de lo que son capaces. La capacidad de su individualidad exteriorizada debe ser entregada completamente y no hace falta que busquen nuestro tesoro a no ser que lo entreguen todo. Mantener la posesión de la partícula más pequeña de individualidad está prohibido en nuestro retiro. La entrega total está a la orden del día.

No tenemos hambre de chelas, sino que queremos calidad en los que vienen. Y aunque muchos son rechazados (igual que muchos se marchan por su libre albedrío), quienes se quedan comprenden que las necesidades planetarias deben atenderse desde la perspectiva única del diseño espiritual, con el fin de que se pueda satisfacer la cuota anual de ascensiones en este planeta. Algunos podrán preguntar: «¿Por qué esto funciona así? Revelaré la respuesta en parte.

Cuando los Señores del Karma realizan su examen anual del aura del mundo con el fin de determinar si debe continuarse o no la concesión de la cantidad de luz establecida para el cuerpo planetario, lo cual provee armonía en la naturaleza y la continuidad de las cuatro estaciones, siempre existe la necesidad de contestar a la pregunta: ¿Cuántos estudiantes se han graduado en el programa planetario, en la escuela de la experiencia terrenal?

Una de las exigencias de los Señores del Karma es que se gradúe un número determinado de individuos cada año para poder renovar la concesión de luz necesaria para mantener la estabilidad del planeta.* Por tanto, nuestra escuela preparatoria es de suma importancia para el destino de las personas de la Tierra; y no importa si son conscientes de la grandeza de esta escuela o si no lo son. Nosotros sí somos conscientes de ello y quienes vienen para prepararse son conscientes de ello. Y el esfuerzo de su espíritu para mantener la congruencia con las tríadas de luz es algo hermoso.[40]

*La cuota de la Tierra actualmente es de una ascensión al año.

El Señor Maitreya, el Gran Iniciador, dice:

Los hombres deben querer elevarse antes de llegar al punto de la transfiguración. Elevar el yo es llevarlo a un punto en que el poder de la luz pueda penetrar en la sustancia del mundo del individuo, no solo cuando lo solicite, sino también cuando lo invoque.

Examinad la palabra elevar *[raise]** . Las primeras dos letras focalizan el poder del Hijo de Dios, el poder de la luz misma, el poder de *Ra* (el *Ra* egipcio, de donde proviene la palabra *rayo*). La tercera letra es la *I [Yo]* ('ojo') *['yo' y 'ojo' se pronuncian igual]* o *lumen,* el órgano de la visión; o el ego del ser. Después está *se* ('see') *[ver]*. Por tanto, el significado completo de la palabra, en toda su gloria, se convierte en 'yo veo la luz de Dios'. *Raise [elevar],* que se pronuncia igual que *rays [rayos],* denota la extensión del poder del Sol desde su centro hacia el campo de oscuridad. Juan describió la extensión del campo energético del Todopoderoso cuando dijo: «La luz en las tinieblas resplandece, y las tinieblas no prevalecieron contra ella».[41]

La finalidad de nuestro trabajo en la época actual es procurar que los hombres comprendan la luz y que caminen por el sendero de la fe. El significado de elevar el yo, pues, es llevar al yo a un punto en que este sea capaz de discernir la luz. Cuando la luz se discierne, esta no puede sino revelar las sombras que existen en el yo inferior.

Aunque algunos hombres se han dicho a sí mismos antes de que la luz brillara en la oscuridad del ser, «somos muy buenos», después de percibir, gracias al poder de la luz, las condiciones en que se encontraban quisieron exclamar a las montañas: «Caed sobre nosotros, y escondednos del rostro de aquel que está sentado sobre el trono». Sin embargo, el castigo o el distanciamiento nunca forma parte del propósito divino, porque «nada hay encubierto, que no haya de ser

*La siguiente enseñanza se basa en el vocablo equivalente a 'elevar' en inglés, *raise.*

manifestado» y «para siempre es su misericordia».[42]

Con el poder de la Verdad se produce el desenmascaramiento de la oscuridad del yo y, entonces, los hombres son capaces de traer a la luz la oscuridad para que la luz pueda transmutar y redimir la oscuridad. Este es el proceso de la resurrección. Es un resurgimiento de la rectitud que ahora y siempre ha existido dentro del espíritu del hombre.[43]

Humildad divina

En un énfasis sobre la necesidad de humildad divina en el Sendero, Serapis cita al Maestro Jesús como el perfecto ejemplo:

> Recuerdo perfectamente que, cuando el Maestro Jesús vino a Lúxor, cuando era un hombre muy joven, se arrodilló con santa inocencia ante el hierofante, rechazando todos los honores que se le ofrecieron y pidiendo ser iniciado en el primer grado de la ley y el misterio espiritual. Ningún sentimiento de orgullo empañaba su semblante, ningún sentimiento de preeminencia ni falsas expectativas. Aunque bien podría haber esperado los honores más altos, escogió emprender la ruta modesta de la humildad, sabiendo que algún día el gozo de Dios lo elevaría.
>
> Elevar a un individuo es algo glorioso cuando esa persona se postra con esperanza, fe y caridad a la espera de un acto de Dios para volver a consagrar el yo a la sencilla cualidad de la humildad. Porque existe un acto de pérfido orgullo que se manifiesta como falsa humildad y hace que las personas parezcan humildes, mientras que en realidad rezuman el hedor del orgullo. Esta falsa humildad con frecuencia se manifiesta de forma sutil y siempre es una mofa de la verdadera.
>
> Evitad, pues, todo lo que no es real y virtuoso en los pensamientos de vuestro corazón y enmendad vuestros pensamientos si estos parecen jugar con el propósito eterno. Aparecisteis por una causa y solo una, manifestar la luz de

Dios. Un propósito mayor no le llegó nunca a nadie; tampoco uno inferior. Aunque nuestra maestría es como un arco iris lleno de promesa para los hombres no ascendidos, esa promesa jamás puede permanecer como su luz guía a menos que se desprendan del orgullo humano.

Francamente, muchas personas que están en el sendero espiritual utilizan su contacto con nosotros como medio de dar importancia a su propio ego. No hacen más que dañar nuestra causa, porque la imponente majestuosidad de la luz divina es capaz de sondear a los hombres hasta las profundidades de sus mismísimos huesos; y la llama de la penetración divina que pone a prueba a los hombres antes de ascender revela los desnudos recovecos que con frecuencia los propios individuos desconocen.

Os insto a todos, por consiguiente, a que busquéis el estandarte de la humildad divina. Si los Maestros y la Presencia Divina de los hombres, a través de la mediación del Cristo, han reconocido alguna vez cualquiera de los errores que han impedido a los hombres convertirse en aquello que anhelaban ser, han reconocido el error de su orgullo. El orgullo asume muchas formas y la verdadera humildad solo una. La verdadera humildad debe llevarse eternamente. No es un vestido que uno se ponga por un momento, un día, un año o durante períodos de prueba. Es una prenda interior con la que Dios mismo está vestido y, a no ser que os envuelva, vuestras esperanzas de logro son realmente pequeñas.[44]

Una disciplina poco común

El jerarca dice a sus estudiantes:

Es muy desafortunado, pero cierto, que al disciplinar a los hombres observamos que su corazón frecuentemente se familiariza tanto con las líneas y cadencias de la Verdad, que se forman cicatrices sobre los pliegues de su conciencia hasta el punto de que ya no pueden sentir satisfacción de los santos principios de nuestra fe.

Nuestra fe yace en el propósito y los hombres han de aprender a aquietar la mente, como si agarraran una hoja de acero y no la lanzaran ni un centímetro, hasta que se diera la orden de empezar la batalla. Un soldado ejerce el control y hace caso de la llamada del capitán.

Las disciplinas de la vida han de ser inflexibles. De otro modo, no puede haber disciplina.

Los cálculos aparentemente fríos de los aspirantes a nuestro templo son, en realidad, los refinamientos de los fuegos del corazón de quienes han oído nuestra voz y se han preparado por tener necesidad, por estar cansados hasta la médula y por la densidad de los deseos mortales. Han percibido que deben abandonar el camino de la carne, evitarlo como la plaga y decidirse a buscar los mejores dones y gracias del Espíritu.

Hoy día hay muchos jóvenes en el mundo que se consideran fuertes y temibles, que se consideran bien equipados para afrontar los desafíos del mundo; pero los desafíos del Espíritu, creen ellos, son para gallinas.

Creo que tienen mucho que aprender. Sus premisas son erróneas. Las bases de su pensamiento son erróneas. Les falta compasión; les falta comprensión. Les falta Sabiduría y, en su lugar, albergan pensamientos funestos. Ellos no lo saben.

Ser ignorante es comprensible, pero no saber que uno es ignorante es una tragedia de dimensiones considerables. Pronunciamos nuestro lamento, pues, con el fin de que los hombres puedan despertar para que se den cuenta de su talla ante los ojos de Dios.

Ahora bien, los hombres no deben venir a Lúxor para encontrar la liberación. Aquí solo pueden venir los fuertes, aquellos que aspiren a superar un mar de problemas durante un episodio llamado vida. Están los que se contentan con sentarse (y no creo que al amado Kuthumi le importe que lo diga) a los pies del Maestro Kuthumi o a los pies de Jesús.

> A estos deseo recordarles que, cuando Jesús estuvo listo para realizar su gran misión, acudió a nosotros, en Egipto, y se ofreció al servicio de la luz.
>
> Tal como Egipto ha sido una tierra de sombra y dolor, una tierra de esclavitud, una tierra de arena, ladrillo y mortero, de confusión y sensualidad, también ha sido un repositorio de gran importancia y de una gran luz al servicio de Dios. Nosotros, aquí en Lúxor, nos hemos agarrado con firmeza a los rigores de las disciplinas del infinito. Hemos decidido defender la Ley Cósmica y el esfuerzo cósmico y hacerlos, cuando sea posible, explicables como algo comprensible de modo individual de forma que cualquier parte de la vida pueda ser capaz de aceptar los principios de nuestro templo y comprender que de la oscuridad puede surgir luz.

Serapis continúa con su habitual franqueza: «Aquí, en Lúxor, nos interesa mantener una comunidad estable, y no necesitamos aduladores emocionales que vengan aquí y luego lloren por su madre terrenal. Los hombres y las mujeres que vienen aquí son selectos, porque, esencialmente, son seres solitarios cuyos pensamientos y deseos en su totalidad son la realización del propósito cósmico como acto final de su encarnación en el mundo de la forma».

Serapis enfatiza la necesidad que tienen de las disciplinas del Espíritu aquellos que desean superar las limitaciones de la carne:

> A vosotros os digo que la disciplina que ha de aplicarse debe ser poco común. Debéis entender que aceptar cierta meta en principio, sin estar dispuestos a hacer todo lo posible para lograrla, es señal de una gran debilidad y debería traer a la manifestación algún elemento de vergüenza en la conciencia. Pero esa vergüenza carece de virtud a no ser que sirva para estimular al individuo a buscar las disciplinas del Espíritu.
>
> Estas disciplinas le darán al individuo la capacidad de realizar las maniobras algo complicadas que le proveerán de

la energía espiritual para combatir las fuerzas opuestas, para abordar y participar en la batalla contra los elementos destructivos dentro de su propia naturaleza que son un residuo de todas sus muchas encarnaciones. Porque esos elementos tienen la tendencia a aparecer en el momento en que el individuo decide que va a realizar el progreso más grande.

Debido a que la luz siempre evoca la oscuridad (la presencia de luz hace surgir su opuesto), los hombres deben entender que el punto fuerte de la vigilancia debe ser suyo.

Os daré un ejemplo. Cuando las personas empiezan a buscar la ascensión y dan comienzo al proceso de la exteriorización de la gracia divina en suficiente medida como para que tal gracia les ayude a ese fin, siempre se produce una evidente acción de sombra y oscuridad que converge en el campo energético de su identidad, queriendo frustrar el plan que han empezado a concebir. Llamamos a este proceso la prueba del temple. Tal como la escoria debe retirarse y descartarse cuando el fuego de la depuración se aplica al mineral de oro, las impurezas de la conciencia deben sacarse a la superficie y eliminarse antes de que el aspirante pueda absorber en mayor medida la pureza de la llama de la ascensión.

Siempre estarán los que, como Don Quijote y sus molinos, se pelearán contra tigres de papel y agitarán sus energías con una acción vibratoria de resistencia ante la vida. Eso no es necesario. Toda resistencia debe dirigirse no contra la vida, sino contra la muerte, pues la muerte es un estado no natural.

Una cuestión de perspectiva

Acerca de la tentación de buscar para uno mismo un lugar en el mundo en vez de buscar un sendero espiritual, Serapis Bey dice:

En realidad, los hombres y las mujeres que eligen el mundo pierden su alma. Así, algunos de los que han venido a nuestro retiro han dicho: «Amado Serapis, ya que, si elijo el mundo, voy a perder mi alma de todas formas, ¿por qué no habría de perderla en una búsqueda divina?». Y yo he contestado: «Lanzarse al océano de amor infinito, aunque el alma fuera absorbida y no reconociera ese amor, sería mejor que habitar en las tiendas de los jeques más grandes del mundo».

Y eso es cierto; porque cuando se da el último aliento, cuando Yama* ha cumplido su actividad y la carne alcanza la dudosa cualidad de la corrupción, todo lo que perdura en el hombre es el sostenimiento del alma y su estándar. Familia, amigos, tesoros y riquezas ya no existen; incluso el flujo de ideas cesa en la conciencia mortal y el cerebro. Pero toda la Verdad exteriorizada y la obediencia a la Ley Cósmica es grabada por los ángeles del fuego y registrada en la sustancia akáshica de cada corriente de vida.

Así, antiguamente se registró en los archivos: «Todo lo que el hombre sembrare, eso también segará».[45] No hay nadie que pueda abolir esta ley. Ni la sobriedad ni la levedad producirán en la conciencia del hombre cambio alguno en esta inalterable sustancia, la sustancia de Ley Cósmica.

Deseo decir en este momento que es con pequeñas ideas, como las que os estoy transmitiendo, que los hombres son capaces de reunir las mejores virtudes para los momentos en que se los pone a prueba y la realidad nace en el alma. El alma es la sustancia sobre la cual se refleja la realidad de Dios. La construcción de esa realidad es parecida al proceso utilizado en la fabricación de caucho conocido como vulcanización.

Las personas deben contar con los factores de la mente y la memoria y entender que los pliegues de la memoria están llenos de sustancia impura. Esa sustancia no puede crear un patrón de adherencia. Deben utilizarse los mejores materiales para que las personas unan esas energías de la mente y el corazón que harán que su conciencia se unifique completamente. Nunca hay necesidad, pues, de que las personas

*Yama: el dios hindú de la muerte.

> esperen que esas cualidades de pensamiento y sentimiento inferiores a la perfección Crística de la vida se unan a la Llama Divina de la realidad que hay en el interior.
>
> Los hombres no pueden construir cuerpos inmortales a partir de la sustancia mortal. No pueden construir ideas inmortales a partir de pensamientos mortales. No pueden construir, a partir de sentimientos mortales, sentimientos divinos que envuelvan al mundo y creen la gran pirámide de la vida.[46]

Para que nadie se sienta indigno o incapaz de satisfacer los requisitos del Templo de la Ascensión, citamos unas últimas palabras de Serapis sobre el tema:

> Algunos se han sentado ante mí, en Lúxor, cuando he dado esta misma conferencia y han dicho: «Déjame marchar, porque mi conciencia no es más que una cloaca de razón humana y no tengo esperanza». A ellos me he dirigido con una mirada de fulminante desdén y les he dicho estas palabras: «Tú has deshonrado el propósito divino durante siglos y ahora estás ante la entrada de la libertad, y por gracia divina. ¿Deseas volver, pues, al túrgido mar de emociones y frustraciones humanas sin recibir el beneficio de nuestra enseñanza, cuando estás cerca de los portales de un escape total?». De toda una clase, no he visto a más de uno darse la vuelta y con frecuencia, habiéndose quedado cerca del portal, ese ha vuelto a su asiento deslizándose silenciosamente para continuar.
>
> Queridos, ¿veis cómo todo es una cuestión de perspectiva? Quienes sirven en el mundo las necesidades espirituales de los hombres, lo hacen desde la perspectiva de complacer a los hombres. Nosotros actuamos solo con la perspectiva de complacer a Dios. Nuestro deseo es terminar el trabajo, mostrar a los hombres cómo hallar su libertad.
>
> Los hombres necesitan determinación y una espalda derecha. No hay duda de que se han mimado a sí mismos, y lo han hecho con ilusiones. Hablar con franqueza y pensar de igual modo contribuirá mucho a despejar el camino y no

> pondrá a nadie fuera de la ciudadela de la esperanza, sino totalmente en su interior.
>
> Los hombres permanecen en el carrusel del pensamiento y sentimiento humanos por temor a caerse. Pero este seguirá girando. Así es que saltad y bajaos de la ronda del engaño y del loco torbellino de la confusión humana. Venid a Lúxor, al lugar donde YO ESTOY.[47]

Y así es como, mediante la sabiduría del jerarca de Lúxor, llegamos a conocer a quien espera, incluso ahora, a que llames al portal del Templo de la Ascensión. Sepan todos los que soliciten su admisión que la única forma de marcharse honorablemente es a través de la puerta de la llama de la ascensión.

La incineración: libertad a través del fuego

El problema para deshacerse del cuerpo físico surge con la transición o muerte. No todo el mundo es capaz de ascender físicamente, como Elías, porque la elevación del cuerpo físico ocurre cuando la persona ha alcanzado cierto grado de maestría sobre sí misma antes de que tenga lugar la transición.

Sin embargo, hoy en día es enteramente posible trasladar el cuerpo físico. Nadie debería desestimar esta suprema demostración de la Alquimia Divina como innecesaria ni poco práctica, pues tal como Jesús demostró la ley de la vida hace dos mil años, se puede demostrar en la actualidad, ya sea en público en o privado. La ascensión del cuerpo físico es una meta posible y se podría añadir que es una meta por la que merece la pena esforzarse. En el caso de quienes no trasladan su cuerpo físico, la ascensión puede tener lugar inmediatamente después de la muerte o durante los tres días siguientes.

Quienes no resucitan el cuerpo al fallecer pueden ascender desde los niveles internos, elevando los cuerpos etérico, mental y emocional junto con la conciencia de su alma. Esto puede acontecer inmediatamente o en el espacio de veinticuatro a setenta y dos horas después; incluso varios meses o varias décadas después, como lo requiera la Ley.

Tanto si el alma asciende dejando atrás el cuerpo físico como si se prepara en los niveles internos para reencarnar, el cuerpo físico ha de pasar por el proceso natural de la disolución. Por tanto, para facilitar la transición del alma hacia las octavas superiores, ya sea con el fin de completar los requisitos para ascender o para comenzar la preparación del templo para la siguiente vida, Serapis Bey ha recomendado que el cuerpo físico se ponga en hielo durante un período de tres días después de morir y que después se incinere.

Sanat Kumara da instrucciones detalladas acerca de la incineración:

> Póngase el cuerpo en hielo, ya sea hielo seco o de otro tipo, durante dos días y dos noches. Al tercer día, la conmemoración de la resurrección se realiza invocando la llama de la resurrección. Ya sea en una pira funeraria o en un crematorio moderno, hágase pasar la llama por el cuerpo que no ha sido tocado, porque tanto la carne como la sangre han de estar intactos y el embalsamamiento está prohibido por la Hermandad de Lúxor.
>
> Este método es seguro, sensato y sano para todos. Ello le permite al alma verse libre de todos los lazos terrenales cuando los cuatro cuerpos inferiores son desmagnetizados simultáneamente mediante el fuego físico y el espiritual. El alma, como el alado símbolo del *ka,* remonta el vuelo con el águila voladora en busca de las iniciaciones de la Madre en los retiros de la Gran Hermandad Blanca.[48]

A través de este antiguo ritual, el fuego físico libera la luz que hay en el centro de los átomos físicos, y la energía utilizada para sustentar la forma es devuelta inmediatamente al corazón de la Presencia Divina. En la mayoría de los casos, el período de tres días de descanso es necesario para que el alma y sus vehículos abandonen la forma. La incineración elimina la posibilidad de que la forma ejerza dominio sobre el alma mediante lo que se ha denominado magnetismo residual; porque los registros de los pensamientos y sentimientos del individuo dejan un residuo de sustancia que crea un campo de energía magnético en el cuerpo, incluso después del entierro, lo cual tiende a mantener al alma vinculada a la Tierra.

El paso del alma hacia las octavas superiores lo facilitan las benditas salamandras de fuego*, que consumen no solo el cuerpo físico, sino también la parte de sustancia no transmutada que hay alojada en su interior. Si el alma se ha inclinado hacia las cosas del Espíritu durante su estancia en la Tierra, será llevada a los retiros y templos etéricos de los Maestros o a una de las catorce ciudades etéricas, donde la corriente de vida puede prepararse para ascender o recibir enseñanza para prestar servicio en la siguiente encarnación.

Cuando la forma física no es incinerada, la atracción de los registros y el magnetismo residual dentro del campo energético del cuerpo es tan grande, que el alma habitualmente permanece en los niveles inferiores del plano astral entre encarnaciones. Y puesto que en el reino astral el progreso que se puede realizar es poco o nulo, la corriente de vida vuelve a encarnar con la misma disposición que tenía cuando se marchó.

La obligación del alma de liberar las energías cautivas en la forma física no se cumple hasta que el cuerpo se entregue a la Llama eterna y la energía luminosa en cada átomo sea devuelta al Gran Sol Central para ser repolarizada (es decir, purificada de las impresiones estampadas sobre la energía mediante el establecimiento de la polaridad divina de Alfa y Omega). Debido a la costumbre —basada en el concepto erróneo de que el cuerpo físico será resucitado con la Segunda Venida de Cristo—, la mayoría de la gente ha querido que se enterrara su cuerpo al final de muchas

*Las salamandras de fuego son espíritus de la naturaleza del elemento fuego, unos seres ígneos impresionantes que aparecen con llamas iridiscentes. Las salamandras pueden ser muy altas, hasta alcanzar entre tres y casi veinte metros de altura.

vidas, por lo cual, la responsabilidad que tienen esas personas de transmutar su creación humana incluye necesariamente la transmutación de las imágenes de su yo anterior que yacen en la tierra. Sin la ayuda del elemento fuego o de la llama violeta transmutadora, la liberación de las energías atrapadas en esas formas desechadas debe producirse mediante el lento proceso de la descomposición, retrasando el proceso en algunos casos por miles de años. No hace falta decir que el embalsamamiento es una forma de prolongar aún más el cautiverio del alma en la forma.

Si el cuerpo se embalsama antes de su incineración, la sangre se extrae, se descarta y se permite que se mezcle con los elementos, por tanto, no se entrega a la llama con los restos. Puesto que la sangre contiene la luz y el patrón de la identidad del alma, que no se puede eliminar excepto con el fuego, es bueno procurar que el cuerpo no sea manipulado antes de ponerlo en hielo. Donde las leyes estatales impidan esta práctica, tales leyes se pueden impugnar en base a que interfieren con la libertad religiosa. Sin embargo, debe recordarse que el poder del Espíritu Santo, cuando se invoca mediante la llama violeta, es capaz de transmutar cuerpo, mente y alma, incluyendo la causa, el efecto, el registro y la memoria de todo lo humano que quede, dondequiera que sea, en la corteza de la Tierra. Verdaderamente la gracia universal de Dios basta para la salvación del hombre.

Donde está el Espíritu del SEÑOR

La liberación del alma en las octavas de luz al final de cada encarnación es esencial, no solo para su propio progreso, sino para el de todo el cuerpo planetario en los ciclos eternos del ser. Por tanto, corresponde a todos los que desean servir al mundo llamar a las huestes de luz para liberar de los enredos astrales a quienes están en proceso de tránsito desde este plano al siguiente.

El Arcángel Miguel, ese gran defensor de la fe, se ha dedicado a liberar a la humanidad de los efluvios del plano astral.

Él blande una espada de llama azul, una columna de fuego azul que ha magnetizado en forma de espada, para liberar a los hombres de su propia creación humana.

Este Príncipe de los Arcángeles ha hecho una promesa tan maravillosa, que la incluimos aquí para que todos puedan disponer de su trascendente bendición:

> Algunos de vosotros estáis entrados en años; y no pasará mucho tiempo antes de que abandonéis vuestro templo corporal. Algunos de vosotros lo haréis mediante la ascensión y otros entrarán en los reinos de nuestro mundo mediante el cambio llamado muerte. Por tanto, os haré una promesa: Si me llamáis en secreto, ahora, en vuestro corazón, y me pedís que acuda a vosotros en esa hora, yo, Miguel, me materializaré ante vosotros en la hora de la transición ¡y me veréis tal como YO SOY!
>
> Y os prometo que os ayudaré a liberaros de las partes restantes de vuestro karma que están sin redimir. Os ayudaré a entrar en los reinos de luz con una menor cantidad del dolor que acompaña al temor humano al atravesar la puerta. Este es un gran privilegio y un regalo que os doy desde mi corazón. Lo derramo… a quienes, en todo el mundo, tengan la fe de aceptarlo, de solicitarlo y de comprender que Dios camina y habla con los hombres hoy del mismo modo en que lo hizo antaño.[49]

Al final de este capítulo hemos incluido un decreto que puedes usar para liberarte de los enredos astrales que, de otro modo, interferirían en el cumplimiento del plan de tu vida tanto ahora como después de tu transición. El mismo decreto se puede hacer con el inserto que se surgiere para facilitar el paso de seres queridos hacia las octavas de luz. En innumerables ocasiones hemos sido testigos de la liberación de almas del plano astral inferior (al que algunos han llamado purgatorio), gracias a la intercesión de las huestes angélicas, que han acudido en respuesta a las oraciones de los fieles. En verdad, «donde está el Espíritu del Señor, allí hay libertad».[50] Invoquemos, por tanto, la ayuda de los Seres Ascendidos, que se han unido al Espíritu del SEÑOR para que todos los hombres puedan elevarse en las espirales ascendentes de la libertad cósmica.

Oportunidades después de la ascensión

La idea del cese de las actividades mundanas de ninguna forma debería causar que el aspirante se inhibiera ante las gloriosas oportunidades que ofrece el reino ascendido. Prestar ayuda a la humanidad desde los niveles internos e involucrarse en el desarrollo progresivo de las evoluciones de otros sistemas de mundos es ciertamente una de las experiencias más gratificantes, la cual no carece de dificultades, incluso para un Ser Ascendido. La única diferencia entre la vida en la tierra y la vida en el cielo es que en el último caso la persona tiene una cantidad de tiempo y energía ilimitada para prodigarse en empeños creativos, en la búsqueda de sabiduría cósmica y en el servicio a sus hermanos, tanto ascendidos como no ascendidos. Este es el medio por el cual el individuo expande el universo mientras se expande a sí mismo.

A través del ritual de la ascensión cada alma logra su libertad, la cual entra en la comunión de los santos y en el servicio con cada Maestro Ascendido que alguna vez haya vivido en este o en cualquier otro planeta. El regreso de las oleadas de vida de este sistema ha sido denominado como el llevar los manojos al granero del Padre. En este plan hay un propósito: hay victoria, hay vida, hay realización. En la ascensión, los valores eternos completan su ciclo y en la subida majestuosa de la llama de la ascensión todos pueden hallar su libertad inmortal en Cristo. «Entonces se cumplirá la palabra que está escrita: Sorbida es la muerte en victoria. ¿Dónde está, oh muerte, tu aguijón? ¿Dónde, oh sepulcro, tu victoria?».[51]

Estar adecuadamente preparado para la meta de la ascensión es la experiencia más gratificante que pueda tener cualquier hombre. La resplandeciente respuesta de la conciencia purificada del hombre hacia el amor del Padre da al alma la capacidad de elevarse hacia el aire exquisito de la realidad; y la conexión vibratoria que se establece con todos los Seres Ascendidos por doquier es el regreso al cielo que predijo Jesús. Porque, en efecto, «en la casa de mi Padre muchas moradas hay; si así no fuera, yo os lo hubiera dicho; voy, pues, a preparar lugar para vosotros... para que donde YO SOY, vosotros también estéis».[52]

El cono de fuego y la pirámide

Las notas a continuación las da Serapis Bey para beneficio de quienes estén dispuestos a someterse a las disciplinas del Templo de la Ascensión. Tengan presente todos los que las lean que nadie está excluido de la enseñanza, excepto quienes se excluyan a sí mismos:

> El cono de fuego pulsa desde la opacidad hasta el resplandor de la luz blanca, y la ceniza residual queda consumida. El huevo de la serpiente no debe permanecer, porque bien podría producir no solo una serpiente o una serpiente marina, sino también un dragón. Y así, el cono de fuego debe conservarse hasta que la luz cegadora de la transposición, de la transmutación, consuma la escoria y produzca el fruto del Huevo Cósmico. El ovoide del infinito está dentro de las capacidades de los hombres mortales. Pero cuando se lo invoca, ellos ya no son mortales...
>
> El cono de fuego es necesario para que los individuos comprendan el círculo de fuego y el punto en el centro del círculo, que significa la Primera Mónada y la expansión de la mónada desde la base del círculo hasta el ápice del cono.
>
> El cono de fuego tiene que ver con la espiral constructiva de la manifestación. Porque a partir de esta energía se da el patrón por el cual el hombre puede elevarse con simetría divina, sin defectos, con los patrones conceptuales de su

existencia. A menos que esto ocurra, no será posible allanar el camino, no será posible que las personas desarrollen su tubo de luz como debieran en preparación para la ascensión.

Ahora bien, no espero que quienes, en realidad, no se están preparando para ascender mediante una preparación exhaustiva comprendan el significado del cono de fuego. Pero cuando se entiende y los términos *luz* y *fuego* se vuelven sinónimos en su conciencia, las personas comprenderán cómo se puede santificar el espacio con el pensamiento y el sentimiento divinos. Comprenderán cómo una cantidad dada de espacio —un cierto número de codos de espacio— puede en efecto reflejar tanto las densidades luminosas como los vacíos de conciencia. Si lo que llena ese espacio son vacíos de conciencia, ello indica que existe una carencia de luz dentro del cono de fuego y debe producirse una intensificación.

Conozco casos, de los cuales hay constancia, y uno en particular, cuando en Francia, hace mucho, una persona cerca del retiro de Pablo el Veneciano de hecho empezó la creación del cono de fuego a la siete de la tarde. A la medianoche había creado una matriz tan intensa, que ascendió al día siguiente un minuto después de la medianoche. En otros casos he visto a personas esforzarse para crear alquímicamente el cono de fuego, empezando en una encarnación en la época medieval y concluyendo con su ascensión al principio de este siglo.

¿Comprendéis de qué estoy hablando? Estoy hablando de un período que no es de siglos terrestres comunes, sino un período que salta a través de los siglos. Es como una espiral de alambre: la energía alrededor del alambre no viaja necesariamente en círculos, sino que, por magnetismo e inducción, repentinamente la energía anima el conjunto gracias al principio del alma divina.

Este principio es cosmos universal, es esencia cósmica. Y este principio, igual que una chispa salta abarcando un espacio, puede destellar a través de las espirales de la manifestación. Entonces, la ceniza residual puede dispersarse entre las espirales y caer al piso o al suelo...

Quisiera destacar que en la ceniza blanca se produce cierto desperdicio. De hecho, la ceniza blanca no debería manifestarse en absoluto, pero con frecuencia lo hace debido a falta de preparación por parte del aspirante.

Los hombres han de comprender que, mediante las espirales constructivas del pensamiento, mediante la disciplina de mente y corazón y sin tener estados de conciencia extraños, las personas pueden forjar las espirales de la ascensión. Algunos individuos tienen la tendencia a usar el poder de la imaginación mortal y no se dan cuenta de que estamos tratando con la figura geométrica verdadera.

Estamos tratando con la verdadera geometría. No estamos tratando con la imaginación. Estamos tratando con un hecho, con las espirales que están estrechamente entrelazadas, con las espirales que siguen el patrón del cono, con las espirales que salen de la base del círculo de la identidad y con el deseo de la pureza cósmica, que es semejante, en miniatura, a un Sol Central Cósmico detrás del Sol Central.

Con el poder del «tres por tres», la tríada de la manifestación puede producir el fruto de la ascensión dentro del campo energético del individuo. Pero los hombres deben comprender que, a medida que estas espirales se unen estrechamente, existe una responsabilidad bien definida respecto a la piedra con la medida del codo. Esta piedra de la identidad debe adecuarse a los patrones necesarios gracias a los cuales se producirá la manifestación de la individualidad de acuerdo con el principio cósmico.

Hoy día, los hombres hacen las cosas de cualquier modo, tratando de producir la individualidad mediante aspectos de la personalidad en vez de reconocer la naturaleza del ser verdadero. Cuando tratamos de Ley Cósmica, tratamos de una identificación con la unidad. Cuando uno se identifique con la unidad cósmica, tendrá una similitud hecha a semejanza de Dios. Por tanto, habrá un patrón bien definido de similitud en todos.

Aunque los Maestros Ascendidos se distinguen unos de otros después de ascender debido a los patrones individuales que se conservan como resultado de sus contribuciones individuales a la vida, quisiera destacar que hay ciertos actos ineludibles que cada individuo debe llevar a cabo. Estos han de adecuarse a una similitud espiritual precisa y no pueden variar ni un ápice. A menos que se sigan estas fórmulas precisas, el mercurio, la sal y la tierra no tendrán las proporciones adecuadas y nuestra experiencia, vuestra experiencia y las experiencias de la humanidad no se adecuarán al mismo patrón cósmico.

A no ser que haya una adecuación a las leyes relacionadas con la santificación del espacio y la creación del cono de fuego por parte de quienes buscan esta luz, se producirá solo otra espiral de error, que después habrá que deshacer. Es como saltarse una puntada al tejer: hay que deshacer el trabajo hecho hasta el sitio donde se saltó la puntada y comenzar de nuevo. Algunas personas no están dispuestas a hacerlo, prefiriendo abandonar el proyecto. Y así, el tejido del vestido de bodas se interrumpe en esa encarnación debido a que las personas han permitido que las tendencias desalentadoras en su naturaleza influyan en el curso de los acontecimientos.

La ciencia que hay detrás de la ascensión es realmente muy grande. Y si los hombres cumplieran con las condiciones necesarias, se construiría en el orden mundial una columna de gran belleza, una pirámide de vidas en armonía, una pirámide de grandeza arquitectónica.

Cuando llegue ese día, el prado se extenderá hacia los cuatro rincones de la Tierra. Entonces la pirámide brillará. Entonces el fuego del Espíritu transmutará primero las piedras de la base; y la cúspide será lo último en brillar. Toda la energía de la cúspide es de arriba y la que está en la base es de abajo, pero las cualificaciones de la base deben adecuarse, mediante el pensamiento y la devoción, al patrón de arriba. Así, el fuego bajará primero a las piedras de la base. Después, la cúspide, soportada por las piedras de la base, brillará cuando el paso de la gran corriente electrónica desde el corazón de Dios baje simétricamente y en perfecto orden divino por toda la estructura y después se eleve desde la base como un poderoso cono de fuego, haciendo que toda la pirámide brille sobre el prado.

Y acontecerá que, con la consecución de la cúspide, que corona el logro del hombre, la civilización de la era de oro permanente comenzará. Entonces, el destino de los Estados Unidos y del mundo se exteriorizará, porque la pirámide de las vidas se habrá ajustado conforme al principio divino. El Gran Constructor del Universo, el Dios eterno, expresará satisfacción haciendo que descienda del cielo la mano que lleva la antorcha. Cuando esto ocurra, lo que está abajo manifestará lo que está Arriba...[53]

Serapis dice:

Para este fin debemos trabajar y servir. La pirámide de la Verdad cósmica, construida sobre piedras vivas, debe elevarse desde la gran planicie de Mamre[54] («Mam-Rayo», símbolo de la Maternidad de Dios). La Madre Eterna debe escudar al Hijo Eterno. El caparazón de pureza cósmica debe proclamar la victoria del hombre de acuerdo con el plan divino. El curso de la vida puede seguir su camino sobre un terreno variado y bajo una multitud de circunstancias, pero cuando la corriente se vuelve cristalina y pura, esta se une al mar de vidrio,[55] el cubo cósmico de perfección, la piedra blanca, que significa que el propósito, el ideal y la acción han sido purificados en el hombre.

La geometría divina, mediante el símbolo de la pirámide, lleva la conciencia aspirante del hombre hacia la idea de una vida ascendente. Ascender es mezclarse en unidad cósmica con el corazón de lo Eterno. Es el destino de cada hombre. Quienes lo comprenden se regocijarán ante el consuelo de su libertad definitiva de toda penuria terrenal, mientras el propósito cósmico se entroniza en la conciencia tanto ahora como por siempre.[56]

Oh, Dios, aquí estoy, ¡aquí YO SOY!
Uno contigo y uno a quien ordenar.
Abre la puerta de mi conciencia
y deja que exija como nunca
que se restaure mi derecho de nacimiento.
Tu hijo pródigo ha acudido a ti
y anhela volver a caminar contigo
cada paso del camino a casa.[57]

Liberación de los enredos astrales

Amada, poderosa y victoriosa Presencia de Dios YO SOY en mí, oh amada, victoriosa e inmortal llama trina de la Verdad eterna dentro de mi corazón, Santos Seres Crísticos de toda la humanidad, amado Saint Germain, amado El Morya, amado Jesús, amada Madre María, amado gran Dios Obediencia, amado Arcángel Miguel, amada Poderosa Astrea, todos los seres ascendidos, poderes, actividades y legiones de luz, ángeles y actividades del fuego sagrado, amado Lanello, todo el Espíritu de la Gran Hermandad Blanca y la Madre del Mundo, vida elemental: ¡fuego, aire, agua y tierra!

En el nombre de la Presencia de Dios que YO SOY y a través del poder magnético del fuego sagrado del que estoy investido, yo decreto por mi liberación de todos los enredos astrales ¡y por mi permanente victoria en la luz!

¡Desátame y libérame!
¡Desátame y libérame!
¡Desátame y libérame
de todo lo que no sea la victoria del Cristo!*

*Se sugiere el siguiente inserto: ¡Yo decreto por todas las almas confinadas en hospitales mentales, hogares para convalecientes, hospitales generales, institu-

[Repítase la estrofa entre las siguientes frases de cierre].

1. Amado YO SOY, por mandato Crístico. (3x)
2. En el nombre y amor de los Maestros Ascendidos
   y por el poder de sus llamas cósmicas. (3x)
3. By the spiral blue flame (3x)
4. En el nombre y el amor del Arcángel Miguel
   y por el poder de su espada de llama azul. (3x)
5. En el nombre y el amor de la Gran Hermandad Blanca y
   por el poder de su llama trina. (3x)
6. Por el rayo azul de Dios, hecho está hoy. (3x)
7. Por el fuego cósmico YO SOY, manifiesta el
   deseo de Dios. (3x)
8. Con júbilo sé que esto está hecho,
   porque la llama de la Libertad libera a todos. (3x)
9. Ordeno que se cumpla hoy, ordeno que se cumpla para siempre,
   ordeno que se cumpla como Dios desea.
   Espero que se cumpla hoy, espero que se cumpla para siempre,
   espero que se cumpla como Dios desea.
   Acepto que se cumpla hoy, acepto que se cumpla para siempre,
   acepto que se cumpla como Dios desea.
   Se cumple hoy, se cumple para siempre, se cumple como
   Dios desea.

¡Y con plena Fe acepto conscientemente que esto se manifieste, se manifieste, se manifieste! (3x), ¡aquí y ahora mismo con pleno Poder, eternamente sostenido, omnipotentemente activo, siempre expandiéndose y abarcando el mundo hasta que todos hayan ascendido completamente en la Luz y sean libres! ¡Amado YO SOY! ¡Amado YO SOY! ¡Amado YO SOY!

---

ciones estatales y sitios de encarcelamiento, por su libertad de todos los enredos astrales y por su victoria permanente en la luz!

¡Desátame y libérame!
¡Desátame y libérame!
¡Desátame y libérame
de todo lo que no sea la victoria del Cristo!

La alianza de los Magos
de El Morya

Padre, en tus manos encomiendo mi ser. Tómame y úsame —mis esfuerzos, mis pensamientos, mis recursos, todo lo que YO SOY— en tu servicio al mundo de los hombres y para tus nobles propósitos cósmicos, desconocidos aún por mi mente.

Enséñame a ser amable según la Ley que despierta a los hombres y los guía a las orillas de la Realidad, a la confluencia del río de la vida, a la fuente edénica, para que pueda entender que las hojas del Árbol de la Vida, que se me dan cada día, son para la curación de las naciones; que al acumularlas en el tesoro de mi ser y ofrecer el fruto de mi amorosa adoración a ti y a tus propósitos supremos, en verdad estableceré una alianza contigo siendo tú mi guía, mi guardián, mi amigo.

Pues tú eres el que dirige mi conexión estableciendo una relación entre mi corriente de vida y esos contactos celestiales, limitado únicamente por el transcurso de las horas, que me ayudarán a realizar en el mundo de los hombres el aspecto más significativo de mi plan de vida individual tal como tú lo concebiste y como es ejecutado en tu nombre por el Consejo Kármico de supervisores espirituales quienes, bajo tu santa dirección, administran tus leyes.

Que así sea, oh Padre eterno, y que la alianza de tu bienamado Hijo, el Cristo vivo, el Unigénito de la Luz, me enseñe a ser consciente de que él vive hoy día dentro de la trinidad de mi ser como el gran Mediador entre mi Presencia Divina individualizada y mi yo humano; que él me eleva a la conciencia Crística y a tu comprensión divina a fin de que al igual que el Hijo eterno se hace uno con el Padre, así yo pueda finalmente unirme a ti en ese momento dinámico en el que de la unión nace mi perfecta libertad para moverme, pensar, crear, diseñar, realizar, habitar, heredar, morar, y para estar totalmente dentro de la plenitud de tu Luz.

Padre, en tus manos encomiendo mi ser.

Tercer capítulo

Maestros ascendidos y maestros no ascendidos

Una es la gloria de los celestiales, y otra la de los terrenales.

EL APÓSTOL PABLO

Maestros ascendidos y maestros no ascendidos

HAY MUCHOS ESTUDIANTES DE LO oculto, de lo místico y de la ley espiritual que emprenden una búsqueda de los maestros. Muchos aspiran a la meta de sentarse a los pies de un maestro, creyendo que si entran en contacto con un maestro vivo tendrán asegurada la victoria, mientras que no pocos aspiran a ser maestros de otras personas.

Estos últimos tratan de reunir a su alrededor personas a las que puedan aconsejar, mientras que con frecuencia ellos mismos son incapaces de manifestar su propia victoria sobre las mismas condiciones de las que sus estudiantes quieren librarse. Sobre tales personas, Pedro dice: «Les prometen libertad, y son ellos mismos esclavos de corrupción».[1] Es así como muchos han descubierto que la senda hacia los maestros no es lo que pensaron. Y han vuelto a su hogar, con la búsqueda espiritual frustrada.

Sin embargo, sí existen lo que podemos llamar maestros no ascendidos tal como existen Maestros Ascendidos. Los maestros no ascendidos son aquellos que han alcanzado cierto grado de maestría, pero que, por varias causas, no han ascendido. Los Maestros Ascendidos son aquellos que han adquirido maestría sobre la vida en la Tierra, han cumplido su plan divino, han saldado un mínimo del 51 por ciento de su karma y han ascendido.

El Maestro Ascendido Djwal Kul apunta:

> Hay personas que se preguntan por qué los Maestros son necesarios. La respuesta es simple y puede aceptarse como tal con impunidad. Los Maestros son tan necesarios como la Divinidad, porque son una extensión de la Deidad en su contacto con la humanidad. Sin la jerarquía y sin la ayuda de los Hermanos de la Luz, el hombre se vería obligado a seguir su búsqueda de Dios solo, sin mapa ni brújula ni el beneficio de la experiencia de otros que lo han precedido. Se vería forzado a elevarse a alturas más allá del margen de seguridad y, así, sufriría los efectos de su ceguera incluso mientras busca la iluminación cósmica.
>
> Los Maestros son Mediadores. Ellos se han elevado sin peligro hasta los más altos contactos con grandes Seres Cósmicos y han regresado al corazón de Dios. Han mantenido la disposición de entrar en la conciencia humana, con todas sus degradaciones y la consiguiente incomodidad, que los Maestros han de afrontar al descender a la conciencia humana, todo ello con el fin de poder realizar la obra de Dios y devolver al hombre al lugar que le corresponde, de forma que pueda elevarse de manera segura hacia los brazos de la Deidad que le espera, que anhela recibirlo en su regreso.
>
> Aceptad a los Maestros, pues, como hermanos santos, como ministros de Dios, como agentes de la Presencia eterna; y sabed que, aunque vosotros podéis dirigiros a la Presencia y elevaros de forma mensurable hacia las alturas de gloria cósmica, es la conciencia de los Maestros la que se eleva de forma inconmensurable, en un sentido cósmico, hacia donde Dios *está* en una forma más «concentrada». Por tanto, ellos tienen la capacidad de recibir una mayor concentración de bendiciones, que a su vez pueden trasladar a quienes aspiran a alcanzar a Dios, pero aún no lo han hecho.[2]

Como dice la Maestra Ascendida Leto: «La mayoría de los occidentales puede percibir en Jesucristo la imagen de un Maestro Ascendido, mientras que a los orientales les es más fácil visualizar como tal al Buda. Cualquier personaje que os llame la atención entre las muchas figuras religiosas que han surgido en el mundo, concentraos en los elevados atributos espirituales de ese ser —las cualidades de amor expresadas en su semblante y en la acción vibratoria de sus pensamientos y sentimientos— y entonces esforzaos por emular tales virtudes que son evidentes».[3]

Maestría

Al comparar los servicios que los Maestros Ascendidos y los maestros no ascendidos realizan conjuntamente, definamos la palabra «maestría». Maestría es aquel estado en el que se posee el poder de dar órdenes, la destreza experta o aptitud en un campo dado, área de conocimiento o disciplina. Ahora bien, hay maestros en las ciencias, el arte, la música y en las profesiones. Sin embargo, estos no son necesariamente maestros de la vida y la muerte.

Cuando consideramos a los maestros nos referimos a aquellos que han logrado la maestría sobre sí mismos. Se trata de aquellos que han aprendido a gobernar sus energías y a disciplinar sus pensamientos y sentimientos. Ellos poseen la maestría sobre los ciclos de la vida y ni las mareas de su karma cuando les regresa ni las de la conciencia de las masas los dominan (a excepción, quizá, de un pequeño margen de su vida personal que pudiera necesitar la atención del Maestro de maestros). Estos son, en efecto, maestros no ascendidos.

Serapis Bey dice: «Estos maestros han conservado su conciencia y un tipo de forma en el estado no ascendido porque son protectores de ciertas corrientes de vida, porque comprenden la pesada carga de esta época del Kali Yuga».[4]

«Antes de la ascensión —dice Saint Germain— hay un período en el que la Presencia YO SOY acompaña al individuo Crístico, quien entonces declara: "Yo y el Padre uno somos".[5]

Durante este período, que puede durar desde varios meses a varios años o incluso décadas, el iniciado camina por la Tierra como un Ser Ascendido no ascendido, tal como lo denominan. Esto quiere decir que el iniciado se ha aproximado a la Presencia YO SOY tanto como puede aproximarse el hombre no ascendido sin pasar por el ritual de la ascensión».[6]

Lanello añade: «Estos maestros no ascendidos hablan de ciclos. ... Hablan de sus idas y venidas, entrando en el mundo de la forma y manteniendo el grado más alto de maestría Divina antes de la ascensión mientras habitan en las octavas etéricas».[7]

En la actualidad muchas personas consideran que Ramakrishna fue un maestro no ascendido. Otros consideran que lo son el gran maestro Babaji de los Himalayas y su hermana, Mataji. Maestros son, de hecho, habiendo renunciado al ritual de la ascensión con el fin de representar lo que se conoce como el ideal del Bodisatva.

Lo que el chela debe saber de su maestro

Ahora nos dirigimos a los escritos del Maestro Ascendido Saint Germain para examinar las diferencias entre los Maestros Ascendidos y los maestros no ascendidos del Lejano Oriente:

> Los maestros no ascendidos son adeptos a quienes llaman maestros, pero aún no han pasado por el ritual de la ascensión. Algunos de ellos, tras haber entrado en nirvana o en un estado inferior de la condición de adepto, vuelven en conciencia a la forma física. Ahí recargan su forma de carne como preparación para un servicio más grande; no obstante, por varios motivos, no pasan por el proceso de la ascensión.
>
> En casos excepcionales unos pocos maestros no ascendidos han sido capaces de seguir con vida en el mismo cuerpo durante largos períodos de tiempo, dando continuidad a la oportunidad de saldar gran cantidad de karma y convirtiéndose ante los ojos de muchos en dioses en la carne.

También es cierto que a algunos de ellos les resulta imposible demostrar la maestría de mantener la vida en un cuerpo. Por tanto, estos reencarnan de vez en cuando, mientras continúan morando en el estado de nirvana, a intervalos, durante su largo viaje hacia la maestría superior y la ascensión.

Los poderes que demuestran estos maestros no ascendidos a veces son fenoménicos, pero eso no los coloca por encima de quienes se encuentran en el estado ascendido. Todos deben saber que la verdadera meta es el progreso del alma, no la exhibición de poder en una o más de sus formas (aunque tales poderes con frecuencia evidencian el desarrollo del alma). Además, los buscadores deben tener cuidado con los falsos adeptos, que utilizan el control que tienen de la sustancia para el engrandecimiento propio y con fines destructivos. A menudo estos aparentan el bien, pero en realidad buscan el beneficio propio.

Es cierto que, mediante el ejercicio de su libre albedrío soberano, los hombres pueden decidir cumplir su evolución de cualquiera de las maneras y con cualquier medio que consideren aceptable. Pero todos han de saber que nosotros, que hemos vencido al mundo, señalamos el camino hacia el estado ascendido como el estado más alto al que se pueda aspirar. Desde ese estado los hombres no vuelven a retroceder hacia una forma de conciencia inferior; y desde ese estado se puede desarrollar y mantener una entrada permanente en nirvana e incluso aspectos superiores de la conciencia Divina a medida que se desarrolla el progreso infinito.

Es sabido que muchos de los maestros orientales no reúnen la suficiente Voluntad Divina que les dé la capacidad de pasar todas las iniciaciones necesarias para trascender la carne. Pero no se puede negar que, frecuentemente, manifiestan elevados estados de conciencia. La asociación con ellos como discípulos no está exenta de responsabilidad ni carece de limitaciones.

Quienes entran en la relación gurú-chela comprenden

que se producirá cierta involucración en las condiciones kármicas que, como una red áurica, rodean a todos los hombres no ascendidos, ya sean instructores avanzados o sus estudiantes. Porque sin karma nadie puede permanecer en el estado no ascendido a no ser que tenga una dispensación especial del Consejo Kármico.

Los aspectos benignos de su karma, que tienen que ver con el servicio, la instrucción y la curación, dan la capacidad a los maestros no ascendidos de conferir beneficios específicos a sus chelas. Estos, a su vez, pueden verse aliviados de determinadas cantidades de su karma negativo, ya que el maestro asumirá (en parte) la acción de saldar el karma de su discípulo.

Consideremos también los beneficios de ser un chela de los Maestros Ascendidos. Los Maestros Ascendidos pueden tener un residuo kármico que deben saldar desde la octava ascendida, pero al estar libres de la ronda generadora de karma, no continúan incurriendo en karma personal.

Es cierto que los Maestros Ascendidos han asumido en varios momentos el karma de la humanidad y la han ayudado a solucionar sus problemas del mismo modo en que lo hacen quienes hemos venido a llamar maestros no ascendidos. Pero la ayuda que puede recibir un chela de los Maestros Ascendidos siempre es una ayuda de la forma más elevada. Jamás conlleva ningún peligro en absoluto, excepto el peligro de no aceptar la oportunidad de la vida eterna que ofrece el Maestro.

Por tanto, advertiría lo siguiente a todos los estudiantes de la luz: tenéis cierta responsabilidad en las declaraciones que hagáis en nombre de vuestro instructor, ya sea que ascendido o no lo esté. ¿Acaso no está escrito? «Por tus palabras serás justificado, y por tus palabras serás condenado».[8] Lo que se dice incorrectamente en el nombre de alguien que ha sido investido con un alto cargo espiritual conlleva el peso kármico correspondiente a ese cargo, que siempre es mayor para el iluminado que para el no iluminado...

Del mismo modo, si algún instructor pronuncia una falsa doctrina, será responsable ante quienes ha dañado con su error hasta que estos logren la ascensión en la luz. Por eso los Maestros Ascendidos tienen karma. Muchas veces unos pocos simples conceptos erróneos, deslizados en un documento espiritual, que aparte de eso sería exacto, han causado la caída de un estudiante sincero. Así, el Maestro que ha conseguido la ascensión por el bien que ha hecho, debe continuar ayudando a quienes han sido entorpecidos en su viaje por el error que cometió inconscientemente cuando no estaba ascendido.

La Tierra atrae a muchos grandes seres que se ven obligados a seguir sirviendo aquí hasta que se borren todas las marcas imperfectas que hicieron cuando no estaban ascendidos. En el caso de alguien que ha sido una figura mundial, eso puede durar hasta que las últimas corrientes de vida consigan su libertad; o hasta que otro Ser Ascendido se ofrezca a ocupar su cargo y llevar a cabo su servicio mientras él avanza hacia un servicio superior en los confines cósmicos del infinito.[9]

El ideal del Bodisatva

Algunos Maestros Ascendidos se han adherido al ideal del Bodisatva, prometiendo servir las necesidades de los hombres hasta que la última alma esté ascendida. Kuan Yin, Diosa de la Misericordia, ha prometido guardar la llama del perdón por las evoluciones de este planeta. Renunciando al servicio cósmico y al avance en el orden jerárquico, Kuan Yin permanecerá en el Templo de la Misericordia (en el plano etérico, sobre la ciudad de Pekín) hasta que todos hayan regresado al corazón de Dios. Un compromiso así requiere una extraordinaria dedicación incluso de alguien que esté ascendido.

Kuan Yin dice:

> Soy el instrumento de juicio de los Señores del Karma para quienes abusan de la luz de la llama violeta en esta era, pervirtiendo los ciclos de la misericordia y los rituales de la misericordia, con los cuales, a través del sendero de iniciación, el alma puede de hecho lograr esa liberación deseada que es el profundo deseo interior de Dios de ser Dios...
>
> Comprended, por tanto, qué significa ser el instrumento de la misericordia. Por eso soy una Bodisatva. Porque al haber mirado el sufrimiento de las evoluciones de la Tierra, he dicho: «Para mí, la vida en la octava ascendida no merece la pena mientras haya una sola alma en la Tierra que aún sufra. Y así, no estoy dispuesta a continuar el servicio cósmico o la conciencia cósmica. Debo quedarme y seguir quedándome».
>
> Y, por tanto, podréis entender que mi amor por el Dios dentro del alma de la víctima indefensa sigue siendo ese impulso acumulado de amor que yo mantengo en el cuerpo de la Tierra, el equivalente de mi amor por Dios en el Gran Sol Central. Debido a que lo conozco en Su gloria, debido a que conozco a Alfa y Omega en la plenitud de la libertad del ritmo del cosmos, sé lo que puede ser el Dios dentro del alma cautiva. Y sé que ese Dios es el mismo Dios al que adoro en el Padre-Madre, Alfa y Omega. Por ello, mi Padre y mi Madre son quienes sufren en mis hijos, a quienes sostengo en mis brazos y acuno en mis brazos en sus cuerpos sutiles hasta que vosotros podáis venir y cuidarlos en la manifestación física. No solo vuestro hijo, sino vuestro Dios Padre-Madre sufre hoy la crucifixión.[10]

La ayuda que presta Kuan Yin es algo real y tan antiguo como las montañas. Los Bodisatvas han hecho el voto de servir a Dios y a la llama de la libertad hasta que cada hombre, mujer y niño de Terra haya ascendido y sea libre. Este voto es una vocación sagrada. Kuan Yin nos advierte, sin embargo, para que tengamos cuidado y no hagamos este voto a menos que comprendamos completamente el servicio de estos seres entregados.

Ella nos dice:

> Estando unidos a la vida entera, somos conscientes de toda la vida en sus manifestaciones, desde la superior hasta la inferior. Esto forma parte del ideal del Bodisatva, que forma parte de quienes acompañan a la humanidad. Y hay una cantidad bastante elevada en este planeta, aunque pocos en comparación con los que siguen su propia forma de vida desenfrenada. Es una orden muy elevada y sagrada, y sugiero que reflexionéis mucho sobre esta vocación antes de responder diciendo: «yo haré lo mismo».
>
> Porque cuando pasen los eones y la llama que tenéis no conmueva a los hombres, recordad que podríais desear haber elegido otro camino más fácil y gratificante. Con el paso de los siglos —los milenios y los ciclos—, cuando los mismos individuos de quienes hayáis cuidado con el poder de la llama de vuestro corazón se metan en las mismas cosas del mundo, veréis que clamaréis a Dios y diréis: «¡Hasta cuándo, oh, SEÑOR! ¿Hasta cuándo tardará esta generación obstinada en llegar al conocimiento de la divinidad y al amor del fuego sagrado que hemos sostenido por tanto tiempo?».[11]

Ahora bien, no es deseable ni apropiado que todos sigan este camino. En la mayoría de los casos, quienes lo hacen se han ganado la ascensión, pero han renunciado a ella para proporcionar un foco o un punto de anclaje sobre el planeta para la Mente superior de Dios. Esta es la función del mahatma, el «ser de gran alma», quien, por su humilde comunión con la llama de la vida, ha atraído la gran percepción solar de la conciencia de Dios y la ha asumido como su identidad.

Un individuo así se convierte en un vehículo a través del cual las hermosas corrientes de gracia divina pueden irradiar diariamente hacia el mundo de la forma. Sin almas tan comprometidas en medio de ellas, millones de personas se verían privadas de las corrientes divinas que son vitales no solo para su existencia, sino para el equilibrio de las fuerzas sobre el planeta. Estos Bodisatvas suponen una gran ayuda para la jerarquía en el mantenimiento de un contacto vibratorio sobre el cuerpo planetario que estabiliza al planeta.

La intrépida compasión del Bodisatva

El Señor Maitreya ejemplifica las virtudes del Bodisatva: bondad, compasión intrépida y *virya* (vigor). Helena Roerich, que transmitió las enseñanzas de El Morya por medio de los libros de Agni Yoga, escribió lo siguiente sobre Maitreya y el sendero del Bodisatva, en su libro *Foundations of Buddhism* (Fundamentos del budismo):

> ¿Qué cualidades ha de poseer un Bodisatva? En la Enseñanza de Gotama el Buda y en la Enseñanza del Bodisatva Maitreya... se subraya antes que nada el máximo desarrollo de la energía, valor, paciencia, constancia en el esfuerzo e intrepidez. La energía es la base de todo, pues solo ella contiene todas las posibilidades.
>
> Los Budas actúan eternamente; la inmovilidad les es desconocida; como el eterno movimiento en el espacio, las acciones de los Hijos de los Conquistadores se manifiestan en los mundos.
>
> Poderosos, valientes, de paso firme, sin rechazar la carga de un logro por el Bien Común.

Helena Roerich continúa: «Existen tres gozos de los Bodisatvas: el gozo de dar, el gozo de ayudar y el gozo de la percepción eterna. Paciencia siempre, en todo y en todas partes. Los Hijos de los Budas, los Hijos de los Conquistadores, Bodisatvas en su activa compasión, son Madres de Toda la Existencia».[12]

Esta «compasión activa» del Bodisatva, que acepta tanto la intrepidez como el *virya,* encuentra su expresión final en el perdón. Porque es imposible sentir compasión hacia alguien si antes no se ha perdonado a ese alguien por sus trasgresiones.

Kuan Yin describe la compasión intrépida como el epítome del amor del Bodisatva:

> Os diré lo que nos ha empujado a tratar de llegar más allá de nuestra capacidad, y me refiero a todas las huestes ascendidas. Se debe a que vimos una necesidad enorme y sentimos una gran compasión hacia el que tenía esa necesidad, y vimos que nadie más se paró a ayudar, nadie más ayudaría si nosotros no ofrecíamos nuestra mano. En ese momento, el Amor mismo surtió la intensidad, el fuego sagrado, con lo cual pudimos saltar al rescate, al lado del angustiado, o emprender algún curso para estudiar y llegar a ser aptos en el conocimiento que se necesitaba.
>
> Esta respuesta, pues, este amor que se podía olvidar de sí mismo y saltar para salvar una vida, eso fue la apertura para que entrara el gran fuego del Espíritu Santo en el corazón, para disolver la obstinación, para derretir los impedimentos de esos doce pétalos del chakra del corazón y su vibración única, para quitarnos la dureza de corazón, las incrustaciones físicas, la enfermedad, el temor, las dudas, los registros de muerte. Todas esas cosas se desvanecieron en el ardor del servicio.[13]

Saint Germain comenta:

> Pensad en estas palabras del voto del Bodisatva: *¡compasión intrépida!* ¡Ah, qué estado de ánimo en el que estar continuamente! La intrepidez para dar de la fuente de uno mismo, para ofrecer compasión en vez de crítica y chismes, para dar tales mareas de amor como para llenar las grietas y hendiduras de los defectos de otra persona.
>
> Compasión intrépida significa que uno ya no teme perderse o dejarse llevar para convertirse en una red que la luz pueda atravesar y el Ser Infinito nunca deje de ser el Ser Compasivo a través de uno.[14]

Sangharakshita, un monje y erudito budista, escribe en su libro *Las tres joyas:* «A pesar del énfasis en la compasión, el Bodisatva no es un simple sentimental. Ni es, con toda su ternura, un débil afeminado. Él es el Gran Héroe, la encarnación no solo de la sabiduría y la compasión, sino también de *virya* o vigor, una palabra que, como el equivalente etimológico «virilidad», significa tanto energía como potencia masculina».[15]

El propio Maitreya nos dice cómo el desafío de encarnar la virtud de la bondad le motivó en el Sendero:

> Hace mucho hice un voto:
>
> «¡No te abandonaré, Dios mío!
> ¡No te abandonaré, Dios mío!»
>
> Y vi a mi Dios prisionero de la carne. Vi la Palabra prisionera en corazones de piedra. Vi a mi Dios enterrado en almas atadas a los caminos de la maldad. Y volví a decir:
>
> «¡No te abandonaré, Dios mío!
> Cuidaré de ese fuego.
> Adoraré esa llama».
>
> Y poco a poco alguien aspirará a estar conmigo; a ser Maitreya.
>
> Y un día estaba sentado, con la cabeza apoyada en la mano, muy pensativo, y el Señor Gautama me dijo: «¿En qué piensas, Hijo mío? Y yo dije: «Padre mío, ¿nos los podemos ganar con bondad y con amor? ¿Responderán al amor?». Y mi Padre me dijo: «Hijo mío, si contienes en tu corazón la orquestación entera del amor, los 144.000 tonos del amor, si tú mismo llegas a conocer el amor, entonces, sí, te los ganarás con amor».
>
> Mi corazón dio un vuelco de alegría. Mi Padre me había dado el reto de conocer el amor, de ser amor, no por el amor en sí ni por amar al amor, no por la mera dicha de la comunión del amor, sino por la salvación de almas, para tratar de alcanzar a mi Dios en la humanidad.[16]

Apariciones de los Maestros

Los Seres Ascendidos pueden materializar y desmaterializar una forma que se asemeja en todos los aspectos al cuerpo de carne de las demás personas, pero que, en efecto, es un cuerpo espiritual, un cuerpo celestial, no uno terrenal. Los seres no ascendidos no pueden.

Sin embargo, esto no es un criterio absoluto, porque existen unos pocos maestros no ascendidos que también pueden desmaterializar y materializar el cuerpo. Sin embargo, la mayoría de ellos trabajan a través de una conciencia proyectada mediante la cual, en vez de ensamblar y desensamblar los átomos de un cuerpo físico, crean en la conciencia una forma corporal que se puede proyectar a cualquier parte del mundo y que los demás pueden ver o no ver.

Saint Germain, después de ascender en 1684, recibió la concesión de una dispensación por parte de los Señores del Karma para poder regresar al mundo como un Ser Ascendido con la apariencia de un ser no ascendido. En el siglo XVIII llegó a ser conocido en Europa como Le Comte de Saint Germain, el Hombre Prodigio de Europa.

En vista de que la Ley Cósmica ha permitido excepciones a la regla de que los Maestros Ascendidos no reencarnan, es posible que el Maestro Ascendido Maitreya, quien ha sido denominado «el Buda Venidero», reciba una dispensación parecida. El Señor Maitreya ha dicho que quinientos años después del comienzo de una verdadera era de oro, cuando se haya alcanzado la estabilidad, podría decidir venir y encarnar con sus Bodisatvas.

Pero también sabemos que un Buda, ya sea que esté ascendido o no ascendido, puede elegir aparecerse en una forma tangible ante algunas corrientes de vida selectas. Así, sin reencarnar, Maitreya puede ser visto caminando y hablando con sus discípulos en su cuerpo de luz de Maestro Ascendido, que él puede precipitar hasta el nivel etérico para quienes lo puedan ver en ese nivel, pero cuyo karma los limite a la octava física.

Maitreya explica:

> «YO SOY Buda. YO SOY Madre. Estoy entre el tiempo y el espacio, Maestro de ambos. Pero no habito en ninguno de ellos, sino que habito en el corazón del chela y en la *estupa* del Buda. Salgo del cielo de Tushita, donde he estado conversando esta noche con Bodisatvas que han alcanzado el nivel de la Automaestría Divina y la iluminación que se requiere de quienes habitan en este reino. Cuando vosotros logréis ese nivel, también podréis venir aquí, porque este es un plano del cielo reservado para aquellos que poseen el logro del Bodisatva o uno aún mayor.
>
> Así, en muchas formas de arte veréis representado al Buda rodeado de muchos Bodisatvas que habitan en este cielo de Tushita. Estos benditos seres no ascendidos esperan el día de mi venida a la Tierra, cuando puedan reencarnar conmigo para ser mensajeros del dharma de la Nueva Era. Están llenos de admiración por el hecho de que haya indicaciones de este dharma y cálices llenos de él se den en de los dictados de los Maestros Ascendidos a través de los Mensajeros, de que individuos encarnados que también se encuentran en el sendero del Bodisatva puedan ser pioneros y puedan en efecto afianzar la nueva era de Acuario para nuestra venida.
>
> Estoy aquí con la plenitud del Buda Venidero que de hecho ha venido. Pero un día puede que venga con mis Bodisatvas hasta cierto nivel de la encarnación si hubiera una era de oro en la Tierra. Por tanto, muchos dulces rostros sonrientes de estos benditos os miran como punto de esperanza para la realización de un sueño que llevan esperando mucho tiempo. Su dharma es encarnar (conmigo o sin mí), pues deben cumplir su sendero de la ascensión y, durante ese proceso, convertirse en instructores del dharma.[17]

Maestros no ascendidos

Los maestros no ascendidos están sujetos a los males de la carne, a circunstancias en las que pueden incurrir en karma y a la posibilidad omnipresente de ser derribados justo en el momento en que están listos para elevarse. Sin embargo, el peligro no es tan grande para estos benditos siervos como pudiera parecer a primera vista, pues poseen maestría sobre sí mismos y no es probable que se los pueda cazar con la guardia baja.

Siempre y cuando los hombres estén encarnados en el velo de carne existe la posibilidad de que el devoto, en un momento de descuido, pueda abrir la puerta de su conciencia a la desarmonía de un tipo u otro. El karma en que se puede incurrir debe saldarse antes de que el individuo pueda ser devuelto a la plenitud de la gracia que tuvo antes de mezclarse con el pensamiento y el sentimiento mortal.

Como se ha dicho en el capítulo anterior, existen ciertos requisitos que el candidato a la ascensión ha de satisfacer. Algunos se gradúan de la escuela de la Tierra con las mejores calificaciones de su clase, mientras que otros agradecen estar presentes incluso ocupando el último lugar. Una corriente de vida que haya satisfecho estos requisitos puede decidir permanecer encarnada, renunciando a la ascensión con el fin de servir las necesidades planetarias. Tal individuo no tiene por qué renunciar a su derecho de ir progresando por los ciclos iniciáticos de acuerdo con su nivel de devoción y logro. De hecho, puede acelerar la expansión de su conciencia solar mientras lleva a cabo las tareas de la jerarquía desde su estado no ascendido.

Así, puede ocurrir que avatares no ascendidos realicen un grado mayor de avance espiritual que algunos Maestros que acaban de ascender. Un Bodisatva no ascendido que haya guardado la llama por millones de corrientes de vida durante miles de años ciertamente pudiera estar más adelantado que otro que acaba de ascender con unos requisitos mínimos.

Claro está que, una vez ascendido, hasta el menor del reino avanza con rapidez. Liberados del mundo y de la densidad de la conciencia humana, los Seres Ascendidos pueden elevarse hasta grandes alturas de maestría mucho más rápidamente de lo que lo pueden hacer quienes están cargados con las responsabilidades de servir las necesidades del planeta desde el estado no ascendido. No obstante, estos últimos reconocen con el Cristo: Ligera es mi carga.[18]

El Señor Lanto ha anunciado una dispensación por la cual los Maestros Ascendidos han decidido atravesar el velo y caminar y hablar con los hombres a través de sus chelas: «Y así es que se pronunció el decreto y se convirtió en un fíat de los Maestros Ascendidos. Y se decidió que caminemos por la Tierra a través de vosotros, que actuemos a través de vuestra mente, que hablemos a través de vuestros labios, que proyectemos nuestros conceptos en el mundo ¡a través de vosotros!».[19]

Esta dispensación fue un preludio del momento en que, si se alcanza cierta cuota de ascensiones en un período de mil años, muchos Maestros Ascendidos recibirán la dispensación de caminar por la Tierra con un cuerpo de luz visible con el fin de predicar a la humanidad de la Tierra, la cual, hasta ese momento, no se habrá decidido entre la luz y la oscuridad.

Jesús nos reta a que saldemos nuestro karma y nos convirtamos en maestros no ascendidos:

> Justo ahí, en la Tierra, podéis caminar como seres ascendidos no ascendidos. ¿No os gustaría ser Maestros Ascendidos no ascendidos? ¿Una Maestra Ascendida Venus no ascendida? Ello significa que tenéis el poder y la autoridad de un Ser Ascendido mientras aún camináis por la Tierra con túnicas de carne. En esta era esto es posible.
>
> Apresuraos, pues, a saldar vuestro karma. No dejéis pasar ninguna oportunidad de ser Hijos e Hijas del Dominio. Y luego, observad. Observad las grandes oportunidades que os presentarán los Señores Cósmicos y las jerarquías para

que seáis triunfadores sobre el infierno y la muerte, para que tengáis todo el poder del cielo y de la tierra, y que se lo ofrezcáis a los hijos de la humanidad...

Y así, la Tierra, una bola de luz dorada, ascenderá hacia la era de oro.[20]

La venida de los avatares

La encarnación de maestros no ascendidos es efectivamente una bendición para las evoluciones de todo un planeta, aunque no todos se den cuenta de que tal acontecimiento esté teniendo lugar. De vez en cuando, a lo largo de la historia de nuestro planeta, grandes almas de luz han descendido para elevar las vibraciones de la Tierra y la conciencia de la humanidad: Enoc, Melquisedec, Abraham, Moisés, los profetas del Antiguo Testamento, Jesucristo, María, su Madre, y san José (Saint Germain), así como los adeptos orientales Confucio, Lao-Tse, Zaratustra (Zoroastro), el Buda Gautama, Maitreya, Krishna y Kuan Yin.

Y el cielo no ha dejado de bendecir la Tierra con avatares y su amor. En la década de 1960, por ejemplo, la Tierra recibió innumerables corrientes de vida que han prometido permanecer, afrontar y conquistar junto con la humanidad de la Tierra toda forma de error que se haya impuesto a la raza.

El 4 de febrero de 1962, en ocasión de una conjunción de planetas que los astrólogos de todo el mundo aclamaron como un momento cósmico, nació un gran número de almas muy iluminadas. La Maestra Ascendida Venus predijo que cuando estos Cristos «alcancen la madurez, ayudarán a la humanidad de la Tierra a encontrar su camino de vuelta al corazón de Dios». También dijo: «Estos seres, de hecho, son maestros. Son avatares en descenso como lo fue Cristo, y su misión es guiar a la humanidad de la Tierra en la era de los Maestros Ascendidos, la Gran Era de Oro». La Maestra Venus explicó que la venida de estas almas con su comitiva cósmica «antecede al tiempo en que los propios Maestros Ascendidos aparezcan desde las octavas de luz en forma visible».[21]

En 1964, nueve almas que habían alcanzado la conciencia búdica encarnaron en puntos estratégicos del globo. Estas almas hacía mucho que cumplieron los requisitos para la ascensión, pero se ofrecieron a regresar con el poder del «tres por tres» para mezclar sus energías con el servicio de los santos niños Crísticos nacidos en febrero de 1962.

El impulso acumulado de luz que estos Budas han magnetizado en su aura se puede sentir por cientos de kilómetros. Cuando están sintonizados completamente con su Presencia Divina (en meditación o fuera del cuerpo, al dormir), su aura envuelve a todo el planeta con el poder equilibrante de la llama trina, sostenida por el Buda Gautama en su templo etérico sobre el desierto de Gobi.

Ahora bien, el logro de un Buda es mayor que el de un Cristo; es decir, el cargo de Buda es mayor que el cargo del Cristo en el orden de la jerarquía espiritual. De ahí que muchos maestros ascendidos aún no hayan alcanzado la conciencia Búdica. Cada Maestro Ascendido con gusto rendiría homenaje a la luz y maestría de estas corrientes de vida no ascendidas, como los tres Magos (ellos mismos maestros no ascendidos) fueron a adorar al Niño Cristo.

No muchos meses después de la venida de los Budas, uno de los nueve falleció «como una flor cortada del tallo»,[22] tan falto de pureza estaba su entorno. Valiente en su misión, se ofreció para volver a nacer de forma que el poder del «tres por tres» y el pacto de los Nueve Santos no se rompiera.

Así, el 7 de abril de 1969, el Maestro Jesús anunció que este Buda volvería en la tierra de India, donde habría de nacer de una pareja bendita que se había ofrecido en los niveles internos a patrocinar y proteger su valiosa corriente de vida. Y así, la misión de maestros ascendidos y no ascendidos al trabajar mano a mano con la humanidad continúa, y otro capítulo del interminable Libro de la Vida tiene un final feliz que promete nuevos comienzos para todos.

En 1973 recibimos la dispensación del descenso de 10.001 avatares. Ellos son individuos Crísticos que poseen la conciencia cósmica y han logrado una gran maestría en otros sistemas de mundos. Ya no se les exige que encarnen, pero se han ofrecido a nacer con unos padres terrestres con el fin de liberar al planeta y preparar el camino para el descenso de la séptima raza raíz.

La Orden de los Profetas: el drama del profeta Elías

Consideremos ahora, en nuestro estudio de los maestros ascendidos y no ascendidos, el servicio de Elías y su gran devoción, que condujo a una dispensación de lo más inusual, concedida por el Consejo Kármico para que pudiera prestar más ayuda a su amado pupilo Eliseo. Chananda, Jefe del Consejo Indio de la Gran Hermandad Blanca, se refiere a esta dispensación en una carta a los Guardianes de la Llama:

> Del drama del profeta Elías, que subió al cielo en un carro de fuego, se puede aprender que la victoria de la confianza y la fe en Dios le proporcionó a un hombre la ascensión en la luz gracias al poder del fuego sagrado. En el caso del profeta Elías, después de ascender él mantuvo su vehículo (cuerpo) superior en las octavas de luz, pero descendió en parte al ser de Juan el Bautista, que era en verdad uno venido «con el espíritu y el poder de Elías».[23]
>
> Esta es, quizá, la única excepción, el único caso que prueba la regla divina. Porque por lo general, cuando los individuos pasan por la iniciación de la ascensión y se elevan para regresar al corazón de Dios de donde vinieron, no deciden volver a encarnar en el planeta ni se los escoge para tal actividad.
>
> Sobre el Monte de la Transfiguración Moisés y Elías se

aparecieron ante Jesús, lo cual demuestra que tras la decapitación de Juan el Bautista (que tuvo lugar a petición de Salomé), él volvió al corazón de su estado ascendido para manifestarse como Elías, el Maestro Ascendido...[24]

La relación entre Elías y Eliseo fue la de maestro y discípulo. Así, Jesús había sido iniciado en su anterior encarnación bajo la tutela de Elías, como preparación para su gran misión en Galilea.

Todo instructor tiene el deseo de ver a su pupilo alcanzar la excelencia e incluso superar sus esfuerzos. Y, por tanto, Juan dijo de Jesús: «Es necesario que él crezca, pero que yo mengüe». Tan grande era el amor del gurú por el chela, que aquel estuvo dispuesto a realizar el sacrificio de bajar a la tierra desde su estado ascendido y preceder a su pupilo para preparar «el camino del Señor».[25]

Juan hizo camino para la venida de Cristo predicando y bautizando. La suya fue la «voz que clama en el desierto» (en la infertilidad de la conciencia humana, desprovista de la luz del Cristo). Juan era aquel de quien Jesús dijo que era «más que profeta, porque éste es de quien está escrito: He aquí, yo envío mi mensajero delante de tu faz, el cual preparará tu camino delante de ti».[26]

Jesús describe su amor por Juan el Bautista y recuerda la vida que tuvieron juntos como Elías y Eliseo:

> Qué bien recuerdo cuando los discípulos de Juan el Bautista vinieron y me dijeron que la hija de Herodes había exigido su cabeza y que el tetrarca, enorgulleciéndose de su voto ante los hombres, había abandonado su voto ante Dios y había cedido a la voluntad de la hija de la oscuridad. Por un momento en la eternidad, yo también me sentí capturado por el sentimiento de pérdida, aunque me habían preparado para ese momento, aunque sabía que el trabajo del Mensajero del SEÑOR se había cumplido y que su hora había llegado.
>
> Él era Elías, que había vuelto,[27] el gran profeta de antaño que había estado sobre el monte Carmelo para retar a los

hacedores de iniquidad y los demonios que invocaban,[28] a quien el SEÑOR envió a la viuda de Sarepta, a la cual él prometió por la palabra del SEÑOR Dios de Israel que su tinaja de harina no escasearía, ni el aceite menguaría, hasta el día en que el SEÑOR hiciera llover sobre la faz de la tierra.[29] Y así fue.

Este era Elías, el mismo que me echó su manto cuando yo estaba encarnado como Eliseo. Vino a mí cuando araba yo con doce yuntas, e inmediatamente le seguí.[30] Y a él, mi maestro, le prometí: «Vive el SEÑOR, y vive tu alma, que no te dejaré». Vi cómo tomó su manto, lo dobló y golpeó las aguas para que los dos pudiéramos atravesar el Jordán pasando por lo seco.

Me enseñó las leyes de la alquimia y a golpear las aguas de la conciencia humana, con sus pesadillas astrales y las defensas del anti-Cristo enviadas contra la luz de los profetas de Israel, los mismos elementos de la mente carnal que nos desafiarían en otra época, pero en el mismo lugar del tiempo y espacio. Y me prometió que si aprendía mis lecciones bien y si mi mente se hacía congruente con la suya —«si me vieres cuando fuere quitado de ti»— que una porción doble de su espíritu estaría sobre mí.

Y así, cuando me enteré de la decapitación de Juan el Bautista, pensé en esos días cuando estábamos juntos, cuando, como discípulo del gran Maestro, lo vi desafiar la maldad de los profetas de Baal, de Acab y Jezabel, y luego lo vi ascender en un carro de fuego en la gloria de la ascensión.[31] Y me acordé de que había prometido ir antes que yo para preparar el camino para bajar la conciencia Crística hacia el lugar de preeminencia que le corresponde entre los hijos y las hijas de Israel y entre todos los que eligieran seguir aquello que *es real**.

Gracias a una dispensación especial de la jerarquía, Juan el Bautista vino desde su estado ascendido para preparar las cosas para la venida del Cristo, para el descenso del fuego del Logos y para iniciar la espiral con la que todos los hombres

---

*Israel = *es real.* (N. del T.)

pudieran lograr la Cristeidad según el ejemplo que el Padre me había dado para que yo lo ejemplificara en la Tierra, tal como verdaderamente es en el cielo.

Y a mis discípulos les expliqué: «Entre los que nacen de mujer no se ha levantado otro mayor que Juan el Bautista».[32] Porque ni en diez mil años se había concedido la dispensación de que un Ser Ascendido de su nivel de logro asumiera la forma física con el fin de realizar una misión para la jerarquía. Y así, realmente caminó por la Tierra como el más grande de los Maestros, un ser libre de karma que entregó su vida no solo para que yo pudiera vivir y cumplir la misión del Cristo, sino para que todos los que vinieran después pudieran tener el impulso acumulado de su manto de pureza y sacrificio. Él vivió para que nosotros pudiéramos dejar un testimonio en las arenas del tiempo, una marca indeleble en akasha del amor inefable que existe entre Gurú y chela, Maestro y discípulo.[33]

Técnicas de autorrealización: la expansión del alma mediante el amor

A lo largo de los tiempos, los devotos de la luz que han deseado una unión más cercana con Dios han utilizado varias técnicas. Tales prácticas han variado entre Oriente y Occidente, pero la meta siempre ha sido la misma: la espiritualización de la conciencia y la reunión del alma con el Espíritu.

Saint Germain da más enseñanzas sobre este tema:

> Mediante varias prácticas de yoga, las personas entran en el estado llamado samadhi. En este estado, el contacto de la conciencia exterior con los sentidos se suspende y la dicha interior es invocada al mantenerse el contacto con la poderosa luz de Dios y la radiación interior de Dios dentro del ser del hombre.
>
> Mediante esta práctica se desarrollan muchas formas de control sobre el cuerpo y la mente. El objetivo final es, claro está, el logro del nirvana o del estado nirvánico.

El estado de nirvana es aquel en que el alma, al haber avanzado a través de la ordenada serie de iniciaciones que el hombre tiene disponibles en este planeta, entra en ese reposo cósmico por el cual se ve totalmente absorbida en su Presencia YO SOY individual, sin tener ningún contacto en absoluto con la personalidad o forma exterior.

Sin esperar al proceso de la ascensión, algunos individuos pasan por varias formas de trance yóguico hacia reinos superiores. Dejan atrás el templo corporal e incluso la conciencia misma para entrar directamente en el centro de alta vibración de la Divinidad, donde todo está tan quieto que parece estar en un estado de reposo perpetuo.

Al morar en la paz de la Divinidad, algunos se inclinan por seguir distantes de la trama de la creación. Hallan una completa satisfacción en Dios y no sienten deseos de salir del centro solar de su radiación. Así, el estado nirvánico se convierte, a todos los efectos, en el cese de la acción tridimensional.

Llamaría vuestra atención al hecho de que, aunque el Señor Buda alcanzó este estado, él no se permitió perder contacto con la realidad tal como existe en las esferas más densas. En cambio, debido a la grandeza de su amor por el mundo y su gente, respondió cuando se lo llamó a que volviera de su descanso nirvánico y regresó, descendiendo de ese elevado modo iniciático hasta el mundo de la forma. Ahí se hizo jerarca de Shambala o Señor del Mundo, permitiendo que Sanat Kumara regresara de su largo exilio en la Tierra a su hogar planetario, Venus.[34] (Cabe mencionar que antes de entrar en el estado de nirvana el Señor Buda ya había logrado la ascensión y que fue después de ascender que eligió entrar en ese estado).

Es del todo posible que las personas que son maestros no ascendidos, debido a un alto grado de sintonización espiritual, puedan entrar en un estado nirvánico aun manteniendo un cuerpo en la forma física. En algunos casos, estas personas desechan su forma física, prefiriendo permanecer en un estado de dicha en el refugio de nirvana.

Aquí quisiera señalar que en la tierra de la India y en otras partes del mundo hay unos pocos seres no ascendidos que han logrado tal grado de maestría sobre la forma y la sustancia como para permanecer en un templo corporal durante miles de años. Sobre algunos de ellos no se tiene ninguna expectativa de que vayan a renunciar a su forma hasta que el último individuo de la Tierra haya logrado su victoria Divina.

Individuos así hasta han renunciado a la dicha y la paz del nirvana con el fin de servir a las santas causas de la libertad. Permanecen en estados de samadhi o estados de dicha, alternándolos con períodos de contacto con los hombres, produciendo maravillosas bendiciones otorgadas tanto a naciones como a individuos gracias a su servicio a la vida y al simple hecho de estar presentes en la Tierra.

En contraste con las prácticas y enseñanzas que acabamos de mencionar está la meta de la ascensión. Como hemos visto, la ascensión tiene una connotación distinta 1) al estado de nirvana, 2) al estado de samadhi, que se alcanza mediante técnicas de yoga, o 3) al estado de maestría, por el que la luz santa de Dios se le confiere al hombre encarnado de tal manera que casi lo inmortaliza en la forma».[35]

Saint Germain imparte más enseñanza:

En el logro de nirvana, ese fragmento del infinito que ha involucionado a la forma se vuelve espiritualmente evolucionado hasta un punto elevado del espectro manifiesto de la conciencia divina. Pero, con frecuencia, la mónada individual se salta muchos de los peldaños inferiores de la escalera del logro y pasa directamente, desde cualquier nivel que pueda haber alcanzado con el propio esfuerzo, hasta el ápice de la conciencia del ser del Creador. Al entrar en el centro de la Mente de Dios, el alma descubre ese reino conocido como el Sabbat o séptimo día del reposo de la conciencia. Esto es quietud, la conciencia de la paz y la plenitud...

Mientras que el yo inferior ha de ser elevado hasta la realización de la percepción Divina del Yo, natural tanto en el estado nirvánico como en el ascendido, el ser superior del hombre siempre sabe que «YO SOY el que YO SOY»; y mantiene un contacto consciente constante con la multitud de niveles de la conciencia divina. Esta es la Presencia Divina que evita la conciencia de la personalidad de la mónada y habita continuamente en la conciencia nirvánica de reposo. Ahí, en la tranquila gloria de Dios, la Presencia engrandece la eterna quietud que se manifiesta incesantemente.

Mediante el ritual de la ascensión, el hombre puede elevar no solo su conciencia individual, como en nirvana, sino sus vehículos inferiores también, incluyendo los cuatro cuerpos inferiores, conservando las facultades transmutadas de estos. A través de la ascensión el hombre redime del error su sustancia, de acuerdo con la promesa de Dios que David oyó en su corazón, tal como lo expresó en su maravilloso Salmo: «Mi carne también reposará confiadamente; porque no dejarás mi alma en el infierno, ni permitirás que tu santo vea corrupción»[36]...

Ahora bien, hay personas que, al meditar y al hacer varios ejercicios, han entrado en el estado de nirvana antes de fallecer, pero para ellas esta condición de nirvana debe ser temporal. Voy a explicar por qué: La conciencia del hombre antes de encarnar en la forma se deriva directamente de la conciencia de Dios; el fin de su identificación con la forma y la sustancia es para que pueda ganarse sus vestiduras de una maestría Divina conseguida conscientemente. Esto se produce mediante sus experimentos en el manejo de la energía en las esferas más densas y mediante el ejercicio de la facultad creativa conocida como libre albedrío.

Cuando las personas que buscan la luz continúan expresando las imperfecciones de la mortalidad y exhiben una indisponibilidad a servir la Gran Ley de Dios con todos sus requisitos (servicio que es la base de la expansión de toda la vida y la Verdad), es de lógica que algunas veces salten al estado nirvánico sin haber subido por la escalera del logro. En el estado de nirvana, el hombre es como era «en el principio», antes de que entrara en el mundo de la forma. Su conciencia está unida a la de Dios, pero debido a que su yo no transmutado permanece atrapado abajo, él es solo un huésped pasajero en la casa del SEÑOR, indigno de un rango de nobleza, descualificado como candidato al cargo de Hijo de Dios.

Esa gracia que se logra mecánicamente no puede reemplazarse con la gracia inmortal de Dios que endereza todas las cosas con luz y Verdad. Por consiguiente, es en el mundo de la forma donde ha de ganarse la victoria. Porque si el cuerpo muere mientras la conciencia está en nirvana, esta última aún deberá encarnar para elevar sus vehículos. Lo bueno en el hombre es en efecto una parte de su Cuerpo Causal, pero lo que se entierra con sus huesos son los registros de infamia humana. Estos deben transmutarse con luz, y la libertad debe conseguirse de manera justa, de acuerdo con las reglas del juego, si se la quiere conservar permanentemente...

Nirvana significa literalmente apagar o extinguir la identidad consciente; ¡pero nirvana no es nihilismo! No es más que el apagar la conciencia densa de los sentidos, esa parte de la conciencia humana que siente separación de Dios debido a su involucración con el orgullo del ego. Por ello es esencial en el logro del nirvana y de la ascensión ofrecer todas las cualidades humanas, poniéndolas sobre el altar de Dios. Esto se hace para que los fuegos de la transmutación puedan llevar al individuo a un estado de conciencia en el que, como los de corazón puro, pueda ver a Dios fácilmente y, al verlo, se asocie con Él.

San Pablo dijo: «Ahora vemos por espejo, oscuramente».[37] Todo lo que ha contribuido a los estados inferiores de la conciencia del hombre, todo lo que se ha manifestado de manera imperfecta por debajo de los niveles nirvánicos, se identifica con los vehículos inferiores y la sustancia sin redimir del hombre. Este es el velo que hay que desgarrar antes de poder ver «cara a cara». Porque por encima de él brilla el templo perfecto del arquetipo divino y su templo de conciencia es lo que debemos contactar y aquello con lo que debemos permanecer en contacto...

Cuando se construye una casa y se realiza el trabajo, aunque hay alegría en el sonido del martillo, en el zumbido de la sierra y en el acabado de la madera áspera, también la hay en la quietud cuando se termina. Eso es nirvana. Sin embargo, cuando las energías divinas han salido y después han regresado a la Divinidad y el *pralaya** ha terminado, el eterno deseo de crear surge, y ese deseo es algo intrínseco de la creación.

Se puede decir que te levantas con el sol y recoges en la cosecha. Pero como Hijo de Dios ya no eres una parte inconsciente de todo lo que vive en la forma, pues mediante la evolución espiritual te has convertido en una parte consciente de la vida. Tienes una percepción de todo el universo y sientes tangiblemente al universo dentro de ti al identificarte con Dios.

Por tanto, la vela del ser no se extingue, sino que se produce una intensificación de su llama. Ahora la llama de la sustancia anímica y de la realidad dentro de tu corazón se identifica con el océano de la flamígera identidad de Dios, la identidad real de tu propia poderosa Presencia YO SOY y del Imán del Gran Sol Central. Esta comprensión de Verdadero Yo de uno mismo augura la maravilla de la resurrección y la ascensión.

Al conseguir la entrada a la conciencia de Dios y al hallar en ella una completa liberación de la atracción de los sentidos, llegas a ser plenamente divino. Este permanente estado de nirvana está sujeto, por supuesto, a la voluntad de Dios; pero en este caso tú eres la voluntad de Dios, pues

---

**Pralaya* (sánscrito): La disolución y reabsorción del universo al final de un ciclo. La fase trascendental de la conciencia, la fase pasiva, el período en que toda la manifestación está latente.

te has unido a ella. La comprensión de la propia perfección en el corazón de Dios es el cumplimiento del mandamiento de Jesús: «Sed, pues, vosotros perfectos, como vuestro Padre que está en los cielos es perfecto».[38] Lograr el estado de perfección es posible, independientemente de la opinión humana en sentido contrario, igual que el cielo es la meta de quienes ni siquiera se dan cuenta de lo alto que está...

Quienes logran el nirvana temporalmente, quienes tratan de alcanzar estados espirituales elevados con prácticas de yoga o con los rayos de luz y sonido, deben ser conscientes del hecho de que el único logro que alcanza la plena realización mediante la corona de la ascensión es el que está ligado a una escalera iniciática progresiva. Recordad lo siguiente con relación a lo anterior: los hombres pueden ascender o descender por la escalera con rapidez o a paso de tortuga, pero el hecho es que saltarse cualquiera de los peldaños exigirá un regreso para volver a tomar la lección.

Cada alma alcanza el nirvana de mejor manera cuando el hombre no ascendido acepta, obedeciendo el plan divino, todas las rondas de la experiencia prescritas como un programa establecido por los Maestros Ascendidos.

Entonces, que los hombres entren en nirvana. Que pidan el cese de toda sensación humana. Si quieren, que pongan fin a la vista y el oído individual, apagándolos y encendiéndolos como plazcan; pues quienes se identifican con la realidad no necesitan depender de los sentidos para establecer qué es real. Se habrán convertido en la realidad. El patito feo del yo humano se habrá convertido en el Cisne Divino, el *Paramahansa**. Al nadar en el mar de la espiritualidad y la omnipresencia, es parte de la percepción divina. Percibe cada tormenta y cada onda en el universo de la conciencia humana, pero porta la tranquilidad de las grandes profundidades en el ápice de la conciencia Divina.

No hay necesidad de que el hombre salte para cruzar la distancia iniciática y dejar atrás una parte de sí mismo, una

---

**Paramahansa* (sánscrito): Cisne divino, ser de gran alma.

parte muy importante. Porque, al fin y al cabo, los cuatro cuerpos inferiores que habéis usado son la plataforma sobre la cual habéis ganado experiencia y, por consiguiente, donde habéis hecho evolucionar vuestra individualidad. Ahí se almacenan los átomos de vuestra vida y vuestra devoción, verdaderos universos en acción. Se puede decir que esos sistemas en evolución de vuestro interior esperan vuestra propia resurrección consciente para que los átomos dentro de la órbita de vuestra identidad también puedan ser elevados hasta su libertad.[39]

El traslado de Enoc

Saint Germain nos dice:

Es necesario que consideremos el maravilloso fenómeno que tuvo lugar en la vida de Enoc, «séptimo desde Adán»,[40] que fue trasladado para que no viera la muerte. Porque el miedo a la muerte ha hecho que muchas personas retrocedan para no pasar por este cambio y que deseen conservar la vida para siempre en una forma física. Sin embargo, a menos que el hombre fuera capaz de escapar de las restricciones de la forma finita a voluntad, él mismo consideraría tal estado como una especie de prisión en su avance hacia los progresivos estados cósmicos.

Ahora bien, el traslado de Enoc fue algo distinto a los otros estados de logro que he mencionado, pero tenía un marcado parecido con el estado de nirvana. Enoc implicó tanto su conciencia con la Presencia de Dios, que todas las condiciones exteriores dejaron de tener poder sobre él. Por ello, «caminó, pues, Enoc con Dios, y desapareció, porque le llevó Dios».[41] Eso fue tanto literal como figurado. Porque él se movía en un constante estado de conciencia superior, hasta que los rayos de luz que penetraban en su cuerpo y su forma se intensificaron tanto, en su acción, que lo ocultaron a la vista humana. Así fue trasladado o transformado, y se desvaneció ante los ojos de los hombres.

En períodos posteriores, Apolonio de Tiana y otros realizaron proezas parecidas. Sin embargo, su acción no fue idéntica a la del Maestro Enoc, puesto que algunos (como Apolonio) volvieron a nacer posteriormente. Enoc, después de su traslado, eligió ascender completamente hasta la Divinidad, continuando la acción luminosa de «elevación móvil» que lo llevó hasta su Presencia Divina. Su traslado inicial no fue el ritual de la ascensión propiamente dicho, siendo la ascensión la concesión iniciática más alta que los hombres de la Tierra pueden recibir.[42]

El Gurú supremo y más venerado: la Presencia YO SOY y el Ser Crístico

Todos los Maestros, los instructores y las experiencias tienen el objetivo de llevar a la humanidad a los pies de su gurú. Pero hay que cuidarse de aceptar las proclamaciones de los sedicentes maestros. Porque a menos que se tenga una certeza absoluta sobre las cualificaciones del instructor, siempre existirá la posibilidad de que tal persona, sin saberlo, pueda desviar a sus pupilos. La ruta más segura para encontrar a Dios pasa por la sintonización con la Presencia Divina o la conciencia YO SOY de cada individuo, que se cierne siempre cerca del alma aspirante. (Véase la Gráfica de tu Yo Divino en la página 27).

A través del cordón cristalino, el flujo de la vida llamado «corriente de vida", la energía pulsante proveniente de la Presencia Divina individualizada (YO SOY), desciende hasta los dominios del Ser Crístico de cada individuo, donde este gran Mediador puede traducir a un conocimiento directo los requisitos de cada momento. Así, la instrucción divina puede transmitírsele personalmente a cada aspirante mediante su propio Ser Crístico.

A veces, aquellos que se asocian con maestros no ascendidos tienden a idolatrar a sus gurús. Pero, a menudo, los chelas no son capaces de mantener las opiniones exaltadas que tienen de ellos. Además, están las fuerzas oscuras del planeta, que siempre quieren destruir la fe que los hombres tienen entre sí y que no dudan en utilizar los chismes, las pruebas circunstanciales y los impulsos acumulados de temor y dudas de los estudiantes para derrumbar al ídolo que han forjado. Y así, debido a que la imagen no era el Santísimo, sino un ídolo con que adornar los egos de sus creadores, resulta fácil estrellarla contra el suelo.

El chela desconocedor a veces pone al ídolo del gurú tan por encima de sí mismo, que se vuelve absolutamente necesario derribar la imagen para recobrar un sentido de valía propia e independencia personal. Si tan solo supiera que un líder espiritual verdadero enseña con el ejemplo, que siempre ve al Cristo en sus pupilos y que jamás intenta dominar su vida o sus creencias, no tendría la necesidad de verse envuelto en esta conciencia de sube y baja.

Sabio es el devoto que se protege de tales extremos en el pensar y el sentir. Que se aferre al concepto inmaculado de todos los hombres, tanto ricos como pobres, esclavos y libres, sabios e ignorantes, exaltados y degradados. Entonces no será distanciado de la luz con tanta facilidad por las oscuras flechas de destrucción que con certeza enviarán hacia él ni se convertirá en una víctima decepcionada justo cuando está empezando a reunir una luz mayor en su ser.

Hace mucho, el profeta Jermías predijo que el SEÑOR haría una nueva alianza con la casa de Israel: «Daré mi ley en su mente, y la escribiré en su corazón; y yo seré a ellos por Dios, y ellos me serán por pueblo. Y no enseñará más ninguno a su prójimo, ni ninguno a su hermano, diciendo: Conoce al SEÑOR; porque todos me conocerán, desde el más pequeño de ellos hasta el más grande».[43]

Isaías también vio que llegaría el momento en que «tus maestros nunca más te serán quitados, sino que tus ojos verán a tus maestros. Entonces tus oídos oirán a tus espaldas palabra que diga: Este es el camino, andad por él».[44] En cumplimiento de estos inspirados dichos, la certera palabra de profecía le llega a cada persona desde su Presencia Divina a través de la mediación de su Ser Crístico. Y esta Palabra que forjó el universo iluminará a todos los que hagan caso de la llamada de las alturas.

Guías a lo largo del camino hacia el origen: guardianes del Gurú sagrado

La principal función de los Maestros Ascendidos y no ascendidos es la de ayudar a todos los hombres a desarrollar su propia divinidad latente, pero jamás hacerlo en su lugar. Su propósito es ayudar al alma a restablecer su comunión con Dios, con su llama trina, con la vida, la Verdad y el amor.

En el servicio a la luz que es la vida de los hombres, los Maestros Ascendidos y no ascendidos aportan a las evoluciones de este planeta iluminación, clarificación sobre las leyes de Dios y verificación del antiguo conocimiento que ha sido transmitido de generación en generación (aunque no siempre en su forma original). La valerosa postura que han asumido en defensa de la Verdad (hasta la muerte) ha permitido a muchos que han seguido sus pasos ser conquistadores en el mundo y del mundo.

En el proceso iniciático, en el que la conciencia más evolucionada imparte a la menos evolucionada una parte de sí misma, no existe ni la profanación ni el retraso. Porque, al final, la identidad del maestro bajo el que uno sirve y del que recibe preparación no es tan importante como el hecho de que uno ha llegado a identificarse con Dios y a centrarse en Cristo en la propia manifestación de la conciencia divina.

No importa quién pueda ser el gurú, ya que la Presencia Divina y el Ser Crístico del chela siempre son los que, a través del gurú, imparten la gnosis de sabiduría espiritual una vez que el chela ha comprometido su ser con las disciplinas de la jerarquía.

El Dios y Padre único de todo emplea sus muchas manifestaciones para llevar a Sus hijos por el camino que conduce hasta Él. Algunas veces los buscadores se engañan con el erróneo concepto de que no tienen necesidad de un instructor, ascendido o no ascendido. Los espíritus de la seducción les hacen creer que pueden y deben ir directamente hacia Dios y Su Cristo.

Esta idea no tiene nada de malo, si tan solo funcionara. Pero saltarse la experiencia de los Maestros Ascendidos, que conocen cada paso del camino, es como emprender una expedición en la jungla sin la ayuda de guías nativos. Ignorar las disciplinas de la Hermandad simplemente para afirmar la independencia propia —o incluso debido a un desorientado sentimiento de lealtad hacia Dios— es equivocado. Porque Dios mismo se enorgullece de los Hijos e Hijas de Su corazón, que prestan servicio solo para poder expresar su amor por Él.

Privar a los hombres de la bendición de entregarse al servicio de almas menos evolucionadas o negarse a recibir la ayuda de los seres ascendidos y no ascendidos es negar la entrega del yo al servicio de la vida. Ese es el camino que conduce al nihilismo, porque uno no puede negar a otro sin acabar destruyéndose a sí mismo.

Los que son realmente sabios y humildes están siempre receptivos hacia quienes están bien cualificados en su especialidad y hacia quienes, en los sistemas educativos del mundo, tienen la capacidad de dirigir y alentar a sus estudiantes. De hecho, la corroboración entre eruditos y científicos es un medio de evitar el error repetitivo y la investigación innecesaria.

Solo aceptando los hallazgos de sus predecesores pueden, quienes toman la antorcha del conocimiento, hacer avanzar una rama determinada en una breve vida. A menudo regresan para continuar sus investigaciones en el punto en que las abandonaron en una anterior encarnación.

¿No sería un giro desafortunado de acontecimientos si estos

descubridores rechazaran la plataforma del conocimiento que ellos mismos han construido con su trabajo simplemente porque después se negaron a someterse a la tutela de los que reconocidamente encabezan sus campos especializados? Del mismo modo, ¿no hacen bien los escaladores espirituales en revitalizarse en su viaje quedándose a los pies de los Maestros?

Entre los escaladores solitarios de la montaña ha habido unos pocos que han tenido éxito a solas. Pero muchos se han estrellado contra las rocas de la limitada experiencia personal y han sufrido un retroceso tras otro. Si esos escaladores solitarios abandonaran las cumbres del orgullo y se asociaran con los grupos que ha establecido la jerarquía, recibiendo instrucciones de los Maestros Ascendidos o incluso de un verdadero maestro no ascendido, hallarían su camino de regreso a la casa del Padre con más rapidez y de forma más segura.

El Morya dice que los precipicios de las montañas están llenos de huesos de escaladores solitarios que han querido descubrir los misterios divinos por sí mismos. «Desdeñando la ayuda, despreciando la asistencia del cielo o la de hombres más experimentados, estos individuos avanzan a solas. Los picos abruptos les suponen un reto, y ellos están decididos a enfrentar ese reto».[45]

El papel del orden espiritual consiste, en realidad, en elegir no separarse como un escalador solitario en la montaña, más bien decidir ligarse a ese *sherpa,* a ese guía que te adentra en los Himalayas porque él ya ha estado ahí. Y en lo que respecta al modo y el papel de la Divina búsqueda espiritual, el Maestro es alguien que ya ha recorrido el camino. El Maestro ha visto, el Maestro sabe y el Maestro ha elegido quedarse dentro del precinto del orden mundial por la Hermandad y por la humanidad. Sabios son quienes se establecen en la conciencia de la Hermandad y están dispuestos a recibir ese deber sagrado que por siempre está dedicado a elevar a la humanidad hacia esa imagen Divina natural según la cual fueron creados al principio.

Los hombres también deben poner cuidado en la selección de compañeros en el Sendero, para no mezclarse con las trivialidades de las llanuras. Pero, por otro lado, bien podrían convertirse en instrumentos que atraigan a las almas de buscadores como ellos hacia estribaciones que conduzcan a las cumbres de la maestría sobre uno mismo.

«Para los corrompidos e incrédulos nada les es puro; pues hasta su mente y su conciencia están corrompidas».[46] Sin embargo, la contaminación va en dos direcciones y los verdaderos discípulos que siguen al Cristo no temen estar entre «pecadores» con el fin de poder infectarlos con rectitud. Como dice Santiago: «La sabiduría que es de lo alto es primeramente pura, después pacífica, amable, benigna, llena de misericordia y de buenos frutos, sin incertidumbre ni hipocresía».[47]

Entre los Maestros Ascendidos no hay competencia

Al prestar servicio bajo los Maestros Ascendidos, los hombres se han permitido recibir la mayor ayuda posible en el camino de regreso al origen. Muchos conocen bien al Maestro Ascendido Jesús y al Maestro Ascendido Saint Germain.

Quede claro que, puesto que los Maestros Ascendidos se han unido completamente a Dios mediante el ritual de la ascensión, no existe ni puede existir competencia alguna entre ellos. Porque verdaderamente todos son uno solo, unidos en Dios. Por tanto, es inconcebible la lucha por parte de un Maestro para subvertir a los estudiantes de otro. Los Maestros Ascendidos tampoco generan en ningún momento un sentimiento mutuo de falta de respeto.

Por tanto, aquellas personas u organizaciones que intenten difamar o desmerecer el servicio de uno o más Maestros podrán identificarse con facilidad como portavoces de la falsa jerarquía. Quienes son fieles solo a un Maestro Ascendido y no reconocen la variedad de Seres Ascendidos que representan la conciencia de

Dios con sus múltiples facetas, como piedras preciosas, tan solo consiguen separase del engrandecimiento universal del Cuerpo de Dios que cumple la promesa de Jesús: «De cierto, de cierto os digo: El que en mí cree, las obras que yo hago, él las hará también; y aún mayores hará, porque yo voy al Padre».[48]

Cada corriente de vida que consigue su victoria embellece todo el universo. Al separarse de cualquiera de los Maestros Ascendidos o al hablar despectivamente de él, tal persona se niega a sí misma la bendición del impulso acumulado personal de victoria Divina del Maestro y su manifestación en su propio mundo.

La universalidad es la universalidad; lo incluye todo. La armonía de todos los Maestros de Sabiduría, tanto ascendidos como no ascendidos, es algo hermoso de contemplar. Esta armonía es una sinfonía de unidad que incluye la participación de todos los representantes de Dios sobre este planeta, los cuales componen todo el Espíritu de la Gran Hermandad Blanca.

La existencia de estos Hijos e Hijas de Dios nunca puede rebatirse con la lógica humana. Quienes niegan el plan de Dios solo se niegan a sí mismos la oportunidad de convertirse en ilustres siervos Hijos e Hijas de Dios. Tal como los rayos del sol suavizan la esencia de los fuegos solares que consumirían a los simples mortales, los Hijos e Hijas de Dios templan la luz que ningún hombre puede tocar a no ser que él también se convierta en esa luz.

Siéntanse todos libres de abrir la puerta del corazón al Dios eterno, que se expresa en el victorioso servicio a la vida de todos los Maestros Ascendidos. Ellos son los guías más seguros que alguien pueda tener. Conocen cada paso del camino. Han logrado la maestría sobre la vida y anhelan ayudar al discípulo aspirante a que halle su libertad. Ellos no tienen ningún interés personal, solo sirven a la causa del cielo; y el amor infinito que expresan, lo dan libremente a todas las partes del Cuerpo de Dios en la tierra y en el cielo.

Afortunado es el hombre que puede abrir su corazón a su

propio destino, a su propia realidad y aprender a morar en ella sentándose a los pies de los Maestros Ascendidos. Al utilizar las grandes llamas de la libertad, al obedecer la Ley Cósmica y al prestar rigurosa atención a la guía de los Maestros Ascendidos, el hombre llegará más rápidamente a estar bajo el dominio de su Presencia YO SOY, su gran Yo Divino alado, el imán de amor puro. Este amor lo elevará, sacándolo de la cavidad del pensamiento y sentimiento mortal y llevándolo hacia los reinos imperecederos y no nacidos de adoración infinita hacia el Dios universal.

Sin embargo, una adoración que no sea práctica, que no mejore el servicio que se da al prójimo, no es de ninguna manera digna de las energías propias. Las energías de Dios no solo son para exaltar a Dios en el hombre, sino también para implementar su servicio cósmico más práctico a la vida.

Al seguir los pasos de los grandes Maestros que han caminado por la Tierra llevando la antorcha de la iluminación divina, todos pueden añadir al universo el impulso acumulado de su victoria en la vida, al avanzar en las grandes salas de las galaxias cósmicas hacia esa perfección que apareció en un principio como la Imagen Divina.

La Presencia YO SOY de todos es el Maestro Instructor que mostrará a la incipiente conciencia cómo manifestar la perfección de su identidad divina, tal como lo hizo Jesús. El plan del Creador para todos dicta que cada cual manifieste dentro de sí todo lo que Dios es. Así, se establece en la vida de todas las almas ese orden que es la primera ley del cielo.

Saint Germain nos deja con unas palabras de cierre: «Hemos querido clarificar aquí algunas de las diferencias que existen entre las escuelas de pensamiento en Oriente y Occidente. Hemos querido aliviar la angustia humana producida por quienes creen que existe una gran dicotomía entre las prácticas de los maestros encarnados y las de los Seres Ascendidos. En nuestro deseo de clarificar se ha expresado nuestro amor, pero el camino infinito que se avecina contiene varias ofrendas florales de pensamiento y hermosura espiritual que esperan vuestro descubrimiento. La senda conduce a vuestra poderosa Presencia YO SOY y a vuestra consiguiente ascensión en la luz, igual que nosotros la hemos vivido.[49]

Cuarto capítulo

Jerarquía

Cuando veo tus cielos, obra de tus dedos,
la luna y las estrellas que tú formaste,
digo: ¿Qué es el hombre,
para que tengas de él memoria,
y el hijo del hombre, para que lo visites?
Le has hecho poco menor que los ángeles,
y lo coronaste de gloria y de honra.
Le hiciste señorear sobre las obras de tus manos;
todo lo pusiste debajo de sus pies…
¡Oh, SEÑOR, *Señor nuestro,*
cuán grande es tu nombre en toda la tierra!

SALMOS

Jerarquía

PRIMERA SECCIÓN

Microcosmos y Macrocosmos

Y CONTEMPLÉ EL GRAN ANILLO electrónico de fuego del Sol Central. Vi su superficie como de oro fundido, mezclándose con un azul celeste. El cielo se hizo un mar y, he aquí, el suave brillo como de pálidas rosas rosadas de llama viva burbujeando sobre la superficie de abajo, translúcidas y después transparentes; un núcleo de fuego blanco, que latía y se elevaba y caía con una radiación santa, inundó mi alma. Intenté cubrirme los ojos ante la gloria maravillosa, que yo sabía era la realidad, el infinito y el amor sin fin.

Todo el conocimiento, todo el poder, todo el amor —continuando por siempre sin principio ni fin— estaban ante mí. Y vi la sencillez del hogar, de los amigos, de la familia, de todo lo que alguna vez fue, es o será. Cintas de gloria interconectadas se esparcían desde este gigantesco orbe hacia el espacio, de galaxia en galaxia, de sistema estelar a sistema estelar; y el canto de la música de las esferas conmovía las fibras de mi corazón como un laúd de fuego.

Oí el girar de las aparentemente silenciosas esferas y las tonalidades de los fuegos cósmicos, de mundos muertos y moribundos, mezclados con la nova, lo eternamente nuevo, los hijos del espacio, sistemas interestelares extendiéndose hacia los remotos desiertos donde los ínfimos márgenes se separaban; sin embargo, estaban inmersos en el amor del Centro.[1]

Así es la descripción del centro del universo, desde la perspectiva de un serafín.

El Logos eterno

El hombre, en sus conceptos sobre la naturaleza y el orden natural de las cosas, da mucho por sentado. Sin pensar bien por sí mismo la lógica de la realidad y el funcionamiento del universo, con demasiada prisa acepta las tradiciones que le han transmitido. No cuestiona el milagro del orden cósmico de las estrellas y los planetas, que viajan siguiendo su designado curso llamados por un objetivo desconocido, gobernados por un principio invisible, una mano oculta que es a la vez el Artífice y la infraestructura del inmenso diseño.

¿Dónde y cómo encaja el hombre en un esquema tan audaz que parece reírse de su propio mundo, mota de polvo, dando tumbos con otras motas de polvo?

El Logos eterno, el poder de la Palabra hablada que en el principio de los ciclos dio la Gran Orden, es la clave de la realidad y de la jerarquía. Por tanto, exploremos el origen de la Palabra en Dios y la evolución de su significado para el hombre.

La palabra *lógica* está relacionada con la palabra *logos*, del griego, que significa 'habla', 'palabra' o 'razón'. La antigua filosofía griega consideraba al Logos como el principio que controlaba el universo. *Logos* ha sido definido como «la sabiduría divina manifiesta en la creación, el gobierno y la redención del mundo y se ha identificado a menudo con la segunda persona de la Trinidad [el Cristo]».[2]

Consta en las escrituras que en el principio era el Logos, y el Logos era con Dios, y el Logos era Dios.[3] Este Logos —esta Razón, esta Palabra de Dios— es el poder detrás de todas las manifestaciones físicas. Estas son un fenómeno, la Palabra es noúmeno.

Al llevar la huella de la Mente Divina, este potencial del ser se halla en el corazón del átomo y en el del hombre, haciendo evolucionar ahí las energías creativas con que el Creador ha dotado a cada uno de sus soles siervos.

Consideremos, por tanto, la realidad científica de aquello que yace dentro de los dominios de la naturaleza como una inteligencia inherente. Porque el poder del Logos funciona de forma independiente al hombre y no necesita ayuda de ninguna fuente externa, excepto la Fuente de todo el Ser.

Funcionando dentro de un marco de leyes y ciclos ordenados previamente por la Mente de Dios, dentro del átomo semilla de todo hijo y toda hija de Dios hay una chispa del Logos eterno. Con la estampa del destino ígneo del hombre, el átomo semilla es el receptáculo de la Palabra de Dios que surgió para definir la identidad de cada individuo.

En un universo donde el hombre se puede perder con facilidad entre mundos muertos y moribundos, ¿dónde está esa roca de Verdad sobre la cual él pueda plantar el estandarte de su alma? ¿Dónde está ese cambio inmutable que es el centro de todo el Ser?

El hombre busca lo supremo, que espera no encontrar, porque al encontrarlo, la esperanza de nuevos mundos que conquistar se perdería y con ello, su razón de ser. ¿Cómo puede resolver el conflicto de su deseo de seguridad dentro de la Ley con la necesidad de libertad más allá de sus confines?

Saint Germain explica la maravillosa dualidad de la naturaleza divina y con ello nos da la base de nuestra comprensión de la jerarquía:

> Uno de los grandes misterios relacionados con el concepto de la naturaleza inmutable del ser es que, aunque los aspectos de la Deidad no sufren cambios en el sentido de que no se deterioran, sí sufren un cambio transformador «de gloria en gloria… como por el Espíritu del Señor».[4]
>
> Esto ha de entenderse: Desde el punto de vista humano, las leyes de Dios permanecen intactas y no pueden cambiarse

> tal como se aplican a la condición humana. Al mismo tiempo, la naturaleza misma del infinito es la de trascenderse a sí mismo, elevarse cada vez más en conciencia hacia ese reino de dicha Divina, cuyas vibraciones laten en espirales trasformadoras de percepción divina. Tal como el ojo mortal ve la curva del infinito como una línea recta, las almas no ascendidas perciben la naturaleza trascendente de Dios como inmutable.[5]

Esta semilla de la vida revelará los misterios del universo a todos los que se dejen enseñar la comunión del Espíritu Santo.

Nosotros no proponemos aquí ninguna fe que no sea verificable mediante la ciencia, cuando esa ciencia esté unida a la razón de Dios y dedicada a la demostración de Sus leyes. No proponemos ninguna ciencia que no esté basada en la ley de los ciclos eternos, en la Verdad Cósmica y en esa fe que es «la certeza de lo que se espera, la convicción de lo que no se ve».[6]

En este capítulo revelaremos la relación entre el universo espiritual y el material, que en el pasado no han sido correlacionados ni por científicos ni por adherentes a la religión. Toda la concepción cósmica contenida aquí nos la explicó el Maestro Saint Germain, que también proporciona las gráficas para facilitar una presentación visual de los grandes misterios revelados.

La partícula indivisible

A la luz de lo que los científicos saben del átomo en la actualidad, resulta difícil imaginar que el concepto del átomo como una partícula sólida e indivisible no fuera cuestionado desde el siglo IV a. C. hasta casi el siglo XX d. C. El filósofo griego Demócrito fue el primero en concebir el universo compuesto de innumerables bolas infinitesimales, a las que llamó «atomoi». (*Átomos* es un vocablo griego que significa 'indivisible').

A principios del siglo XIX, las ideas de Demócrito sobre los componentes básicos del universo hallaron su confirmación experimental en la obra de John Dalton, quien realizó esbozos de la estructura molecular y desarrolló la primera tabla de pesos atómicos.

La comprensión científica de la teoría atómica de Dalton comenzó en serio a finales de la década de 1890, cuando J. J. Thomson determinó experimentalmente algunas de las propiedades del electrón, la primera partícula subatómica que se descubrió. Thomson teorizó que los átomos estaban compuestos de un gran número de electrones cargados negativamente (a los que llamó «corpúsculos»), contenidos en un campo positivo de forma esférica.

En 1903, Philipp Lenard propuso la hipótesis de que el átomo estaba compuesto de «dinamids», pares de cargas positivas y negativas que flotan en el espacio. Al año siguiente, Hantaro Nagaoka propuso un modelo atómico como un circuito de electrones girando alrededor de un centro pesado, que él comparó con el planeta Saturno y sus anillos.

En 1911, Ernest Rutherford determinó que la carga positiva de un átomo estaba concentrada en su centro, con los electrones cargados negativamente aglomerándose alrededor del núcleo. Y en 1913, Niels Bohr teorizó que los electrones se movían dentro de capas esféricas bien definidas.

Por tanto, una vez que la comunidad científica cuestionó la teoría del átomo indivisible, solo pasaron quince años antes de que esa teoría se refutara y se descubrieran muchas cosas sobre la estructura interna del átomo. La fe de los antiguos fue reemplazada por los descubrimientos del hombre moderno. Un nuevo mundo de descubrimiento científico se abrió, el cual condujo a la desintegración del átomo en la década de 1930 y la emisión de una enorme energía, una energía que la humanidad puede usar a discreción para desgracia o gloria de la raza.

¡Ojalá quienes se adhieren a la religión enfocaran sus exploraciones del mundo espiritual con la misma objetividad y dedicación que hemos presenciado en los campos científicos!

Si tal fuera el caso, el hombre podría poner a la par sus conceptos del universo espiritual y su comprensión del universo material. Poniendo a un lado el dogma y nuestros miedos al fuego del infierno y la maldición eterna, acerquémonos al trono de gracia con reverencia científica. Únanse la ciencia y la religión como siervas de la salvación ante la Teosofía Divina.

Unidades jerárquicas

Durante muchos siglos, el objeto de adoración de los hombres ha sido el Dios único, una presencia universal que funciona por todo el cosmos para satisfacer las necesidades de Su creación en todos los niveles de la percepción que tiene de Sí mismo. La enseñanza acerca de la jerarquía no rebate esa idea, tan solo le añade el conocimiento de que, dondequiera que esté Dios en el universo, Él se individualiza con el objetivo de una expansión creativa.

En el principio Dios llamó a esta individualización «hombre». El hombre, por tanto, es la unidad básica de la jerarquía y la jerarquía es la progresión ordenada de la individualización de la Llama Divina, desde la más pequeña hasta la más grande expresión del Todopoderoso.

San Pablo entendió el principio de la «división del trabajo» que opera en el viñedo del Padre, que es la base de la jerarquía. Así se lo explicó a los seguidores de Cristo en Corintios:

> Ahora bien, hay diversidad de dones, pero el Espíritu es el mismo.
>
> Y hay diversidad de ministerios, pero el Señor es el mismo.
>
> Y hay diversidad de operaciones, pero Dios, que hace todas las cosas en todos, es el mismo.
>
> Pero a cada uno le es dada la manifestación del Espíritu para provecho. Porque a éste es dada por el Espíritu palabra de sabiduría; a otro, palabra de ciencia según el mismo Espíritu;

> a otro, fe por el mismo Espíritu; y a otro, dones de sanidades por el mismo Espíritu.
>
> A otro, el hacer milagros; a otro, profecía; a otro, discernimiento de espíritus; a otro, diversos géneros de lenguas; y a otro, interpretación de lenguas.
>
> Pero todas estas cosas las hace uno y el mismo Espíritu, repartiendo a cada uno en particular como él quiere.
>
> Porque, así como el cuerpo es uno, y tiene muchos miembros, pero todos los miembros del cuerpo, siendo muchos, son un solo cuerpo, así también Cristo...
>
> Porque el cuerpo no es un solo miembro, sino muchos.[7]

Como Primera Causa, Dios es uno solo; como efecto final, es el todo individualizado. Como aliento de la vida, entra en las facetas de identidad de manera innumerable, una diversidad en la unión tan espléndida, que va más allá del cálculo de las mentes confinadas al tiempo y el espacio; un diseño tan amplio, que las partes pierden de vista su unión y su integración en el todo.

La revelación del concepto de jerarquía es trascendental respecto al cielo, igual que el descubrimiento de la desintegración del átomo lo es respecto a la Tierra. Pero cuando vemos que, de hecho, las dos cosas son el mismo misterio —que la Materia no es nada menos que la disminución de la vibración del Espíritu— resulta del todo lógico suponer que en el mundo invisible encontraríamos un sistema de componentes o cargos jerárquicos tan complejos como los del «simple» átomo.

El átomo no es sólido, como pensó Demócrito, y Dios en toda la maravillosa expresión de Sí mismo no es una simple mónada.

El proceso de razonamiento inductivo, que Saint Germain estableció en su encarnación como Francis Bacon, se ha utilizado para resolver muchos de los enigmas relacionados con el átomo. Apliquemos este método a nuestro estudio de la jerarquía. Yendo de la Materia al Espíritu, miremos —con confianza en el orden supremo de todos los niveles de manifestación consciente de la vida— con la expectativa de hallar un diagrama del cielo que sea tan satisfactorio como la belleza del átomo, si no más.

> Ahora bien, en una época en la que el mundo deambula en un torbellino vertiginoso, la sabiduría de las estrellas lejanas se invoca y las jerarquías celestiales reciben el llamado de los hombres encarnados. Está escrito: «Entonces los hombres comenzaron a invocar el nombre del SEÑOR».[8] La imagen divina como ingrediente santo domina el tejido de la semilla divina y crea las tendencias para el desarrollo de su belleza.[9]

La individualización de la Llama Divina una y otra vez, por los siglos de los siglos, eso es jerarquía. El amor de Dios realizándose a través de la simiente de Abraham, la arena de la orilla del mar, y las estrellas incontables, eso también es jerarquía. La serpiente que se muerde la cola, el yo convirtiéndose en el «no yo»* para que el Yo pueda aparecer, eso es jerarquía.

El hombre percibe a la jerarquía primero cuando se asoma por detrás de las máscaras de los hombres mortales y contempla en su lugar al Cristo en radiante manifestación. La asimilación de la jerarquía comienza con el ritual de la Sagrada Comunión, porque «el que come mi carne y bebe mi sangre, en mí permanece, y yo en él». La asimilación de la jerarquía termina en Cristo, cuyo cuerpo «por vosotros es partido».[10] La división del Logos divino en partículas de luz innumerables y la dispersión del Cuerpo de Luz por todo el cosmos, eso era y es jerarquía.

La jerarquía se compone de puntos de luz, sabiendo quién YO SOY y expandiendo el potencial de ese YO SOY según el diseño. El hombre ama a la jerarquía primero cuando ama al Cristo en todo aquel con quien se encuentra, y su amor aumenta cuando adora el aliento de fuego de Dios que emana como una

---

* *«No yo»,* tal como aparece en este capítulo, se refiere al yo antimateria, anticuerpo, no al yo irreal o yo sintético, como los Maestros Ascendidos se refieren a él habitualmente. (N. del E.)

fragancia de luz del corazón del átomo.

La jerarquía es miles de millones de cúmulos estelares, nebulosas en espiral, galaxias solares, planetas y constelaciones nadando en el mar del amor de Dios. La jerarquía empieza y termina en el corazón del átomo y en el de la Galaxia del Gran Sol Central. El hombre es una unidad jerárquica, tal como cada sol, estrella y sistema de mundos es una unidad jerárquica.

La jerarquía comienza dentro del Cuerpo de Fuego Blanco del Dios Padre-Madre, llamado Sol detrás del sol, cuyo foco de individualización en el corazón del cosmos se mantiene gracias a las llamas creadoras de Alfa y Omega. Se hace referencia a estos Seres Santísimos como el Principio y el Fin,[11] porque la conciencia que tienen de la Divinidad abarca el principio y el fin de los ciclos universales.

Cuando el Espíritu de Dios desea que una parte de sí mismo se exprese en el milagro microcósmico-Macrocósmico, pronuncia la orden: «Sea la luz».[12] Con obediencia, las partículas de energía, átomos luminosos y cuerpos estelares salen disparados del Centro del Ser y entran en órbita alrededor del corazón del Dios Padre-Madre; y hay luz.

Nacen mundos; se inician ciclos; el vacío se llena de remolinos de fuego que están dotados de luz y que dotan de luz, creciendo con la alegría de la Gran Orden. «¡Sea la luz! ¡Sea la luz! ¡Sea la luz!», resuena por los pasillos del cosmos. Los universos se expanden, los soles flamígeros inhalan y exhalan el aliento sagrado. ¡Hay vida! ¡Hay vida! ¡Hay vida! Y en esa vida está el potencial de la renovación eterna. «¡El que no naciere de nuevo, no puede entrar!»,[13] exclama el Mediador de nuestro verdadero ser. «¡YO SOY nacido de nuevo! ¡YO SOY nacido de nuevo! ¡YO SOY nacido de nuevo!», contesta el electrón que ha salido. Y la progresión de espirales infinitas ha vuelto a empezar.

Recordándonos este momento cósmico de la Gran Exhalación, Alfa dice:

> ¡Expandid, pues, nuestra luz sin límites! Aceptad hoy nuestra bendición y sabed que los poderes en el Gran Sol Central no son distintos de los poderes que hay en el sol de vuestro sistema de mundos. Porque existe una duplicación de la luz a partir de nuestra luz que está presente aquí, y la que Helios y Vesta manifiestan es una duplicación de nuestra radiación.
>
> Desde el principio hemos deseado compartir con toda la creación toda la bondad que tenemos y no retener nuestra radiación en absoluto, desde el átomo más pequeño del más pequeño sistema de mundos. Por tanto, el átomo permanente dentro del corazón de cada uno de vosotros es una réplica del átomo cristalino de mi propio Ser.[14]

La salida y la entrada de planetas, soles, sistemas solares y estelares desde el centro de nuestra galaxia es comparable a la emisión de electrones mediante la fisión y la fusión de los átomos. La Tierra en que vivimos es un «electrón» que saltó del corazón del sol en respuesta a la Gran Orden. Nuestro sistema solar es un «átomo», cuyo núcleo salió del centro de nuestra galaxia. Este centro, denominado «la Yod Flamígera», es otro foco donde el Espíritu se convierte en Materia y la Materia en Espíritu mediante el proceso que los científicos describen como transformación nuclear.

La energía emitida en este proceso se llama Logos divino o la Palabra de Dios que «fue hecha carne, y habitó entre nosotros».[15] Este es el Cristo, cuyo ímpetu es el Espíritu Santo.

El Cristo está en el centro de la cruz donde se encuentran el Espíritu y la Materia. El Cristo, como transformador del fuego sagrado, personifica al Espíritu en la Materia y a la Materia en el Espíritu. El Espíritu Santo es la acción de Alfa y Omega dentro del núcleo, es el aspecto del Cristo que no tiene forma, el equivalente invisible de la manifestación visible del Hijo de Dios, cuya semejanza se encuentra en el corazón de un electrón, un planeta, una estrella o un sol.

Si podemos concebir que la Tierra es un electrón que ha salido del centro de nuestro sistema solar, también podemos entender que nuestro sol es un electrón que ha salido del núcleo de la Yod Flamígera. Yendo un pasó más allá, veremos que incluso nuestra galaxia es un electrón que salió del mismísimo centro de la vida junto con miles de millones de otras galaxias que ahora giran en torno al núcleo del cosmos, el mismísimo corazón de la autoexpresión de Dios.

Este centro flamígero del Ser de Dios es llamado con la mayor reverencia «el Eje». El Eje es ese punto del Macrocosmos que recibió el fíat original: «Sea la luz». En ese instante, los poderosos electrones se separaron de los neutrones y entraron en órbita, dejando que los protones mantuvieran el equilibrio en el núcleo. Los neutrones que quedaron intactos son aquellos que están destinados a conservar la conciencia de Dios en el estado sin forma, que los hombres llaman Espíritu, mientras que aquellos que se separaron en protones y electrones están destinados a manifestar la naturaleza de Dios en la forma o en la Materia.*

Este patrón es constante, desde el Gran Sol Central hasta un simple átomo dentro del cuerpo del hombre. Los Maestros nos han dicho que incluso el propio electrón es un sistema tan complejo como lo es todo el átomo.

Al asignar los componentes del átomo a sus cargos jerárquicos, observamos que el neutrón es el foco del Cuerpo de Fuego Blanco dentro del centro o núcleo de fuego blanco. El Cuerpo de Fuego Blanco es el vórtice de luz detrás del núcleo de toda la creación. Es la esfera del Dios Padre-Madre de la cual proceden las polaridades positiva y negativa (denominadas llamas gemelas) de cada expresión monádica de la Divinidad.

---

*A efectos prácticos de nuestra exposición, definiremos la materia como una estructura de electrones que rodean a un núcleo y guardan relación con él en la secuencia espaciotemporal. El tiempo está determinado por la velocidad de rotación del electrón, así como de su velocidad orbital, mientras que el espacio se mide mediante la distancia mantenida entre el electrón y el núcleo.

Tal como existe un número infinito de gotas en el océano del Ser de Dios, existe un número infinito de átomos en el Cuerpo de Dios, al que llamamos Macrocosmos. El núcleo de cada una de estas mónadas contiene, cualitativamente (pero no cuantitativamente), todo el potencial de la Deidad.

Dentro del núcleo hay treinta y tres tipos distintos de partículas junto con una miríada de partículas de vida mucho más corta, llamadas resonancias. Las más importantes de estas partículas son el neutrón, el protón, el neutrino y el pion. Los neutrones representan las manifestaciones completas de la Deidad, cuyos componentes en ese ciclo determinado han elegido no separarse con el fin de expandirse en el mundo de la forma.

Del neutrón procede el protón (la Presencia YO SOY) y el electrón (el yo inferior). El neutrino representa el Ser Crístico y el pion representa el Espíritu Santo.

Los protones, representando el aspecto del Padre o la Presencia YO SOY, son las partículas cargadas positivamente que permanecen en el núcleo para mantener el foco de esa parte de la Deidad que ha salido a la forma. A su vez, los electrones (las partículas cargadas negativamente) mantienen el equilibrio por los protones en el mundo de tiempo y espacio; ellos representan el aspecto Madre de Dios.

Los protones conservan la imagen de la perfección en el mundo del Espíritu para que los electrones puedan cumplir su destino en la Materia. Aunque la Presencia de Dios representada en el protón es andrógina, con relación al electrón negativo el protón es el polo positivo. A través de la polaridad establecida cuando el electrón se separa del centro, la abundancia de la Divinidad aumenta.

Los aspectos masculino y femenino de la Deidad también se encuentran dentro de la polaridad negativa del electrón. El movimiento giratorio de algunos electrones es «más» y el de otros es «menos». Estos corresponden a las llamas gemelas que han elegido entrar en el mundo de la forma simultáneamente.

Representando las polaridades masculina y femenina de la Deidad, los dos están en el polo negativo porque están en el mundo de la forma, pero conservan una polaridad mutuamente opuesta.

Cuando los electrones han terminado su ronda en el mundo de la forma, regresan al centro del átomo. La reunión del electrón con el protón produce el neutrón o la manifestación de la naturaleza andrógina de la Divinidad. En este regreso del electrón a su origen se cumple la profecía: «Lo que tú siembras [el electrón] no se vivifica [no se hace pleno], si no muere antes [a menos que regrese al protón]».[16]

El núcleo de todo átomo, planeta, sol, estrella o galaxia tiene el mismo diseño básico, llamado núcleo de fuego blanco. No es ni Materia ni Espíritu, sino la esencia de los dos. Es el foco de Dios en los planos del Espíritu y la Materia; de Dios que por siempre se trasciende a Sí mismo cuando las transformaciones alquímicas entre el Espíritu y la Materia se producen.

Esa esencia que no es ni Materia ni Espíritu se llama «fuego». Fuego (y cada sol flamígero que ha salido del corazón de Dios) es el puente entre la Materia y el Espíritu. El fuego quizá se describa mejor como Espíritu-Materia fluyente. (Nos han mostrado la acción del flujo como el continuo movimiento de los electrones desde el corazón del sol y hacia él, manteniendo las permanentes creaciones de Dios). Los científicos se refieren al fuego como plasma, que se define como núcleos carentes de sus electrones. Así, tanto los núcleos como los electrones se encuentran en un estado fluido.

La Materia, pues, se considera como un estado en el que los electrones están restringidos en órbita alrededor de núcleos solares en un patrón estable. Lo que llamamos Espíritu tiene el mismo patrón, pero a una frecuencia mucho mayor y en una dimensión que está en polaridad con la Materia, por consiguiente, invisible a quienes viven en ella.

Los núcleos que han sido privados de sus electrones no entran en la categoría de materia densa. Faltándoles la carga negativa del electrón, tales núcleos no se forman como Materia. Los núcleos que han sido privados de sus electrones representan el aspecto positivo de la Deidad o «Espíritu sin forma». Los electrones deambulantes, desligados de los núcleos, representan el aspecto negativo de la Deidad o «Materia sin forma». Debido a que esos electrones están desligados y fluyen con libertad, no podemos decir que el fuego sea «Materia con forma», sino que es «Materia sin forma».

El fuego natural tiene una finalidad en el mundo de la forma paralela a la acción del fuego sagrado. El fuego natural descompone la matriz de la sustancia al calentar las moléculas del combustible hasta el punto en que los electrones dejan de estar ligados al núcleo. Esto produce un plasma (una llama) y reduce los componentes a una forma más simple. De modo parecido, el fuego sagrado elimina la matriz humana sobrepuesta a la energía de Dios y devuelve esa energía al Cuerpo Causal en su estado primordial o purificado.

Hidrógeno, helio y el Espíritu Santo

El hidrógeno es el primer elemento que se forma en la transición de Espíritu a Materia. Este gas se encuentra en abundancia por toda la galaxia como la primera disminución en vibración a partir del núcleo de fuego blanco. El sol y las estrellas son casi hidrógeno puro. Siendo muy inflamable, el hidrógeno es el elemento menos denso (es decir, el más cercano al Espíritu), poseyendo solo un electrón que gira alrededor de su núcleo y un protón en el centro.

Los átomos de hidrógeno buscan unirse en moléculas de dos átomos, porque cada electrón busca su otra mitad, tal como las llamas gemelas se atraen mutuamente. (Los componentes de los átomos no poseen una identidad individual como el hombre, por tanto, los electrones pueden reunirse con cualquier protón o entrar en la capa orbital de cualquier átomo capaz de aceptarlos).

Este deseo de integridad, que da como resultado la formación de moléculas, se observa en todos los átomos cuya capa exterior no está completa.

El átomo de helio, que tiene dos protones, dos neutrones y dos electrones, es el siguiente en formarse en la cadena de la materialización. (Los científicos dicen que la intensa luz del sol es el fuego producido por la conversión nuclear de hidrógeno en helio). Este átomo demuestra el principio de unión de las llamas gemelas. En la primera capa del átomo de helio hay dos electrones, uno que gira en sentido positivo y otro que lo hace en sentido negativo. Estos electrones son comparables a las llamas gemelas que surgen de la Presencia YO SOY en el núcleo, cada uno de los gemelos (cada electrón) poseyendo su propia Presencia Divina (el protón).

Cualquier átomo como el del helio, cuyas capas de electrones estén completas (lo cual quiere decir que las órbitas contienen el máximo número de electrones), no se combina de forma natural con otros átomos. Esto se debe a que los electrones van en pares, girando uno en sentido positivo y otro en sentido negativo. Por tanto, los electrones no buscan unirse a los de otro átomo para completar el par. Con su patrón completo, solo han de reunir la suficiente luz del Cristo para regresar al núcleo. Esta reunión se acelera cuando se activa la velocidad de los electrones en sus órbitas y cuando se maximiza su rotación individual.

El motivo por el que los dos electrones del átomo de helio con una rotación positiva y negativa no se unen mientras están en órbita, es que no han magnetizado suficiente luz Crística, cuyo ímpetu o fuerza de enlace es el Espíritu Santo. Cuando magnetizan una cantidad suficiente del Cristo, primero atraen a sus partículas de antimateria y luego regresan a los protones y, simultáneamente, se unen entre sí.

Por tanto, este es el propósito de la materialización, ya se trate de electrones gemelos o de llamas gemelas: reunir esa cantidad de luz Crística mediante la rotación (experiencia en la forma), necesaria para producir el matrimonio alquímico entre el yo inferior (el electrón) y el Yo Superior (el protón).

Cuando tiene lugar una transformación nuclear, como a) cuando los electrones salen del núcleo o regresan a él o b) cuando se produce una fusión o fisión de átomos, ocurre una emisión de luz Crística, que los científicos llaman energía de enlace. Esta energía es una parte necesaria de la transformación nuclear (tanto si se trata de una emisión como de una absorción de la energía) y sin ella las transformaciones no pueden producirse.

Tanto si la energía de Dios va del Espíritu a la Materia como si va de regreso de la Materia al Espíritu, la luz Crística es el agente necesario para su transformación. Tanto si el propósito del Creador es materializar o desmaterializar, el poder del Logos —la Palabra de Dios, el Unigénito— permanece como Mediador entre lo formado y lo no formado.

Este Cristo es el fuego de Atón, el Dios único venerado por Akenatón y reconocido como el fuego del átomo por quienes han entrado en contacto, científicamente, con la sagrada esencia de la vida.

Durante muchos años los científicos han hecho la pregunta esencial: «¿Qué hace que las partículas del núcleo permanezcan unidas? ¿Por qué sus cargas positivas, que se repelen mutuamente, no hacen que se separen saliendo disparadas?». La búsqueda de una explicación mecánica a un noúmeno espiritual no ha quedado sin fruto, pero la maestría tanto de la masa como de la energía solo podrá llegar cuando se descubra la relación entre el fenómeno material y la causa espiritual.

En realidad, lo que mantiene íntegro al núcleo del átomo es el Espíritu Santo. El Espíritu Santo es el poder detrás del átomo que une las energías de Alga y Omega. Es el poder detrás del enorme potencial del átomo y es responsable de la emisión de la luz Crística que acontece en la fisión y en la fusión. Es de hecho el poder cohesivo del hombre y el universo, y lo llena todo en la vida. Porque sin él nada dentro del Huevo Cósmico tendría orientación, integración u organización. Las partículas que concentran esta gran energía nos eluden y son efímeras, porque la carga del Espíritu Santo es tan poderosa que la forma no puede contenerla. Se disuelven y dan vida a nuevas formas que asumen su función, la de mantener la llama de la vida durante un breve período.

Antimateria y la ascensión de los electrones nobles

Aquello que los científicos denominan antimateria juega un papel importante en la ascensión de los electrones y de los hijos de Dios. La antimateria es el patrón opuesto a la Materia tal como se lo vería en un espejo. Es la relación del yo con el no-yo, «yo y mi sombra». Es un campo magnético* en polaridad con la Materia. La antimateria es el reflejo de lo que desciende a la forma. No es ni Espíritu ni Materia, sino un esbozo en los éteres de aquello a lo que se le ha ordenado expandir el poder del Logos en los planos de la Materia.

Cada cuerpo luminoso exteriorizado en la forma tiene un «anticuerpo». Como una sombra que siempre está ahí, pero que solo se percibe en contraste con la luz, el anticuerpo es característico de todos los cuerpos que han salido del Núcleo de Fuego Blanco del Ser. La historia de Peter Pan, que pierde su sombra y vuelve para encontrarla, ilustra el hecho de que ninguna manifestación en la Materia está completa sin su antimateria.

Cuando la razón de ser del descenso del Espíritu a la Materia se cumple (es decir, cuando la evolución de las partículas ha dado como resultado su expansión hasta el límite de su potencial preestablecido), las partículas de Materia conservan un magnetismo idéntico al que poseen sus anticuerpos. En el momento

---

*Algunos de los términos que se utilizan pudieran tener un significado esotérico que difiere del que le da la física. Los Mensajeros afrontan la dificultad de expresar verdades espirituales y físicas que los científicos aún no han descubierto y, por tanto, no disponen de las palabras idóneas para ello. (N. del E.)

de congruencia, se alcanza la polaridad y las unas se abalanzan hacia las otras, anulándose mutuamente al entrar en contacto.

El estallido de energía que se observa cuando un electrón y un positrón (la partícula de antimateria correspondiente) se unen es la ganancia neta de esa ronda determinada de manifestación. Esta es la «cosecha de la luz» que asciende al Cuerpo Causal como el rendimiento del manvantara atómico. La congruencia, por tanto, es la clave de la ascensión o el regreso al Núcleo de Fuego Blanco. Es la clave de la transformación de la Materia en Espíritu y del Espíritu en Materia.

Cada una de las treinta y tres partículas de los núcleos atómicos tiene una antipartícula. Estos treinta y tres componentes dentro del átomo representan las treinta y tres iniciaciones o planos de la conciencia de Dios a través de las cuales ha de pasar la Mónada al salir y regresar al Eje de la Vida.

La ascensión del electrón tiene lugar solo cuando las treinta y tres partículas han cumplido su destino en la forma al reunir la luz necesaria para la congruencia con la imagen semilla que hay en las antipartículas.

Materia y antimateria no pueden unirse hasta que se termine su ciclo en la forma (a no ser que, claro está, su unión sea inducida durante un experimento científico). Así, la unión del electrón y el positrón bajo condiciones naturales acontece al mismo tiempo que las treinta y tres partículas chocan con sus anticuerpos, regresando al centro del átomo y después ascendiendo al Cuerpo de Fuego Blanco. (Véase la figura 2).

La emisión de energía que se produce cuando las partículas se encuentran con sus antipartículas es la conversión de la Materia en Espíritu, a lo cual llamamos ascensión. La conversión de Materia en Espíritu ocurre mediante el ritual de la sublimación.[17] Esta emisión de energía es un ejemplo de la conversión de masa en energía descrita por la ecuación de Einstein $E=mc^2$ (la energía es igual a la masa multiplicada por la velocidad de la luz al cuadrado). La masa o peso atómico es igual al poder del

FIGURA 2: La evolución e involución de la Materia.

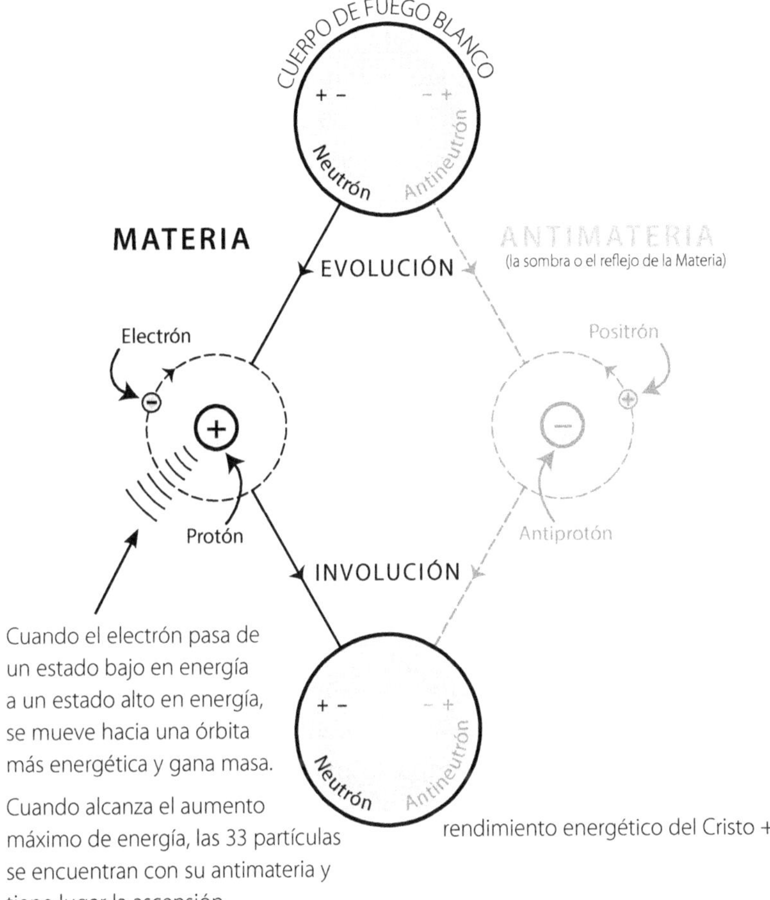

Logos que en un principio infundió en el átomo el potencial de su ciclo creativo.

El potencial de ionización es la máxima energía que un electrón puede obtener sin perder su identidad (su lazo con el núcleo). Es la máxima multiplicación posible de los talentos que Dios ha puesto en la masa.

En el hombre, la multiplicación se produce gracias al uso inteligente del libre albedrío. En el nivel atómico, ocurre de forma automática mediante la acción de las partículas dentro del marco de leyes y ciclos preordenados. El rendimiento energético cuando un átomo de la Materia asciende (cuando se une al Espíritu) siempre es mayor que aquel que se utilizó originalmente para crear al átomo. De otro modo la creación no tendría propósito, el universo no se expandiría y Dios y el hombre no estarían constantemente trascendiendo su estado anterior.

El vientre del Macrocosmos es un campo energético cósmico lleno de la esencia del Espíritu Santo. Es un mar de éter en el cual la Materia, como un remolino de energía en movimiento, está suspendida. Las partículas del átomo son proyecciones del Espíritu o la luz en este éter. La circunstancia de estas partículas —su vida y movimiento en el éter, conocido como tiempo y espacio— produce el efecto que vemos y tocamos llamado Materia. Por tanto, el remolino de la Materia no es más que la coordenada de las partículas luminosas proyectadas en el éter del Espíritu Santo.

Las energías reunidas por el electrón en su giro orbital son las energías del Espíritu Santo, la esencia universal en la cual toda la vida (tanto Espíritu como Materia) está suspendida. Cuando el hombre la cualifica mal, en vez de ser magnetizada hacia el electrón como un impulso en aceleración de poder Crístico, esa esencia se aloja entre los electrones como esa densidad, esa sustancia de pecado que impide la realización del plan de la vida de hombres y electrones. Así, todos los pecados, técnicamente hablando, son un pecado contra el Espíritu Santo.[18]

Mientras que el protón representa la Presencia YO SOY, el núcleo, tomado como un todo, representa el Cuerpo Causal y el electrón representa el cuerpo físico. En el hombre, el cuerpo físico es el templo de la Presencia Divina viva, el cuerpo etérico es la funda del Espíritu Santo, el cuerpo mental es el instrumento del Cristo y el cuerpo emocional es el campo energético de la Madre del Mundo.

Todo lo que vemos del hombre en la dimensión del tiempo y el espacio es el aspecto físico. De igual modo, también vemos solo la "cuarta parte" física del átomo. Planetas, soles y estrellas tienen todos ellos fundas etéricas, mentales y emocionales. Estas no han de descartarse en nuestros intentos de descifrar los misterios del hombre y el universo de átomos a todo nuestro alrededor.

La perspectiva dual de la Materia como partículas y como ondas también debe considerarse. Todo hijo de Dios —toda partícula de la totalidad que ha salido del Núcleo de Fuego Blanco del Gran Sol Central— emite luz debido a la naturaleza de su origen en la luz, la fuente eterna del Ser. Al emitir luz, crea ondas a su paso a través de la esencia del Espíritu Santo que llena el Macrocosmos. En su órbita alrededor del núcleo del átomo, observamos al átomo como partícula y como onda. El hombre también es un punto de luz que emite luz, y las estrellas que brillan son soles de rectitud animados por Hijos de Dios.

Mientras que Dios se expande a través de los planos del Espíritu y la Materia, el hombre se expande a través de los focos del Espíritu en la Materia. Por tanto, Dios creó los universos «espíritu-materiales» mediante los cuales los ciclos de la creación pudieran exteriorizarse, primero como «Espíritu sin forma» (fuego), luego como «Espíritu con forma» (aire), luego como «Materia sin forma» (agua) y finalmente como «Materia con forma» (tierra). (Véase la figura 3).

El aumento de la velocidad del electrón y de su tasa de giro se logra mediante la evolución espiritual o a través de la aplicación de la corriente de la ascensión sobre los electrones. Por Ley Cósmica, todo el poder de esta corriente solo se puede aplicar a aquellas partículas de la creación que ya han atraído suficiente cantidad del Cristo para conservar su identidad cuando se reúnan primero con sus anticuerpos y luego con el centro del Ser.

Los seres no ascendidos pueden invocar la llama de la ascensión, pero esta nunca se emite desde la Divinidad en mayor medida de la que puede ser absorbida sin peligro. La intensidad del foco de la llama de la ascensión protegido por los serafines

FIGURA 3: Exteriorización de los ciclos de la creación. (Génesis 1:3-10)

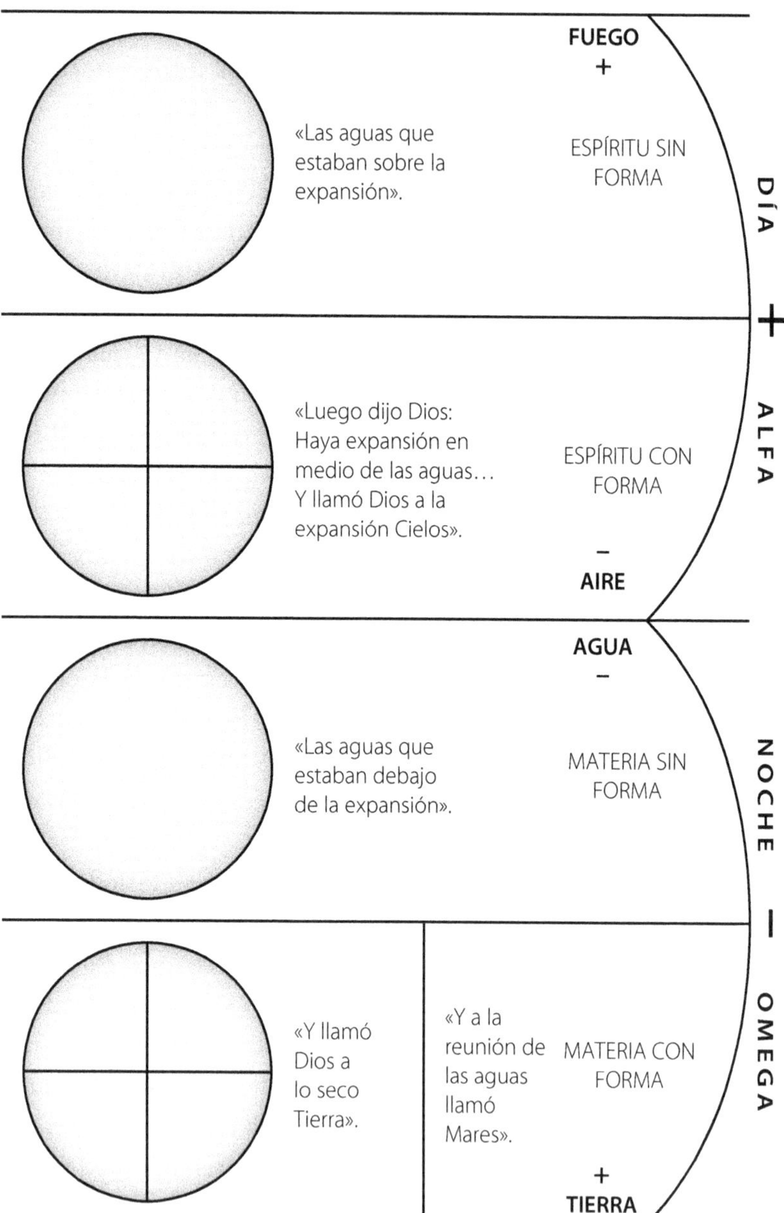

en el retiro de Lúxor es suficientemente grande como para desintegrar cualquier forma.

Por consiguiente, solo quienes se hayan ganado la ascensión tienen permiso de subirse al estrado de la sala de la llama. Si alguien que no estuviera preparado para la reunión con su Presencia Divina entrara en contacto directo con este poderoso foco, quedaría instantáneamente disuelto. Este es un motivo más por el cual el hombre no debe intentar reproducir la ascensión mediante medios mecánicos.

La función de la corriente de la ascensión es la de acelerar el electrón y todas las partículas dentro del núcleo hasta el punto de congruencia con sus anticuerpos. Cuando las treinta y tres partículas se unen a sus anticuerpos, simbolizando el término de las treinta y tres iniciaciones alquímicas a través de las cuales debe pasar el alma, ascienden al Cuerpo de Fuego Blanco.

Este fenómeno lo contemplaron quienes presenciaron la desaparición de Jesús en una nube de gloria.[19] Jesús era el electrón que apareció del corazón del núcleo de la Presencia YO SOY. Dejando atrás al protón, descendió al mundo de la forma mediante el poder del Logos eterno.

Al haber cumplido su misión en la Tierra, Jesús alcanzó la congruencia con su imagen reflejada. El campo energético que lo mantenía atado a la Tierra y separado de su «no yo»*, por tanto, se disolvió. En el momento de la congruencia, desapareció de la vista de los hombres mortales. Jesús demostró la ascensión al corazón del átomo, la Presencia YO SOY, donde se conserva su identidad permanente para siempre.

Cuando el electrón sale del corazón del átomo, cuando el hombre desciende a hacer la voluntad de Dios, viene a la velocidad de la luz, destinado a multiplicar los talentos de Dios en el mundo de la forma haciendo la cuadratura del círculo, haciendo práctico el triple aspecto de la llama trina de la conciencia

*Véase nota, pág. 186.

Crística mediante la implementación de los cuatro elementos.

Cuando llega la hora de su regreso al Espíritu, el hombre asciende con la acción del poder Crístico, el ímpetu de la velocidad de la luz al cuadrado. Sin ese ímpetu, la desmaterialización no puede tener lugar.

El proceso de desmaterialización solo ha sido observado como un efecto de la materia y de la antimateria chocando para una aniquilación mutua. Esto es todo lo que los científicos pueden observar porque ellos también son «electrones» en el mundo del efecto. La causa detrás de este fenómeno no lo ve nadie, excepto el «científico vidente», cuyas exploraciones en la Materia son solo el principio de sus investigaciones del mundo espiritual. Estas investigaciones algún día lo conducirán hacia toda la Verdad, si tan solo él lo permite.

Sí, hay antiplanetas, antisoles y antigalaxias, ¡e incluso un anticosmos! Pero siempre que haya un campo magnético, esos anticuerpos no chocarán con sus cuerpos correspondientes. Este campo magnético existe hasta que el electrón o el cuerpo luminoso completa su razón de ser en los planos de la Materia.

Si recordamos que el propósito de la materialización del Espíritu es la expansión y el desarrollo del potencial del Logos, no nos afligiremos cuando la Materia y el Espíritu se unan al final de un ciclo. En cambio, nos regocijaremos, porque el regreso solo puede tener lugar cuando el electrón ha perfeccionado todas las fases de su existencia y ha cumplido su papel de expresión en los planos de la conciencia de Dios.

El canto del átomo

El excelente nombre de Dios, ¡YO SOY, está realmente manifestado en toda la Tierra![20]

Oigamos el canto del átomo. Es el murmullo de los electrones en sus órbitas, respondiendo a la nota clave enviada desde los protones en el núcleo. El protón (la Presencia Divina) pronuncia el «YO» (o el «ojo»)* y el «SOY» es la respuesta del electrón, su extensión en la forma. A través de las grandes distancias dentro del átomo, el canto de amor cósmico resuena: «YO... SOY, YO... SOY, YO... SOY».

Es la entonación del nombre de Dios a la velocidad de la luz lo que mantiene el campo energético del átomo, magnetizando el poder del interior para cumplir el destino en el exterior. Cuando la carga emitida por el poder de la Palabra hablada alcanza cierta intensidad, el electrón atrae un impulso acumulado de la luz Crística suficiente, que hace que se una al positrón y regrese al centro del corazón flamígero del Ser.

Los neutrones del centro del núcleo también repiten el nombre de Dios. Pero al estar plenos, el suyo es el canto del Gran Amén (el AUM), que significa: «Somos uno... somos uno... somos uno». Por tanto, las meditaciones que tienen la finalidad de atraer el potencial creativo de la Divinidad hacia el «Espíritu con forma» y la «Materia con forma» contienen por necesidad la afirmación «YO SOY», mientras que las meditaciones utilizadas para el ciclo de regreso, primero a la «Materia sin forma» y después al «Espíritu sin forma», se concentran en el AUM (OM).

En este momento de la historia cósmica, la jerarquía nos ha dicho que pongamos énfasis en el uso del «YO SOY» con el fin de traer a la manifestación en la tierra el reino de Dios, la era de oro, desde los planos del «Espíritu con forma» a los planos de la «Materia con forma». El AUM se puede utilizar antes de hacer los decretos en las meditaciones personales para establecer ese contacto con el centro del Ser que es necesario para atraer los fuegos del átomo. Cada período de meditación representa así un ciclo de energías desde la Presencia Divina y hacia ella.

El AUM se entona para enviar amor y devoción al Todopoderoso, antes de la emisión de los ciclos desde el Gran YO SOY. Con la tonalidad del AUM la conciencia asciende al Eje como

---

*En inglés, *yo* y *ojo* se pronuncian igual. (N. del T.)

preparación para esas invocaciones dinámicas «YO SOY» tan necesarias para efectuar cambios en los mundos que aún se encuentran en un estado de devenir.

Causa y efecto en el Espíritu y en la Materia

Los elementos químicos naturales que se encuentran en el universo físico son las materializaciones de las 144 llamas de Dios. El Maha Chohán, representante del Espíritu Santo para las evoluciones de la Tierra, nos ha dicho que el oxígeno es una condensación de la llama del Espíritu Santo. Sin el Espíritu Santo, que es el Aliento de Fuego de Dios, el hombre no puede vivir ni puede continuar la vida. Lo mismo ocurre con el oxígeno.

Existe al menos un elemento correspondiente a cada una de las 144 llamas de Dios que salen de los siete rayos. Los físicos, al trabajar mano a mano con los Maestros Ascendidos en su universidad, descubrirán la correlación de los elementos con las llamas de Dios. Llegará el día en que no habrá límites para los experimentos alquímicos que se realizarán, emitiendo poderes Crísticos que no se han visto en este planeta desde las primeras tres eras de oro.

Uno de los descubrimientos más importantes que ha de realizarse es el verdadero funcionamiento de la ley de causa y efecto. Mientras que los científicos han distinguido muchas relaciones causales en el plano físico, la mayoría aún no ha observado las relaciones causales que existen dentro de los otros planos, y entre los otros planos, de la manifestación consciente de Dios y las Cuatro Fuerzas Cósmicas. Las investigaciones del futuro revelarán ciertos puntos o espirales en cada plano, donde la secuencia de causa y efecto trasciende las fronteras del plano y continúa hacia el plano siguiente y a través de él.

Todo el proceso de precipitación está basado en este conocimiento de la ley de causa y efecto. Cuando los científicos sean capaces de producir su «primera causa» en el reino del Espíritu y después hacerla descender por la gama de vibración etérica, mental, astral y física, habrán hallado la clave de la manifestación universal.

El papel del científico espiritual, por tanto, es el de establecer una relación entre la relación causa-efecto en cada uno de los cuatro planos. Cuando dominen este arte y los cuatro rituales sagrados de creación, preservación, desintegración y sublimación,[21] sus creaciones estarán dotadas de inmortalidad. Siempre que los hombres intenten crear solo en el plano físico o se nieguen a reconocer el orden natural de la precipitación, estarán ignorando las leyes de Dios; y descubrirán que sus esfuerzos están sujetos a la descomposición.

Llegados a este punto, convendría que reiteráramos la advertencia de la jerarquía de que «la simple mecánica no es el requisito primordial en el conocimiento de Dios, sino que el puro poder del amor es la percepción del Infinito».[22]

Todos aquellos que emprendan el estudio de las ciencias sagradas han de recordar que el reino del cielo no se puede tomar por la fuerza, los secretos del universo no se pueden dominar mecánicamente ni los misterios de la vida pueden ser sometidos a una aplicación repetitiva y rutinaria. La entrega total del yo inferior al Yo Superior, así como una completa identificación con la Divinidad, constituyen el único medio por el cual el hombre puede hallar la Verdad que lo hará libre.

En todos los campos existe el peligro de tratar de dar una explicación mecánica a las funciones espirituales que se originan más allá de los planos de la Materia. Debemos estar preparados para aceptar las limitaciones inherentes a nuestro marco de referencia. Hay dimensiones —por tanto, procesos— que existen como Espíritu puro a las que jamás podremos dar una explicación hasta que formemos parte de ese mundo. Sin embargo, podemos ser beneficiarios de la luz emitida en esos procesos espirituales, sea cual sea nuestro nivel de percepción consciente.

La causa secundaria observada en el plano del efecto puede

descubrirse, por supuesto. Pero la Causa suprema detrás de las relaciones inferiores causa-efecto que experimentamos no se pueden conocer completamente hasta que nos elevemos a esa Causa y lleguemos a formar parte de ella.

El papel del profeta es abrir camino para nuevos descubrimientos en todos los campos. Tenemos la esperanza de que lo que proponemos en este capítulo ofrezca claves que los científicos preparados puedan utilizar para seguir avanzando en sus respectivos campos y abrir nuevas avenidas del descubrimiento para bendición de la humanidad.

Piedras en el arca sagrada

Con las emanaciones de la vida desde el Gran Sol Central hasta la periferia de la existencia infinita-finita llegan las individualizaciones de la inteligencia universal en el orden jerárquico: Seres Cósmicos, huestes angélicas, Soles siervos interplanetarios e intergalácticos, Maestros Ascendidos y fases elementales de la vida que representan las Cuatro Fuerzas Cósmicas.*

Apareciendo para realizar su obra perfecta están estas partículas del gran átomo al que llamamos universo y de la galaxia que es nuestro hogar. Al funcionar por todo el cosmos, estos átomos del Cuerpo de Dios son, ante todo, la manifestación del orden, ya que el orden es la primera ley del cielo.

La jerarquía es el arca sagrada de seres espirituales que sirven bajo la Deidad. Ellos actúan como transmisores y transformadores de la voluntad de Dios hacia los múltiples planos de existencia, desde el más alto al más bajo y desde el más bajo al más alto, desde el Espíritu a la Materia y desde la Materia al Espíritu. Tal como en todos los países hay un gobierno respon-

*La referencia a los cuatro seres vivientes a partir de Apocalipsis 4:6 es la simbología utilizada para las Cuatro Fuerzas Cósmicas y su representación en todos los niveles de la jerarquía, incluyendo los cuatro cuerpos inferiores del hombre.

sable de llevar los asuntos de Estado, todos los representantes de la jerarquía tienen y sustentan la parte de la conciencia de Dios que abarca su cargo y responsabilidad específica.

En el hombre observamos un gobierno que organiza y dirige las funciones del cuerpo físico. Y en el núcleo del átomo observamos el gobierno del más fantástico sistema de energía jamás ideado. También existe un gobierno detrás del orden natural. En su mayor parte invisible para los hombres, pero con la responsabilidad que Dios les ha dado de administrar las cosas para toda la vida, los cargos de este gobierno celestial (jerarquía) son tan necesarios para la función del Macrocosmos como las partículas lo son para la función del microcosmos.

Tal como un hombre en el centro de una luz brillante no distingue los objetos que hay en ella hasta que se acostumbra a la intensidad, el hombre que vive en medio de las maravillas de la jerarquía no percibe esos componentes de la existencia hasta que ajusta las lentes de su conciencia a un nivel más elevado. Al invocar el Espíritu de Dios, el hombre puede penetrar el velo y percibir a estos siervos de Dios, que han colocado en las manifestaciones más densas del mundo microcósmico focos de inteligencia divina cargados con las responsabilidades de gobernar el reino de la naturaleza.

El libre albedrío, dentro de las fronteras de las leyes de Dios, dan espontaneidad a la jerarquía en todos los niveles de manifestación. Sin el libre albedrío no habría jerarquía, porque esta se fundamenta en el libre albedrío: el libre albedrío de Dios reflejado en el libre albedrío de sus hijos e hijas. El libre albedrío es el alma de la creatividad. Es la alegría y el entusiasmo que hacen que la vida sea entrañable y esté llena de esperanza en el universo de la conciencia de Dios que por siempre está trascendiéndose a sí misma.

Las evoluciones de la Materia reflejan las del Espíritu. En el Macrocosmos, individuos Crísticos ordenados por Dios administran libremente Sus leyes de la energía. Y en el microcosmos, los poderosos electrones (soles de llama) tienen un libre albedrío propio, que les dan la capacidad de funcionar dentro de un marco de ley y orden que da propósito a su existencia.* Al reflejar la alegría de esta libertad cósmica, Saint Germain ha parafraseado a Sir Walter Scott: «Ahí respira el hombre, con el alma tan muerta, que nunca se dijo, ¡este es mi universo natal!».

La creatividad divina entregada al mundo

La jerarquía tiene como propósito supremo el hacer que los patrones de luz y los rayos cósmicos emitidos desde la fuente del Ser de Dios y Su conciencia sean fácilmente asimilables por todas las partes de la vida, sin importar cuál sea su nivel de conciencia.

Puesto que la mónada humana, que existe como hombre natural sin el uso correcto de sus facultades espirituales, no actúa con la percepción de las octavas superiores de la vida, el hombre apenas entra en contacto directo con la jerarquía espiritual. Sin embargo, muchos de los pensadores avanzados del mundo a veces se encuentran cara a cara con la conciencia de uno o más de estos grandes seres, lo cual da como resultado el desarrollo de muchas ideas creativas e invenciones ingeniosas consideradas como muy avanzadas para su época.

En efecto, a veces pasan cincuenta años o más antes de que la entrega de la Hermandad a un dedicado científico llegue a conocimiento del mundo. Estas piedras vivas del templo mayor de la vida proporcionan el ímpetu cósmico de la inteligencia y el poder de Dios, junto con la cualidad del amor interno, que lo

---

*El concepto del electrón con libre albedrío está reflejado en la teoría científica. La mayoría de los científicos ha abandonado la perspectiva clásica que considera la materia como partículas, cuyos movimientos exactos se pueden conocer y predecir con certeza. A través de la mecánica cuántica ven la materia como ondas de «probabilidad»; la probabilidad creciente o decreciente de que una partícula esté en un lugar determinado en un momento dado. La cresta de las ondas que rodean el núcleo de un átomo coincide con las posiciones más probables de la trayectoria de un electrón.

forja todo según la Imagen Divina.

Se ha dicho que el hombre propone y Dios dispone. La verdad de este hecho, no solo en el sentido básico de la creación, sino también en los aspectos de la manifestación más concluyentes, será aparente para todos los que puedan desintegrar el átomo del yo mortal y encontrarse cara a cara con las maravillosas «constelaciones de la realidad». Estos fragmentos de luz acompañan a los esforzados que tienen los grandes tesoros científicos de las eras.

Dios crea y el hombre crea. Dios propone y dispone; pero cuando el hombre no ascendido propone, ¡el Hombre Ascendido dispone! Así, en realidad, aquello que el hombre supone como resultado de sus propios nobles esfuerzos es simplemente el resultado de su contacto con un mundo espiritual superior y con esos seres que están justo por encima de él en el orden jerárquico. Estos seres disminuyen en vibración hasta el nivel del hombre la energía e inteligencia procedentes de las esferas superiores, volviéndolas algo práctico para su estado de evolución.

Dios en la jerarquía esparce por todo el universo fragmentos de Su omnisciencia. Esta emisión de inteligencia divina, junto con el poder y el amor que la llevan a la forma, es el estímulo para la creatividad en todos los niveles y la fuente de felicidad del hombre. El drama de la concepción cósmica se intensifica con la revelación de mundos progresivamente más brillantes, mientras el hombre escala las alturas iniciáticas y se gana el derecho a investigar misterios más grandes gracias a su mayor dominio.

Libre albedrío

Aunque la ayuda de la jerarquía es evidente por doquier, de vez en cuando el hombre se atreve a desafiar la integridad y la justicia de Dios citando ejemplos de Su aparente negligencia con respecto a accidentes, disturbios naturales, guerras, enfermedades y muertes prematuras. Algunos argumentan que, puesto que Dios tiene todo el conocimiento, todo el poder y toda la sabiduría, debería permitir que la jerarquía interfiera en los asuntos humanos para proteger la persona y la propiedad de cada individuo. El hecho es que Dios no los conduce a maldecir Su nombre ni negar Su existencia.

En el orden natural del cosmos exteriorizado a través de la jerarquía, el hombre ha exigido estar libre del control de la Divinidad y ha recibido del Padre esa libertad. Como el hijo pródigo,[23] el hombre ha pedido su parte de la vida y la oportunidad de vivir como quiera. Por tanto, el principio de no interferencia ha de considerarse como protector de la soberanía del libre albedrío individual.

Por Ley Cósmica, los Maestros Ascendidos no tienen permitido entrar en los asuntos de los hombres a menos que sean invocados con la oración, la afirmación o el decreto. Si los hombres desean una ayuda continua, deben repetir este ritual cada ciclo de veinticuatro horas. «Pedid, y recibiréis».[24] Esto es el orden jerárquico, y nada puede cambiarlo.

Conocer los componentes del átomo y sus patrones de comportamiento proporciona a la mente una mayor capacidad de sintonizarse con el espíritu de la naturaleza y controlar los elementos. De igual modo, ser consciente de la jerarquía supone un medio de sintonizarse con seres altamente evolucionados y aplicar el fantástico poder espiritual que Dios ha puesto a disposición del Hombre Ascendido.

Millones de almas por todo el planeta ignoran el orden jerárquico y el papel que ellas mismas juegan en él. Porque todas las partes de la vida, ascendidas y no ascendidas, son una mónada en la gran cadena del ser. Hallar el nicho propio en la jerarquía, pues, es uno de los grandes desafíos de la existencia que da sentido a la vida. El hombre debe ser consciente no solo de la jerarquía, sino también de la necesidad de cooperar con el servicio que esta presta con el fin de sintonizarse con el cosmos y descubrir su razón de ser cósmica.

Es inútil negar la existencia de la jerarquía, decir que uno irá directamente a Dios, saltándose a Sus oficiales y Sus servicios que han sido ordenados divinamente. Porque, aunque uno pueda desear hacerlo, rara vez es capaz de tal hazaña. El hombre debe elevarse paso a paso por la escalera del cielo, evolucionando por los planos de la conciencia de Dios, que están animados por Seres Cósmicos de tal magnitud como para incluir galaxias enteras en la percepción Divina que tienen de sí mismos.

El enemigo quisiera tentar al Hijo de Dios, diciendo: «Si eres Hijo de Dios, échate abajo; porque escrito está: A sus ángeles mandará acerca de ti, y en sus manos te sostendrán, para que no tropieces con tu pie en piedra».[25] Pero él, totalmente informado de la Ley Cósmica, no quiso saltarse ni siquiera las leyes físicas situándose por encima del orden jerárquico. No quiso tentar a su Dios pidiéndole que hiciera lo que él debía hacer por sí mismo.

La jerarquía se basa en la responsabilidad cósmica de guardar la llama de la vida; no solo por uno mismo y su familia, sino también por los átomos y electrones que descienden del corazón de Dios y ascienden a él, por naciones y planetas y sistemas solares, por cúmulos de estrellas, galaxias y universos.

La jerarquía es responsabilidad cósmica en el sentido más amplio de la palabra. Ello quiere decir que responderemos ante nuestra capacidad cósmica de mantener encendida la llama de la vida dentro de todo el Cuerpo de Dios.

En una *Perla de Sabiduría* dirigida a «Todos los que anhelan ver», El Morya dice:

> Si el mundo exterior es un desastre, ¿eso es un reflejo del mundo interior? ¿Cuál es el límite de la responsabilidad individual? ¿El hombre es responsable del universo o solo de sí mismo? Si yo soy el guardián de mi hermano,[26] ¿quién es mi hermano?
>
> El enorme poder dentro del individuo, si se desatara, daría el control universal incluso a la mónada. ¿Es de extrañar que la jerarquía haya prescrito el proceso iniciático

> como una escalera que conduce a Dios? ¿Es de extrañar que las leyes gobiernen las rondas designadas de las aventuras del hombre? ¿Cuáles son, por tanto, los límites a los que el hombre debe aspirar?
>
> Que los hombres entiendan las divisiones terciarias. Que comprendan cómo cuerpo, alma y espíritu, cuando funcionan como uno solo, también deben ceder ante las limitaciones prescritas. Que comprendan que el poder se intensifica dentro del cubo de la razonabilidad.[27]

La jerarquía es el producto del sistema cósmico de recompensas: «Sobre poco has sido fiel, sobre mucho te pondré; entra en el gozo de tu Señor».[28] Cada palabra que procede de la boca de Dios representa un paso de iniciación espiritual y evolución cósmica. Cada jeroglifo cósmico que despliegue su sabiduría y su amor es un paso en el orden jerárquico.

La conciencia Crística es la marca del que logra el cargo jerárquico. El nuevo nombre que recibe alguien así es la clave del patrón electrónico de su Presencia YO SOY. Cada individuo Crístico que asciende, que se reúne inmortalmente con la Presencia YO SOY, se convierte en una piedra blanca, un cubo purificado de sustancia, en el Templo Eterno de la Ciudad Cuadrangular.

El nombre nuevo no se concede hasta que uno asciende u ocupa el cargo de maestro no ascendido o miembro de la Gran Hermandad Blanca. El nombre nuevo nunca se recibe de otro, sino que es pronunciado desde el interior del corazón por la voz de la Presencia YO SOY en el momento en que el alma logra la conciencia Divina.[29] «Al que venciere, daré a comer del maná escondido, y le daré una piedrecita blanca, y en la piedrecita escrito un nombre nuevo, el cual ninguno conoce sino aquel que lo recibe».[30]

Roles jerárquicos

El rol de la jerarquía espiritual que presta servicio a este planeta es múltiple. Sus miembros organizan y dirigen el empeño constructivo en todos los campos. Son los patrones de las artes y las ciencias y patrocinan el gobierno Divino en las naciones del mundo, buscando mejorar las condiciones sociales y hacer avanzar la cultura y la educación mundial.

Los miembros de la jerarquía permanecen detrás de escena, esperando prestar ayuda allá donde se la invoque y allá donde hombres y mujeres se adhieran a causas nobles y estén receptivos a la guía superior. Guardan la llama de la vida de millones de personas que ni siquiera saben que tienen una llama trina que ha de ser alimentada y expandida diariamente.

Ellos actúan como transformadores reductores de las energías cósmicas necesarias para mantener la vida en este planeta, energías que la humanidad es incapaz de absorber directamente debido a la acumulación de densidad en sus cuatro cuerpos inferiores.

Ellos mantienen el equilibrio de las Cuatro Fuerzas Cósmicas en el hombre y la naturaleza y en la vida animal, compensado la discordia que los hombres desprenden y ajustando el campo magnético del planeta allá donde las vibraciones destructivas, tanto del interior como del exterior, amenacen su equilibrio en la rotación sobre su eje y los viajes alrededor del sol. Ajustan el alineamiento de los cuatro cuerpos inferiores de la Tierra cuando es necesario. Sin su intervención, la humanidad tardaría poco en destruirse a sí misma, como lo ha hecho en eras del pasado.

Los miembros de la jerarquía tienen retiros donde albergan las llamas de Dios con el fin de afianzar un impulso acumulado y una virtud determinada del Gran Sol Central dentro del campo energético de la Tierra, haciendo que las cualidades de la llama estén disponibles de forma más directa para la conciencia en evolución de la humanidad. Los discípulos de los Maestros están invitados a estudiar en esos retiros después de que han pasado ciertas iniciaciones en focos que mantienen los representantes de la jerarquía en el plano físico. Más adelante en este capítulo describiremos ciertos cargos clave de la jerarquía, las cualificaciones para los cargos y quién los ocupa actualmente.

La jerarquía continúa sosteniendo el estandarte: «Hombre, conócete a ti mismo». El Morya comenta: «Comencemos con la mónada del yo y no sintáis la necesidad de agrandar esa mónada, sino solo de agrandar nuestro concepto de unidad que se extiende para servir la armonía Divina de un universo».[31]

Jerarquía y la cosmoconcepción: el Huevo y el yo

Cuando veo tus cielos, obra de tus dedos,
la luna y las estrellas que tú formaste,
digo: ¿Qué es el hombre, para que tengas de él memoria,
y el hijo del hombre, para que lo visites?[32]

Al elevarnos en conciencia con las palabras del salmista de antaño, mirando el milagro estelar de lo alto, consideremos el mapa del universo como el de la jerarquía y nuestra clave para comprender la cosmoconcepción.

Vivimos en un Huevo gigante. Todo lo que podemos ver, conocer o imaginar vive junto a nosotros en este Huevo. Mundos lejanos, vistos y no vistos, están confinados al Ovoide Cósmico. Compañeros de celda somos, los muros de nuestra prisión medidos en miles de millones de años luz.

Al contemplar las alturas y profundidades en que nuestro pequeño mundo está suspendido, nos resulta difícil comprender que existe un punto más allá del cual no podemos ir, una línea que no osamos cruzar. Dentro de este Huevo infinito, esta incubadora cósmica, el hombre es libre de hacerse o destruirse. Dentro de las fronteras de su parque de juegos, la libertad del hombre es total. Pero da igual cual sea su perspectiva, da igual cuántas dimensiones pueda examinar o cuántos universos pueda conquistar, el hombre no puede rebatir el hecho de que su hogar es el Huevo Cósmico.

No sabemos cuántos más Huevos tiene Dios en la mano. Ponderamos los misterios de la vida y del propio Huevo Cósmico, conscientes de que, siempre que seamos lo que somos, nunca podremos ser realmente capaces de descubrir todo lo que se ha de conocer sobre nuestro lugar en el sol ni le arrancaremos el secreto al corazón de Dios: ¿cuántos Huevos han salido del Cuerpo de Fuego Blanco?

Nos perdemos en nuestras imaginaciones hasta que nuestra mente finita está a punto de quebrarse; y entonces, siendo el cálculo de nuestra búsqueda demasiado cansino, nos retiramos a la habitación que Él ha concebido para nosotros. Emprendemos otra vez nuestra vida diaria y continuamos con nuestras reflexiones siguiendo el camino de esos ciclos progresivos sobre los que podemos obtener algún grado de maestría, por consiguiente, perspectiva de la realidad.

Pero una vez que la mente, limitada y autolimitante, ha tenido un vislumbre de aquello que hay más allá de la gloria en las alturas, nunca más se contenta con su entorno ni puede permanecer apegada al yo. Hay un hambre cósmica que hay que saciar, pues la mente ha tocado con sus dedos el Ser Ilimitado. Ha entrado en contacto con el Infinito.

El valor de abandonar mundos viejos y moribundos se apodera del alma. La búsqueda insaciable de la vida se inicia y jamás terminará. El hombre rompe las cadenas de su esclavitud. La bola que una vez colgó de su cuello yace a sus pies. Su ego ya no existe. No teme soltar las antiguas reliquias, pues su alma al fin ha visto el otro lado de la vida, la conciencia y el ser. Los caminos del ego, que recuerdan las espirales de la aniquilación propia, ya no son relevantes. El reto de la montaña más alta llama. Todo lo demás es prescindible. Sin restricciones y libre, el alma exclama:

«¡YO SOY el "Todo en todo"! ¡YO SOY todo Uno, y toda la vida es Una en mí!».

La Santa Trinidad en el Huevo Cósmico

El diagrama del Macrocosmos de la figura 4 ilustra la interacción de los planos del Espíritu y la Materia dentro del Huevo Cósmico. La yema representa los planos del «Espíritu con forma» y la «Materia con forma», y la clara representa los planos del «Espíritu sin forma» y la «Materia sin forma».

Nuestro universo es un corte transversal de este Ovoide gigante, una exteriorización de Espíritu suspendido en Materia y, Materia suspendida en Espíritu. Innumerables universos giran en torno al Gran Eje de la Vida que se interpenetran entre sí, cada uno dentro de la dimensión del otro, cada uno de ellos una parte, una estrofa, de la Galaxia del Gran Sol Central.

Esta galaxia es el todo, la totalidad del Huevo Cósmico, todo su contenido: clara y yema juntas como esferas dentro de otras esferas. En la figura 5 vemos el Eje con relación a estas esferas, que forman una trinidad de Cuerpos Causales dentro del Huevo Cósmico. Alrededor del Eje hay tres grandes Cuerpos Causales: el Gran Sol Central y el Gran Cuerpo Causal forman la yema y la Galaxia del Gran Sol Central forma la clara, cuya relación mutua es la proporción áurea.

Así, el Huevo Cósmico está compuesto de la Trinidad en realización que es el Padre, el Hijo y el Espíritu Santo. El Gran Sol Central (el Cuerpo Causal Rosa) es el foco del Padre; el Gran Cuerpo Causal (el Cuerpo Causal Amarillo) es el foco del Hijo, el Logos eterno; y la Galaxia del Gran Sol Central (el Cuerpo Causal Azul), abarcando a los tres, es el foco del Espíritu Santo.

El Padre es la Fuente de Amor que forja los universos, el Hijo es la Fuente de la Sabiduría que hace evidente el amor del Padre y el Espíritu Santo es la Fuente de Acción que lleva a ambos a la manifestación universal, por los siglos de los siglos.

Procedentes del Sol detrás del sol —el Cuerpo de Fuego Blanco detrás del Eje—, los tres Cuerpos Causales se expandieron desde el centro del Huevo con la Gran Exhalación, y mundos

FIGURA 4: El Huevo Cósmico. Diagrama del Macrocosmos.

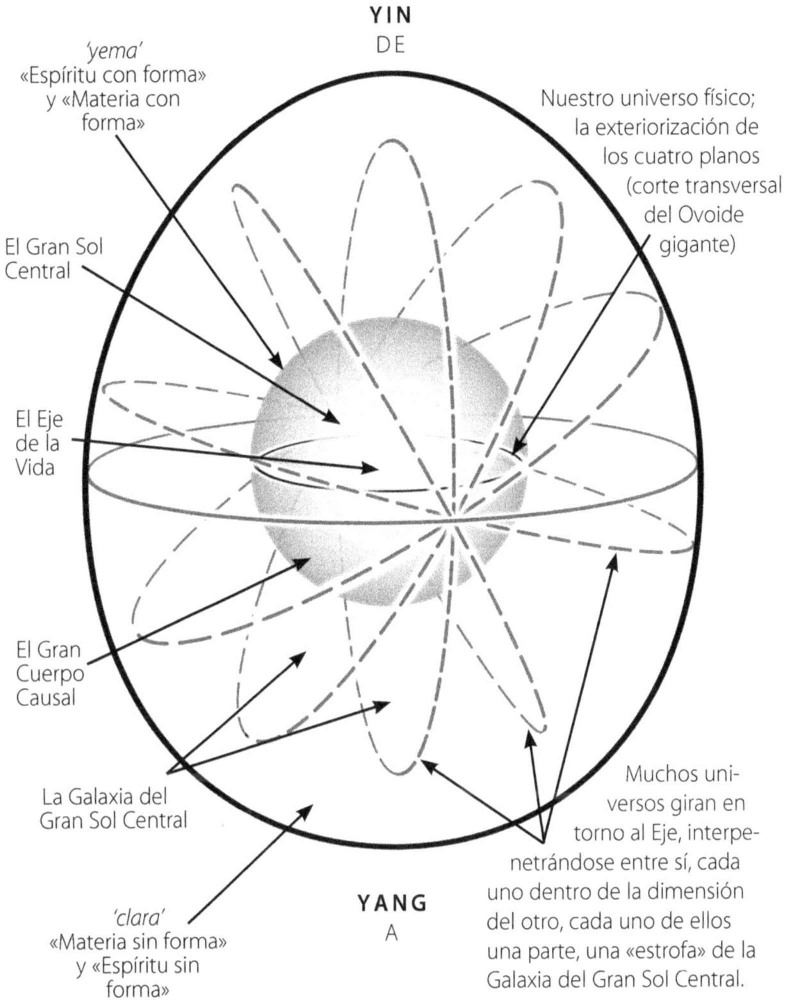

dentro de otros mundos nacieron. Al alejarse estos progresivamente del Eje, fue como la expansión de un gran globo.

El espacio entre los cuerpos celestiales en las esferas exteriores hace que el Cuerpo Causal Azul parezca tener un tamaño más grande, y así es, porque el tiempo y espacio son características del aspecto yin de Dios, de la materialización de universos

FIGURA 5: **Diagrama de las esferas jerárquicas. La trinidad de Cuerpos Causales.**

Relación del Eje con el Gran Cuerpo Causal

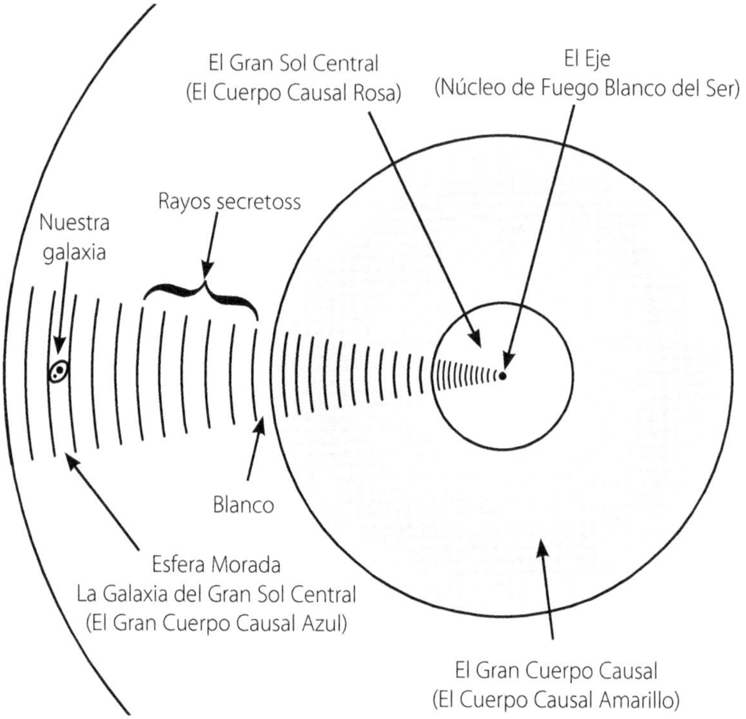

dentro de la clara del Huevo. La disminución de estos factores a medida que uno va viajando desde la periferia hacia el centro, y su total ausencia dentro del Eje, caracteriza el aspecto yang de Dios y la espiritualización de universos dentro de la yema.

La concentración de cuerpos luminosos dentro del Gran Sol Central produce la cualidad de Dios que llamamos Espíritu, su difusión en la Galaxia del Gran Sol Central produce la cualidad que llamamos Materia, mientras que la combinación en el Gran Cuerpo Causal produce la iluminación del Logos eterno, la Palabra hecha carne, el Cristo encarnado.

En la clara del Huevo, vemos que la Materia está suspendida

en los aspectos sin forma del Espíritu y la Materia, mientras que, en la yema, el Espíritu está suspendido en los aspectos con forma del Espíritu y la Materia.

Debido a que no es posible conocer a Dios directamente ni definir Su Ser, hablamos de Él con alegorías y metáforas para que nuestra mente finita puede obtener un sentido de la medida del infinito. La historia de Dios es la historia de la gallina que pone el Huevo Cósmico y lo empolla con alas protectoras. La historia del hombre es la historia del polluelo que se calienta dentro del huevo durante el período de incubación. Al haberse comido la yema y la clara y al haber crecido hasta llenar el huevo, rompe la cáscara y emerge hacia un mundo nuevo.

Del mismo modo, cuando el hombre come la yema y la clara del Huevo Cósmico, al dirigir los cuatro aspectos del Ser de Dios, se convierte en lo que Dios es. Cuando el microcosmos absorbe el Macrocosmos, deja de ser el microcosmos. Cuando el hombre se traga el Huevo Cósmico, ya no puede seguir llamándose hombre; por tanto, se llamará Dios.

En esta metáfora aprendemos el ritual de la Sagrada Comunión y comprendemos el misterio de comer el Cuerpo de Cristo. Cuando Jesús dio esta enseñanza, dijo: «YO SOY el pan vivo que descendió del cielo; si alguno comiere de este pan, vivirá para siempre; y el pan que yo daré es mi carne, la cual yo daré por la vida del mundo». Muchos no entendieron su dicho: «Si no coméis la carne del Hijo del Hombre, y bebéis su sangre, no tenéis vida en vosotros. El que come mi carne y bebe mi sangre, tiene vida eterna; y yo le resucitaré en el día postrero».

Está escrito que «desde entonces muchos de sus discípulos volvieron atrás, y ya no andaban con él. Dijo entonces Jesús a los doce: ¿Queréis acaso iros también vosotros? Le respondió Simón Pedro: Señor, ¿a quién iremos? Tú tienes palabras de vida eterna».[33]

Al contemplar el Macrocosmos como un Ovoide gigante que Dios ha hecho, comprendemos que Dios mismo no entra en el Macrocosmos, tal como la gallina no entra en el huevo. Sin embargo, el Huevo Cósmico está compuesto del cuerpo del SEÑOR, igual que el huevo proviene de la gallina. Por consiguiente, en un sentido real, Dios está en Su Huevo, pero no está confinado a él como lo está el hombre, la manifestación de Sí mismo.

Empezamos a ver que el Espíritu y la Materia no son más que el yang y el yin de Aquel que es el Origen de todo y aún está más allá de nuestro todo. Por eso no podemos decir que Dios está confinado al Espíritu y que su exteriorización está confinada a la Materia, sino solo que el Espíritu y la Materia son la expresión dual de Dios, al hallarse ambos en los aspectos de la creación con forma y sin forma.

Debido a que vivimos en la Materia y nos identificamos con ella, relacionamos al Espíritu con nuestra divinidad. Pero el hombre está más cerca de su Dios cuando la Materia y el Espíritu se unen; cuando el electrón regresa al corazón del Sol.

En nuestro diagrama de las esferas jerárquicas (figura 5) observamos el Núcleo de Fuego Blanco —que parece ser transparente como una esfera de cristal— rodeado por el Gran Sol Central, compuesto primero de una franja blanca seguida de cinco franjas iridiscentes y luego por seis franjas de color. Estas doce franjas son esferas dentro de otras esferas alrededor del Gran Eje. Son la cristalización de los doce planos de la conciencia de Dios a través de la acción de los doce rayos: cinco rayos secretos y siete rayos de color.

En cada uno de los Cuerpos Causales (de patrón idéntico al Cuerpo Causal del hombre) las cinco franjas iridiscentes representan el aspecto de la conciencia de Dios que ha permanecido en el estado sin forma durante un ciclo dado de la creación. Los cinco rayos secretos son las coordenadas, en los planos del «Espíritu sin forma» y de la «Materia sin forma», de los siete rayos de color que se forman en los planos del «Espíritu con forma» y de la «Materia con forma».

Las cinco fases de la conciencia de Dios están representadas en el átomo como neutrones indivisos, cuyos electrones no se han separado para expandirse en el mundo de la forma. Las seis franjas de color que siguen, junto con la franja blanca que está alrededor del Núcleo de Fuego Blanco, representan a esos neutrones que se han dividido en protones y electrones. Estos son los siete aspectos de Dios que han salido del centro de la vida para expandir el reino de Dios, para multiplicar Sus talentos y para devolverle al Señor de la Cosecha el rendimiento de luz al final de un ciclo.

Cuando la orden salió del corazón de Dios, «¡Sea la luz!», hubo luz, porque los Elohim (poderosos electrones del Núcleo de Fuego Blanco del Ser de Dios) se separaron de los neutrones y saltaron para entrar en órbita en el Gran Sol Central.

El escritor del libro de Job narra la voz del SEÑOR que habló a Job «desde un torbellino» (desde el centro flamígero del Ser), preguntándole: «¿Dónde estabas tú... cuando alababan todas las estrellas del alba, y se regocijaban todos los Hijos de Dios?».[34] Estas estrellas del alba, estos Hijos de Dios que se regocijaban, son los poderosos electrones que salen del Eje para proyectar la gloria de la vida en los cuatro planos de la creación según el diseño del Cuerpo Causal de Dios. Veamos, pues, cómo nacen las estrellas del alba y los Hijos de Dios.

Rotación del Eje de la Vida

Las dos clasificaciones generales de la creación son lo formado y lo no formado. Las dos cosas existen dentro del Espíritu y de la Materia como planos de la conciencia de Dios: «Espíritu sin forma» y «Espíritu con forma», «Materia sin forma» y «Materia con forma». Además, en el corazón de cada átomo descubrimos ese plano que no es ni Espíritu ni Materia, sino el puente entre ambos. Ese plano se llama «Núcleo de Fuego Blanco».

Por tanto, además de las cuatro divisiones dentro del Espíritu y la Materia, tenemos la categoría Espíritu-Materia que compone el núcleo de cada mónada. Aquí la energía está en un estado permanente de transformación entre lo no formado y lo formado. El Núcleo de Fuego Blanco del Gran Sol Central es el Origen de toda la vida. Es el foco de la Presencia Electrónica de Dios y Su Cristo; es el fuego del Espíritu Santo del cual proceden las doce esferas del Gran Cuerpo Causal.

Este Núcleo de Fuego Blanco es el eje del universo espiritual-material. De él proceden los hijos del sol, los aspectos con forma y sin forma de innumerables galaxias que giran en espiral por el Cuerpo de Dios, dando vida a soles y estrellas, planetas y sistemas solares. Siendo un verdadero foco del Sanctasanctórum, el Núcleo de Fuego Blanco de cada partícula del ser es el factor integrante entre el Espíritu y la Materia, entre la llameante presencia de Dios en manifestación y la Presencia Divina en el Sol detrás del sol.

El Eje del Gran Sol Central se puede visualizar como un inmenso diamante, porque es verdaderamente el foco de la Mente de brillo diamantino de Dios.* Se trata de la sede de la Mente única de la que surgió toda la creación. El pensamiento-acción de la Mente Universal produce una rotación en el mismísimo Eje de la Vida; y de la rotación surgen los patrones energéticos que nosotros interpretamos como rayos de Dios.

De un número infinito, esas ondas luminosas están concentradas como doce aspectos de la conciencia del Creador. A medida que gira el diamante, vemos que estos rayos salen disparados como haces gigantescos, cruzando en todas direcciones las facetas de la Mente de Dios, tejiendo el cuerpo solar imperecedero del universo.

En la figura 6, el diagrama del Eje, vemos que en el centro está la Ciudad Cuadrangular, la Ciudad del Sol, suspendida dentro del cubo cósmico. Circundando al cubo está la Esfera de

---

*La palabra *diamante* en inglés, *diamond*, significa deidad individualizada en acción en el mundo —del francés le *monde*— de la forma.

las Doce Concepciones, el reloj solar de la jerarquía que gira en sentido de las agujas del reloj.

El cubo dentro de la esfera es el trono de las Cuatro Fuerzas Cósmicas que animan los puntos cardinales (norte, sur, este y oeste) y los cuatro niveles de conciencia (tierra, aire, fuego y agua) en el Espíritu y la Materia en las ocho esquinas del cubo. Los Seres Solares que ocupan estos puestos en la jerarquía son las Cuatro Columnas del templo del Ser de Dios, que hacen posible la cristalización de la Llama Divina por todo el Macrocosmos.

FIGURA 6: **Diagrama del Eje.**

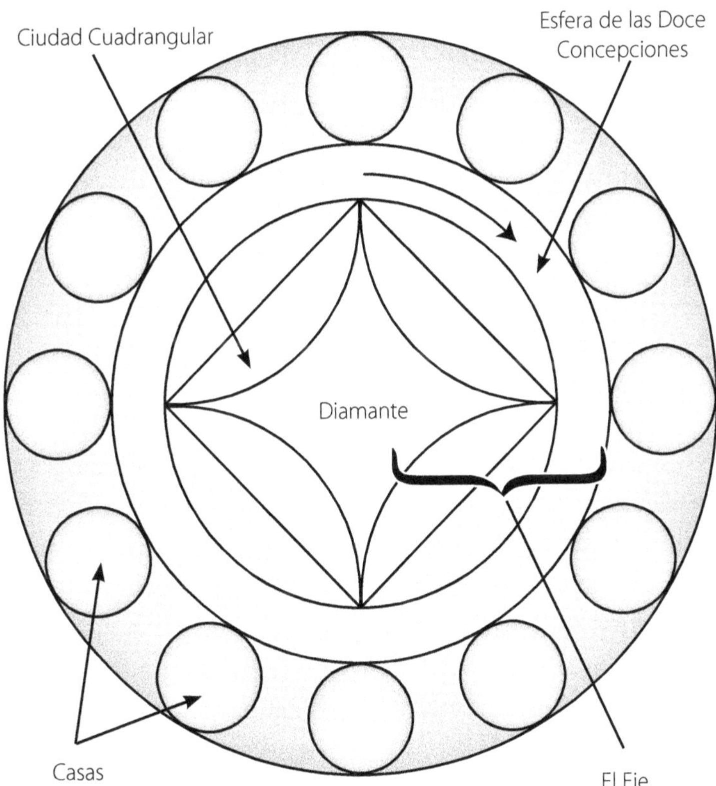

Rodeando al Eje hay doce templos, sobre los cuales presiden las Doce Jerarquías del Sol. Estos doce templos, colocados sobre una «circunvalación», giran en torno a la Mente de brillo diamantino de Dios en sentido contrario a las agujas del reloj.

La línea de las doce del diamante es la puerta abierta de la conciencia de Dios que ningún hombre puede cerrar. Este es el lugar donde nacen todos los ciclos, hijos y galaxias que aparecen durante los manvantaras de la creación. A medida que gira el diamante en un sentido horario, la creación aparece por la puerta abierta y entra en uno de los Doce Templos del Sol.

Después de que la Mónada Divina aparece por la línea de las doce del reloj solar y entra en la casa que está enfrente de la puerta abierta en el momento de nacer, comienza a girar en espiral alrededor del Eje, al entrar en cada uno de los doce templos en un orden según el sentido de las agujas del reloj.

Así, la Mónada Divina de todo aquel nacido del Espíritu pasa a través de cada una de las jerarquías dentro del Núcleo de Fuego Blanco, al caer bajo su influencia, antes de ser enviada a través de las doce esferas del Cuerpo Causal Rosa del Gran Sol Central.

Señales en los cielos

A medida que la Tierra gira en torno al sol de nuestro sistema solar, da la impresión de que el sol «entra» en (cae bajo la influencia de) doce constelaciones. Hace mucho tiempo, los caldeos dieron a estas formaciones estelares el nombre que desde entonces han utilizado tanto astrónomos como astrólogos.

Con el fin de identificarlas, nosotros también utilizaremos esos nombres de las Doce Jerarquías del Sol, que concentran su poder Divino a través de estas constelaciones. Obsérvese, no obstante, que las cualidades humanas atribuidas a estos denominados signos del zodíaco no han de confundirse con los atributos divinos cuya protección el Todopoderoso ha encargado a las doce jerarquías.

Estas doce jerarquías transforman o reducen la enorme concentración de luz-energía concentrada por las Cuatro Columnas y hacen que esa luz sea asimilable para los hijos y las hijas de Dios que habitan por todo el universo espiritual-material. Dentro de sus cuadrantes respectivos, las Cuatro Columnas afianzan la acción de la llama trina que sale del Núcleo de Fuego Blanco.

La mezcla de la Trinidad en el Eje enfoca no solo el poder de las Cuatro Fuerzas Cósmicas, sino también el de los doce rayos, ya que estos están relacionados con la precipitación en los planos del Espíritu y la Materia.

Cada una de las Doce Jerarquías del Sol es responsable de proyectar y mantener un rayo en manifestación en el Espíritu y en la Materia. Dentro de la *tri-unidad* (la acción de la llama trina) de cada uno de los doce rayos se encuentran doce llamas que se unen para formar las doce mil virtudes del atributo particular de la Deidad encarnado dentro del rayo.

Así, juntas, las doce jerarquías son responsables de la concentración de los doce rayos, las 144 llamas y las 144.000 virtudes de la Divinidad que están destinadas a ser exteriorizadas en los universos espiritual-materiales del cosmos.

Los Templos del Sol en la línea de las doce, las tres, las seis y las nueve caen bajo las jerarquías de Capricornio, Aries, Cáncer y Libra. La misión de estos signos cardinales (que realizan su servicio en el penacho azul) es la de proyectar la voluntad de Dios en el universo y dotar a la creación de los atributos divinos de los doce rayos.

Estos signos cardinales reciben la ayuda de las jerarquías de los signos fijos y mutables: los que sirven en el penacho rosa (Acuario, Tauro, Leo y Escorpión) y los que sirven en el penacho amarillo (Piscis, Géminis, Virgo y Sagitario). Veamos ahora el ciclo de la precipitación que sigue la Mónada a través de los Doce Templos del Sol dentro del Núcleo de Fuego Blanco. (Véase la figura 7).

FIGURA 7: Ciclos de la precipitación seguidos por la Mónada a través de los Doce Templos del Sol dentro del Núcleo de Fuego Blanco.

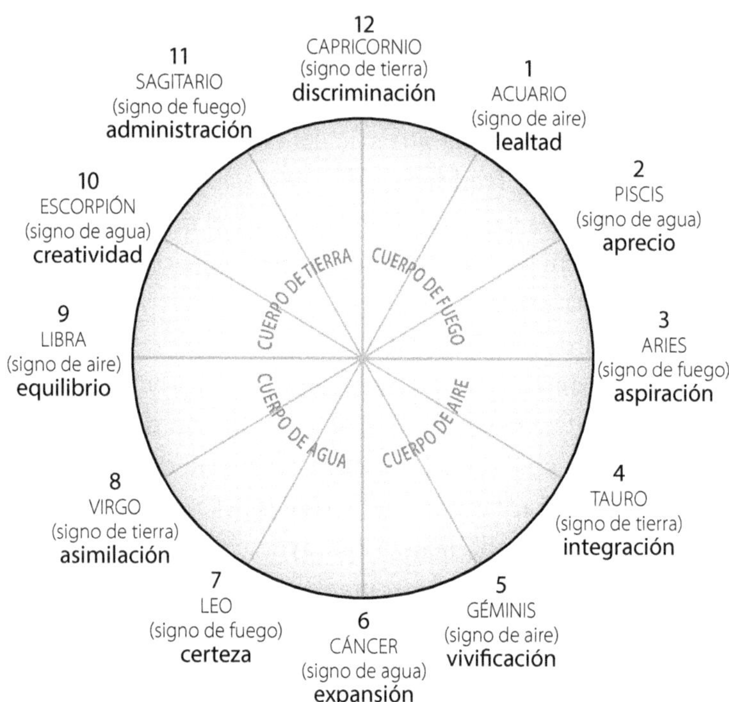

Ciclos del Hijo dentro del Sol

Al empezar por la línea de las doce, que es el origen de los ciclos donde la tierra se vuelve fuego, la jerarquía de Capricornio tiene la responsabilidad de sacar de la conciencia de Dios, mediante el poder del Logos, la percepción y la *discriminación* del diseño de la Mónada que ha de asumir forma.

Después las jerarquías de Acuario y Piscis implementan el diseño original divino mediante la devoción y *lealtad* al diseño inmaculado. La jerarquía de Acuario sustenta aquello que está naciendo y lo alimenta con el poder del penacho del amor.

Los jerarcas de Piscis, a su vez, lo adornan con el *aprecio* de la sabiduría de Dios.

Estas tres jerarquías son responsables de sustentar el patrón etérico o destino de fuego de las Mónadas que aparecen desde el corazón de Dios. Los hijos y las hijas de la llama que descienden a la forma son alimentadas con su poder, su sabiduría y su amor. Se establece el cuerpo etérico de planetas y almas nuevas, gracias a su devoción hacia el plan divino.

Aquí, pues, en los primeros tres Templos del Sol, los jerarcas de Capricornio, Acuario y Piscis traen del mundo de la no forma al mundo de la forma los patrones de realización Divina. Esta fase de fuego de la creación es un ciclo muy importante, porque establece el patrón que las otras nueve jerarquías han de seguir.

En la línea de las tres, donde el fuego y el aire se encuentran, los jerarcas de Aries reciben el patrón etérico y comienzan a tejer su diseño en el cuadrante mental. Encendidos con la voluntad de Dios, estos jerarcas aspiran a capturar el patrón perfecto y volverlo tangible mediante la Mente de Cristo. La *aspiración* es la nota clave a través de la cual inspiran a la Mónada con el fuego mental que hace que la visión del plan creativo sea inteligible en los planos del «Espíritu con forma», la «Materia sin forma» y la «Materia con forma».

Los astrólogos asignan correctamente a Aries la primera posición en el zodíaco, porque solo cuando el patrón de fuego etérico alcanza el plano mental es que se reconoce en el mundo de la forma. Y así, parece que el ciclo de la creación comenzara en Aries. No vemos los narcisos hasta que de la tierra emergen pequeños brotes en primavera. Sin embargo, la germinación, estimulada por los fuegos del sol a través de Capricornio, Acuario y Piscis, marcó su verdadero principio en el plano del «Espíritu sin forma».

En ayuda a los jerarcas de Aries para formar la idea divina en el plano del «Espíritu con forma», los jerarcas de Tauro realizan su servicio mediante el poder del Espíritu Santo para efectuar la *integración* del diseño que ha salido del corazón del Padre. Al usar el rayo del amor, son muy prácticos al moldear el diseño a partir del elemento tierra, haciendo que esté disponible para todos los niveles de la manifestación consciente de Dios en todo el universo.

Cuando la antorcha se entrega a los jerarcas de Géminis, estos invocan la llama de la iluminación para darle a la idea el aire de la *vivificación* a medida que esta se mezcla con las formas de pensamiento del universo. Esto concluye el servicio de las jerarquías que gobiernan el cuadrante de aire.

Cuando el aire y el agua se encuentran, los jerarcas de Cáncer invocan en el plano de la «Materia sin forma» el penacho azul de la voluntad de Dios para la *expansión* de los patrones etéricos y mentales a través del cuerpo emocional. Los jerarcas de Leo dan la *certeza* con el fuego del penacho del amor de que la idea que ha salido de la Mente de brillo diamantino de Dios vivirá para cumplir su destino de fuego.

Los jerarcas de Virgo, mediante la reverencia por la sabiduría de Dios y la maestría sobre el elemento tierra, protegen la *asimilación* de la idea en el mundo del sentimiento.

Al prestar estas jerarquías la presión de su impulso acumulado de precipitación a la exteriorización de la idea Divina, el plano de la «Materia sin forma» se satura del poder, el amor y la sabiduría de las aguas de la vida eterna.

Los jerarcas de Libra infunden la voluntad de Dios en la idea, donde el agua y la tierra se encuentran. Aquí, en el plano de la «Materia con forma», la matriz está destinada a materializarse con el equilibrio perfecto de las espirales Alfa y Omega, las llamas gemelas del Espíritu y la Materia.

En la casa de Libra, donde se enseña el dominio sobre el aire en la tierra, la Mónada encuentra ese *equilibrio* de amor-sabiduría, sostenido en la balanza de la voluntad de Dios, que es necesario para el descenso final a la forma. Entonces se entrega la antorcha a las jerarquías de Escorpión y Sagitario, cuya maestría sobre el agua y el fuego en el plano de la «Materia con forma» y cuyo amor a la *creatividad* y cuya sabiduría sobre la *administración* completan el ritual de la creación.

En resumen, las jerarquías de Capricornio, Acuario y Piscis enseñan la precipitación del cuerpo de fuego (cuerpo etérico) a través de la maestría del elemento fuego; utilizan la tierra, el aire y el agua como elementos esenciales de su creación. Las jerarquías de Aries, Tauro y Géminis enseñan la precipitación del cuerpo de aire (el cuerpo mental) a través de la maestría del elemento aire, al utilizar los elementos de fuego, tierra y aire como claves.

Las jerarquías de Cáncer, Leo y Virgo enseñan la precipitación del cuerpo de agua (el cuerpo emocional) a través de la maestría del agua, al utilizar los elementos de agua, fuego y tierra. Finalmente, las jerarquías de Libra, Escorpión y Sagitario enseñan la precipitación del cuerpo de tierra (el cuerpo físico) y la maestría sobre el elemento tierra mediante el uso del aire, el agua y el fuego.

Este recorrido cíclico de la Mónada por las Cuatro Fuerzas Cósmicas en los cuatro planos, bajo las Doce Jerarquías del Sol y los doce rayos de Dios que estas concentran, cumple la orden «¡Sea la luz!» y efectúa la transformación de Espíritu a Materia de toda idea nacida en la Mente de Dios. (Véase la figura 8).

Esta es la verdadera enseñanza de la ley de la precipitación. Con este conocimiento, los alquimistas del Espíritu, junto con científicos de la Materia, pueden producir la belleza de la creación con la ayuda de las Doce Jerarquías del Sol y de aquellos hermanos mayores de la raza asignados a su servicio en favor de las evoluciones de la Tierra.

FIGURA 8: Ciclos de las Cuatro Fuerzas Cósmicas en los cuatro planos.

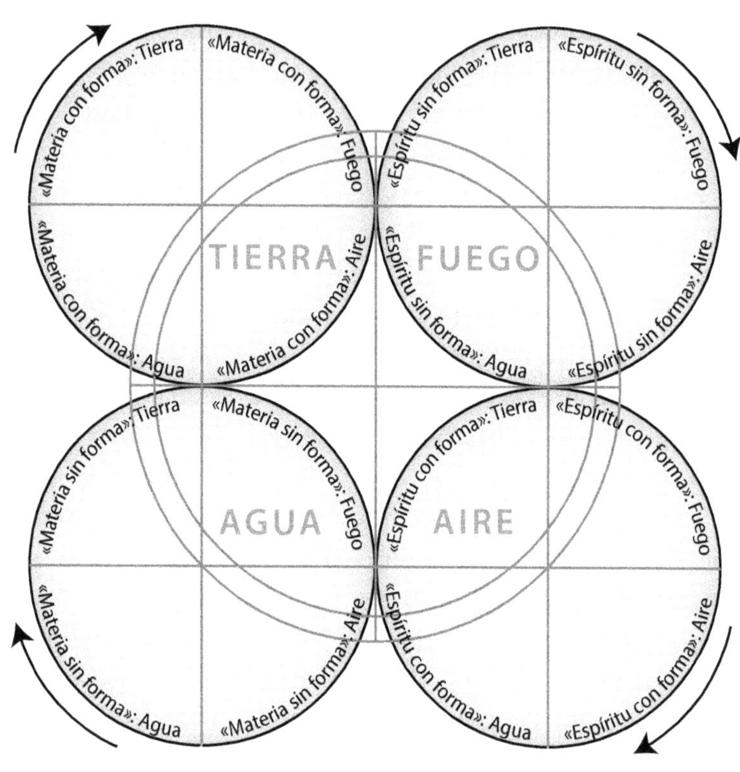

Otorgar a la Mónada las esferas de la realidad

Sigamos el curso de la Mónada a través del Gran Sol Central (el Cuerpo Causal Rosa) después de que esta ha nacido en el Núcleo de Fuego Blanco. (Véase la figura 9).

Como hemos dicho, todos los cuerpos celestiales pasan por la puerta abierta de la línea de las doce del diamante del Eje. Pero ¿en qué punto surgen, en qué casa y bajo qué rayo dentro de esa casa se determina la posición del diamante con relación a la circunvalación en el momento del nacimiento, que la concepción inmaculada de la Mónada dentro de la Mente de Dios ha prestablecido?

FIGURA 9: Las esferas del Cuerpo Causal

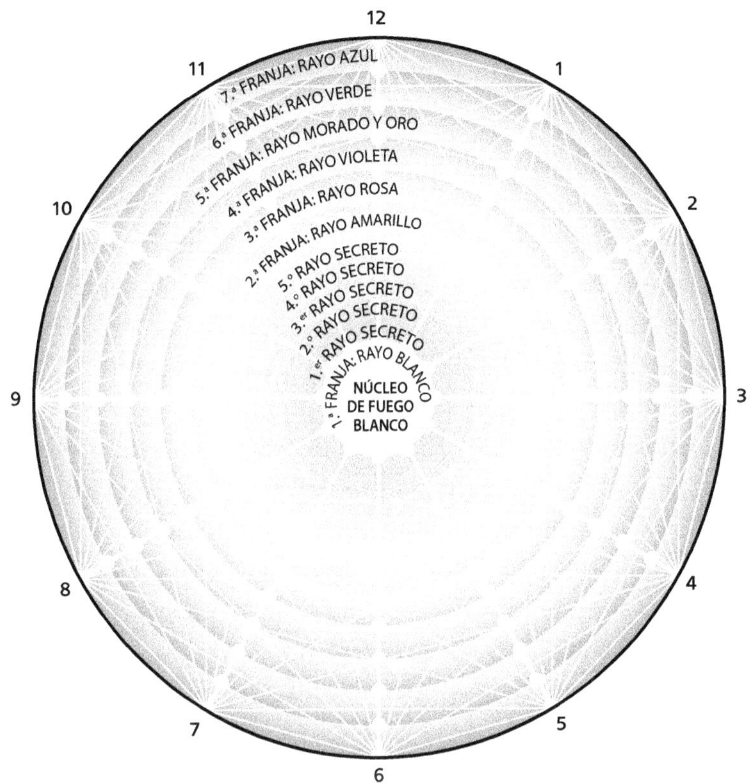

Tomemos como ejemplo un cuerpo celestial que aparece cuando la puerta abierta está en la línea de las cinco del círculo exterior. Al haber nacido en la casa de Géminis, el cuerpo comienza inmediatamente su espiral dentro de la primera franja. Al avanzar en sentido de las agujas del reloj, el cuerpo entra en las doce casas dentro de la esfera blanca, al tener cada casa su propia rueda o reloj dentro de la gran rueda. Aquí la Mónada se viste con la esfera blanca y recibe la armadura de la pureza Divina.

Cuando el cuerpo regresa a la línea de las cinco, tras haber pasado por las doce casas, entra en la primera esfera de los rayos secretos. Durante sus espirales a través de las cinco esferas del mundo sin forma, la Mónada reúne en sí misma las llamas de Dios afianzadas ahí mientras forma estas esferas dentro de su propio Cuerpo Causal y magnetiza el potencial de la Divinidad en el interior.

La estancia dentro de las franjas de los cinco rayos secretos consiste en un desarrollo espiritual interior que establecerá el patrón de aquello que ha de ser exteriorizado en el mundo de la forma. Los rayos secretos juegan un papel de suma importancia en la precipitación, ya que lo que ha de seguir procederá del potencial sellado en el Núcleo de Fuego Blanco, la primera esfera y los planos de los rayos secretos.

Dentro de la segunda franja, la esfera amarilla del Gran Sol Central, la Mónada alcanza el primer color de percepción «que YO SOY» en el plano del «Espíritu con forma». Aquí, el alma en evolución dentro de la Mónada obtiene una identidad aparte y distinta a la percepción Divina del YO SOY universal en el cual la Mónada estuvo inmersa en el centro flamígero del Ser de Dios y con el cual continúa identificándose dentro de la esfera blanca y las esferas de los cinco rayos secretos.

Así, tras el período de gestación en el Núcleo de Fuego Blanco y su geometrización durante sus primeros seis ciclos alrededor del Sol Central, la Mónada «nace de nuevo» en la segunda franja, donde experimenta el ciclo de iluminación. Aquí, el alma que contempla la Mónada exclama: «¡YO SOY EL QUE YO SOY!». Durante las doce fases de la evolución del cuerpo celestial dentro de la franja amarilla, la conciencia del alma se ilumina con la sabiduría del propósito creativo y el plan de Dios se sella en los pliegues de la túnica amarilla con que la Mónada está vestida.

El alma no recibe el poder de expandir el plan hasta que haya digerido totalmente el conocimiento sobre cómo usar ese poder. Al comenzar en la esfera amarilla y al continuar por las restantes franjas de colores, el alma debe aprender a precipitar en la forma. Debe entender las leyes del cosmos y el marco energético de adhesión y cohesión que define su potencial creativo y sus dominios. Hasta que el alma no haya pasado todas las iniciaciones correspondientes en las siguientes cuatro esferas, no puede entrar en la esfera azul de la Mónada, donde recibe el poder y la autoridad de crear.

Cada una de las doce casas del sol tiene importantes lecciones que enseñarle al alma sobre la aplicación del amor de Dios como poder de cohesión que mantiene la integridad de la creación que está naciendo. Durante el ciclo de la Mónada en la esfera rosa, el alma debe desarrollar tal amor por el Creador y por Su conciencia, que haga que jamás se separe del diseño original contenido en la pureza del Núcleo de Fuego Blanco. Este es el significado del manto de amor: quien lo lleva jamás pierde de vista los propósitos de Dios.

En la cuarta franja la Mónada obtiene la esfera violeta de libertad y el alma aprende las responsabilidades del libre albedrío. Se le enseña cómo puede producir las creaciones de Dios en los planos del «Espíritu con forma» y la «Materia con forma» de acuerdo con el plan divino original a través de la sabiduría y el amor de Dios. La sustancia de libertad reunida ahí puede transmutar cualquier cosa extraña al plan divino que el alma pueda encontrar en su evolución. Aquí el alma aprende el ritual de la precipitación como conocimiento de la alquimia divina, y la ciencia sagrada es afianzada en el Cuerpo Causal.

En la quinta esfera la Mónada reúne los tejidos morado y oro de devoción del Cristo Cósmico hacia el principio en Dios y el hombre. El alma aprende a prestar ayuda para satisfacer las necesidades de la creación y a restaurar la imagen de perfección. Con el impulso acumulado de todo lo anterior, las doce jerarquías de los Templos del Sol ahora le enseñan al alma a definir hermandad, practicidad y cooperación con todas las evoluciones que proceden del corazón de Dios, al realizar cada faceta un aspecto de la Deidad, al complementarse mutuamente y al complementar a la totalidad.

El diseño de la jerarquía como manifestación de la hermandad del hombre bajo el Dios Padre-Madre se encuentra en la esfera morada. En esta esfera, los átomos forman moléculas para diversificar la manifestación del Creador en la forma, y los hombres aprenden a trabajar juntos y a cooperar con ángeles, elementales y huestes cósmicas.

En la sexta franja la Mónada se viste con la esfera verde, la cual equilibra la precipitación en los aspectos cuádruples de fuego, aire, agua y tierra. El verde curativo concentra, mediante el Ojo Omnividente de Dios, las fórmulas para la creación en los reinos de la forma. Le enseña al hombre cómo conservar la visión única y la constancia del propósito en el mundo de la forma, y contiene la ciencia de la *ideación* («idea-acción») de Dios. Esta abundancia de la conciencia de Dios se le concede al hombre como recompensa cuando ha realizado los ciclos anteriores. Como en todo, el logro pasado determina el logro presente y futuro.

Al entrar en la séptima esfera de la conciencia de Dios, la acción de la voluntad de Dios y Su fe y poder cósmicos sella la creación en su diseño inmortal. Solo después de haber atraído un impulso acumulado suficiente del rayo azul es que la Mónada se adornará con la paz y permanencia en el corazón de Dios.

El hombre debe ganarse el derecho a blandir el poder de las energías creativas de Dios. Estas solo se reciben cuando el alma ha demostrado a través de todos los ciclos anteriores que puede sostener la matriz divina que se le otorgó en un principio, sin importar lo lejos que pueda viajar del centro de la Divinidad.

Al haber completado las espirales en el Gran Sol Central, donde ha desarrollado su propia conciencia Divina o autopercepción Divina, la Mónada entra ahora en el Cuerpo Causal Amarillo. Aquí pasará por el mismo ritual de doce ciclos con el fin de lograr la conciencia Crística y su propia autopercepción Crística.

Cuando la Mónada entra en el Cuerpo Causal Azul, el alma

desciende para encarnar, la Palabra se hace carne y un orbe celestial adquiere dimensión en el universo físico. Aquí, mientras la Mónada realiza el mismo ritual en lo alto, el alma logrará su conciencia solar y la percepción del Yo en los planos de la «Materia con forma» como la exteriorización del Espíritu Santo.

Esta es la magnífica consumación de todos los ciclos anteriores. Aquí, cada paso iniciático que la Mónada da en las doce casas está destinado a tener otro equivalente de precipitación en la forma: como Arriba, así abajo. Verdaderamente, esta es la exteriorización del universo expansivo y el reino de Dios venido.

El ciclo de retorno

Los múltiples universos dentro del Huevo Cósmico salieron de las semillas de luz proyectadas hacia el Núcleo de Fuego Blanco del Sol Central. Con la gran exhalación del Espíritu Santo, estas salieron en espirales, primero a través del Gran Sol Central, luego atravesando el Gran Cuerpo Causal y, finalmente, a través de la Galaxia del Gran Sol Central.

Con la Gran Inhalación, los ciclos de manifestación tanto en el Espíritu como en la Materia regresarán al centro del Eje. Todo lo que esté equilibrado electrónicamente gracias al poder del Logos conservará su identidad cuando el Huevo Cósmico se una a su anticuerpo. Entonces el Señor de la Viña llevará los frutos de la cosecha al gran almacén: el Cuerpo Causal del Huevo Cósmico. Los universos que no hayan logrado la polaridad divina perderán su forma y conciencia individual. El potencial energético que se les otorgó en un principio retornará ni multiplicado ni perdido.

Cuando la Mónada realice las doce espirales en el Cuerpo Causal Azul, comenzará el ciclo de retorno al corazón de Dios a través de las doce esferas del Cuerpo Causal Azul, Amarillo y Rosa. El poder de Dios que aparece a través del rayo azul en la séptima esfera proporciona no solo el ímpetu final para el cumplimiento de la ley de los ciclos en la «Materia con forma», sino también el impulso acumulado necesario para su regreso al centro flamígero del Ser de Dios.

El proceso opuesto a la precipitación es la sublimación o ascensión. Al haber realizado la fase de salida (yang) del plan divino en el universo espiritual-material, la Mónada completa el ciclo desde la casa de su nacimiento en sentido contrario a las agujas del reloj en su regreso al Eje. Esa es la fase de entrada (yin) del plan divino. Tal como el inicio de los ciclos en el plano del Espíritu está en la línea de las doce, su cumplimiento es generado por el foco de la Madre del Mundo en la línea de las seis.

El ciclo de retorno de la Mónada puede comenzar mientras el alma aún no está ascendida, al precipitar buenas obras en la «Materia con forma». No obstante, con la inhalación (la entrada) el alma debe cosechar el karma, tanto bueno como malo, que ha sembrado durante la exhalación (la salida).

Al haber satisfecho los requisitos de la Gran Ley, el alma puede ascender en cualquier momento durante el ciclo de retorno de la Mónada a través del Cuerpo Causal Azul. Porque de acuerdo con la Gran Ley, allá donde la individualización de Dios haya realizado la totalidad de Dios, esta podrá ascender hacia esa totalidad. A partir de ahí, la Mónada, al haber atraído al alma hacia sí, continuará por la espiral en su retorno al Gran Eje de la Vida.

Si mientras la Mónada se está moviendo en espiral por el Cuerpo Causal Azul el alma encarnada no aprovecha al máximo los impulsos acumulados de las esferas y las enseñanzas de las doce jerarquías entregadas desde el corazón de la Presencia YO SOY, deberá tomar esas lecciones otra vez cuando la Mónada pase por las casas correspondientes en el ciclo de regreso. Los hijos pródigos que han derrochado su herencia durante la exhalación deberán redimirla durante la inhalación. Por tanto, esta es la acción del karma en su implicación universal.

En el ciclo de retorno, la Mónada aumenta la gloria de Dios en cada esfera al mezclar su impulso acumulado con el de todos los que la han precedido en los rituales de creación, preservación y consumación.

Los impulsos acumulados reunidos en los tres Cuerpos Causales están a disposición de todos los que sigan los pasos de los seres ascendentes. Esta es la ley del universo en expansión, que hace posible las mayores obras, que están destinadas a que la siguiente individualización de la Llama Divina las realice. Puesto que los tres Cuerpos Causales están en constante expansión (a través del Cuerpo Causal en expansión de cada Mónada), el poder mayor del Logos, exteriorizado de tal forma, se vuelve accesible para las almas en evolución. Por tanto, cuando le llegue su hora, el discípulo deberá satisfacer la expectativa de hacer mayores obras que su Maestro.

A no ser que el alma haya exteriorizado la conciencia Divina, la conciencia Crística y la conciencia solar en el Cuerpo Causal Azul, no podrá ascender y su identidad no se podrá conservar cuando la Mónada entre en el Cuerpo Causal Amarillo y en el Cuerpo Causal Rosa.

La Presencia YO SOY —la individualización de la Llama Divina— siempre surge desde el Núcleo de Fuego Blanco del Gran Sol Central. Pero los vehículos inferiores que el alma usa para su evolución en el Cuerpo Causal Azul se forman bajo la dirección de los Logos Solares, que tienen a cargo la cadena planetaria en la cual el alma ha de evolucionar.

Mientras el alma deshace los ciclos kármicos creados durante sus involucraciones en la «Materia con forma», la Presencia YO SOY continúa su camino asignado, al circular por las esferas del Cuerpo Causal Azul. Así, cada día hay gente que siembra y cosecha karma, todo ello en ciclos distintos. Mientras que algunas evoluciones están saliendo del Espíritu hacia la Materia, otras están regresando de la Materia al Espíritu.

La Yod Flamígera, el Núcleo de Fuego Blanco de nuestra galaxia, es un hijo del Eje que ha pasado en espirales por la Galaxia del Gran Sol Central hasta la posición que ocupa actualmente en la décima casa de la franja azul de la esfera morada y que está pasando por iniciaciones cósmicas bajo la jerarquía de Escorpión. Nuestra galaxia es una entre muchas galaxias que, como un hijo, han salido del universo flamígero del corazón de Dios, moviéndose todas en el sentido de las agujas del reloj y ubicadas en varias posiciones dentro de las doce esferas del Cuerpo Causal Azul.

La Yod Flamígera es el punto focal de otra trinidad de Cuerpos Causales que dan vida a los soles, estrellas y planetas dentro de la galaxia, del mismo modo en que los cuerpos mayores surgen del Eje. Por tanto, nuestra galaxia y todo lo que en ella evoluciona está en un ciclo de la Galaxia del Gran Sol Central, mientras que los miembros de nuestra familia galáctica están en distintos ciclos dentro de sus Cuerpos Causales, cada uno en una casa diferente y en una franja distinta.

Deseamos dejarte un inmenso concepto antes de terminar nuestras analogías de la creación: El Macrocosmos, el Huevo gigante, que contiene en el interior de su «cáscara» un número infinito de universos, tiene una llama gemela. Con la primera exhalación de Dios, dos nobles electrones salieron del núcleo de Su corazón, uno con una rotación positiva y el otro con una rotación negativa. Una relatividad así solo la puede abarcar la Mente de Dios.

Destinados a regresar un día a la Presencia Divina YO SOY, los amantes cósmicos comenzarán a acercarse mutuamente en el momento de la inhalación. Y después de que todos sus hijos hayan sido atraídos hacia el Eje flamígero de sus centros respectivos, la reunión final en su esfera andrógina tendrá lugar mediante la victoria de su ascensión en la luz.

Velos de energía interplanetarios e intergalácticos

Debido al hecho de que el hombre ha recibido libre albedrío, la presencia del mal (un velo de energía) no está limitada a nuestro planeta o nuestro sistema solar. Allá donde hijos e hijas de Dios hayan entrado en el Cuerpo Causal Azul y hayan emprendido el viaje hacia la forma a través de los ciclos de la conciencia solar de Dios, habrán tenido la oportunidad de cualificar mal las energías del Espíritu Santo mientras la Mónada circulaba por las doce casas iniciáticas.

Algunos de los gases y desechos flotantes que oscurecen la luz de los soles en los seis anillos exteriores de la Galaxia del Gran Sol Central son restos del abuso de la energía de Dios. Esta densidad oscurece la luz de secciones enteras de los cielos. Los científicos nos dicen que, si eso no existiera, podríamos leer de noche con la luz de la Vía Láctea.

Si no se realiza la transmutación de estas islas astrales antes de la Gran Inhalación, los patrones que las mantienen serán anulados cuando el cosmos sea atraído hacia el Eje.

La ventaja de transmutar todas las malas cualificaciones intergalácticas e intragalácticas antes de la inhalación es que, mediante la transmutación, la energía, como talentos, se multiplica y se utiliza para glorificar y expandir el reino. Las energías que queden prisioneras de una matriz imperfecta hasta el fin del manvantara son como el talento enterrado del siervo sin provecho. Como ha dicho el Señor, quienes fallan la oportunidad de embellecer el universo son echados a las tinieblas de afuera,[35] las tinieblas que ellos mismos han creado con su abuso del don sagrado del libre albedrío.

Nadie que observe de verdad la vida puede escapar de la conclusión que la ciencia y la religión deben ir de la mano. Cuando Saint Germain dio la información de este capítulo, dijo:

> Escribid. Es hora de que el hombre comprenda de verdad su entorno, de que, con su conocimiento, la religión y la ciencia puedan llegar a ser columnas del templo de la civilización de oro, iguales en derecho y autoridad, una complementando a la otra, dos mitades del espectro del conocimiento humano, ambas recibiendo la inspiración del Cristo.

> Porque la ciencia le llega al hombre desde el aspecto Materno de Dios y la religión desde el Paterno. El Cristo, como Mediador entre los dos, produce esas inspiraciones y revelaciones que llevan a los hombres de fe empírica y razón intuitiva hacia adelante en su búsqueda de un conocimiento cada vez mayor sobre nuestro universo en expansión.

Los misterios de la vida, con todos sus fantásticos milagros, no tienen el propósito de que los contenga la mente del hombre, ascendido o no ascendido. Solo Dios es totalmente consciente de Sí mismo. A menudo los Maestros nos han dicho que incluso ellos no saben quién es Dios en realidad, sino solo el «YO SOY EL QUE YO SOY», esa parte de Sí mismo que Él ha considerado exteriorizar. No obstante, los Maestros no están limitados en ningún sentido de la palabra, porque con el conocimiento del YO SOY pueden continuar explorando y expandiéndose durante millones de eones y seguir sin llegar a comprender quién es Dios.

Habiendo examinado brevemente la estructura y operación de los universos dentro del Huevo Cósmico, volvamos la atención a los cargos jerárquicos con vistas a descubrir cómo ha asignado Dios a Sus Hijos flamígeros para que atiendan las necesidades de quienes están evolucionando en la Galaxia del Gran Sol Central.

SEGUNDA SECCIÓN

Fuentes jerárquicas

YO SOY Alfa y Omega, el principio y el fin. Al que tuviere sed, yo le daré gratuitamente de la fuente del agua de la vida. El que venciere heredará todas las cosas, y yo seré su Dios, y él será mi hijo.[36]

Fuente de unidad: llamas gemelas sobre todas las cosas

Y el SEÑOR Dios dijo: No es bueno que el hombre esté solo; le haré ayuda idónea para él.[37]

El primer cargo de la jerarquía del que trataremos es el de llamas gemelas. Nacidas de la esfera andrógina del Dios Padre-Madre en el Sol detrás del sol, las llamas gemelas representan la plenitud del ser individualizado. Cada llama es el núcleo de una Mónada Divina, una mitad del todo.

No es bueno que el hombre (la manifestación)* esté solo. Al prestar servicio como parejas que no pueden ser divididas, estas individualizaciones del Padre Divino y la Madre Divina supervisan la creación en todos los niveles del ser consciente.

Por todo el Huevo Cósmico, Dios ha ordenado que las llamas gemelas del Espíritu Santo hagan Su voluntad, concentren Su sabiduría y expandan Su amor. Sobre cada sol físico, ya sea

*El original en inglés para **hombre** es **man** y ***man*****ifestación** tiene su raíz en *man*: hombre.

un átomo, un planeta una estrella, una Yod Flamígera o el Gran Eje mismo, hay unas llamas gemelas asignadas por Dios como el Dios y la Diosa Solar de ese sistema de mundos.

Los máximos representantes de la Divinidad en el Huevo Cósmico son Alfa y Omega, que residen en la Ciudad Cuadrangular en el Gran Sol Central. Ahí mantienen el foco del Dios Padre-Madre por las oleadas de vida de los universos dentro del Huevo que son la exteriorización de su autorrealización Divina. Máximus (que significa «Dios es grande») es la autoridad en el Sol detrás del sol a cargo de la Gran Luz Maxín, que es la primera causa tras el efecto al que hemos llamado Huevo Cósmico.

Cada estrella de nuestra galaxia, y los millones de galaxias que giran en torno al Eje, tiene un par de llamas gemelas que mantiene el foco de la identidad de Dios. Estas llamas gemelas guardan la llama de miles de millones de chispas del Espíritu que prestan su impulso acumulado de luz y servicio a esa estrella y a todos los que evolucionan dentro de su sistema. Helios y Vesta prestan su servicio en ese cargo en nuestro sistema solar.

Cada lector de este libro debería detenerse a considerar que él y su llama gemela están destinados a convertirse en Dios y Diosa de un sistema de mundos. Este es el destino para el cual el Dios Padre-Madre creó a las llamas gemelas. Todo aquel que ha salido del Gran Eje ha prometido cumplir con sus responsabilidades hacia el Dios Padre-Madre bajo la amorosa dirección de Alfa y Omega.

Alfa enseña:

> La conciencia Crística —sustancia impoluta, de blanco puro y de fuego blanco— ha salido. El hermoso orbe del Buda, el amor trascendente del Cristo, todos ellos provienen del seno del Principio y se extienden, polos radiantes de identidad, hasta el Fin.
>
> YO SOY Alfa y Omega, el Principio y el Fin de ti mismo. Y al entrar en el corazón de la Madre, Omega, al entrar en la plenitud de su corazón, se indica el fin de ti mismo y

el nacimiento de tu nuevo comienzo. Porque la serpiente se ha tragado su cola y todos los finales son nuevos principios.

Con el desvanecimiento de la pantalla de la identidad de todo lo que es falso en el yo, todo lo que es verdadero nace. Y así, Vesta, en el sol de tu sistema de mundos, es la Madre que invierte sus energías en ti; y Helios es el Dios de ese sol.

«Sobre poco has sido fiel, sobre mucho te pondré»,[38] es la Gran Ley que descendió, latiendo por los éteres desde lo alto, desde nuestra octava. Esta es la sagrada enseñanza Solar entregada a Helios y Vesta. Es la promesa Divina dirigida a cada hijo en todos los sistemas de mundos.

Y si deseas cumplir tu destino algún día, sabe, pues, que las nebulosas en espiral saldrán fluyendo de tu corazón con más facilidad de lo que una araña teje una tela. La radiación de la luz saldrá fluyendo de tus chakras y descubrirás, cada cual, que en esta ilimitada creatividad universal sin principio y sin fin, sin padre y sin madre, tú has sido bendecido con una victoria sobre todos los deseos difíciles de manejar y que se te ha concedido, aquí, en las aulas de la Tierra, la necesaria preparación en humildad que te hace digno de ser un Dios de tu propio universo. Y entonces conocerás el significado de aquello que esta noche parece vago a tus percepciones cuando te digo:

En mi casa hay muchas moradas.[39] En mi casa hay muchos hijos de hombre.* Entonces sabrás que tu destino no yace en el perfeccionamiento de la sustancia ni en la adquisición de riqueza o de fama, sino en las cualidades de Dios; que aquellos que has recibido a tu cargo y protección en el sector del reino del pastor de la conciencia universal se pusieron a tu cargo y protección para que, al oír tu voz, pudieran oír la mía, y para que la perfección pueda vivir, y que el pecado no pueda existir en nuestra octava para arruinar y destruir.

Y así, los querubines que guardan el camino del Árbol de la Vida[40] guardan el camino hasta mi casa, y ningún

*El original en inglés resalta el parecido fonético y gráfico de ***mansions*** (mansiones) y ***man's sons*** (hijos de hombre).

> hombre puede entrar aquí y quedarse a no ser que venga vestido con mi llama. Cuando te levantes de tu ser físico, vestido y ataviado en mi llama, podrás ascender hasta aquí y nada más, pues el Ángel de tu Presencia sabe lo lejos que puedes ir sin quedar consumido por nuestra luz.[41]

El dios y la diosa solar deben representar ante las evoluciones dentro de su sistema el complemento completo de la polaridad divina. Por tanto, alrededor de cada flamígero Centro Solar del Ser hay focos de las Doce Jerarquías del Sol, atendidos por doce pares de llamas gemelas que animan las 144.000 virtudes Crísticas exteriorizadas en las doce franjas de los tres Cuerpos Causales.

En la Estrella Divina Sirio, que es el foco del Sol Central de este sector de la galaxia, las doce jerarquías concentran sus llamas en la Corte del Fuego Sagrado a través de los Veinticuatro Ancianos.[42] Estos doce pares de llamas gemelas presiden sobre los doce templos o atrios exteriores que rodean al atrio central.

Rodeando a Helios y Vesta hay doce Templos del Sol, presididos por doce pares de llamas gemelas. A medida que la Tierra gira en torno a su órbita durante el ciclo anual de doce meses, sus evoluciones pasan por la influencia benigna de cada una de estas doce casas y caen bajo su influencia. A través de su servicio junto con Helios y Vesta de reducir la radiación de las jerarquías de Sirio, de la Yod Flamígera y del Eje, los hombres pueden recibir y asimilar una parte del gran impulso acumulado generado en el centro de la Mente de brillo diamantino de Dios.

Fuente del Ojo Omnividente: los Vigilantes Silenciosos

> *El Cordero que está en medio del trono los pastoreará, y los guiará a fuentes de aguas de vida.*[43]

Dentro del Núcleo de Fuego Blanco del Ser de Dios mora el Gran Vigilante Silencioso, el observador del destino de fuego de todas las galaxias y sus evoluciones que hayan provenido del Gran Eje de la Vida. Este cargo de la jerarquía es esencial para todos los niveles de la percepción autoconsciente de Dios por todo el universo de Su individualización, tanto dentro como fuera de la forma.

Al concentrar la pureza del diseño inmaculado de todos los que han salido con un patrón de identidad al separarse de Dios, con o sin el don del libre albedrío, el Gran Vigilante Silencioso es el haz del ojo de Dios. Cuando está enfocado en cualquier ser o segmento del universo, ese haz «ajusta la matriz», es decir, realinea las energías con el diseño original, la imagen más sagrada que se estampa en el átomo semilla cuando la Presencia YO SOY nace en el corazón del Eje.

Cada amado hijo e hija engendrado por el Dios Padre-Madre está acompañado de un Vigilante Silencioso que protege la llama del Ojo Omnividente, que alimenta y expande la matriz de su destino, esa parte de la Deidad que ha de establecerse en la Mónada, primero como causa en el Espíritu y luego como efecto en la Materia.

Allá donde trabajen en el cosmos, los Vigilantes Silenciosos sostienen la red del antahkarana cósmico. Como columnas de fuego, permanecen en los Templos del Sol, imanes de perfección, espejos de Verdad Cósmica. Hilos de filigrana de luz conectan las energías de su servicio, creando líneas de fuerza que sostienen galaxias en órbita alrededor del centro del Ser de Dios.

No es la fuerza de gravedad, que es la explicación del hombre para esta atracción entre cuerpos celestiales, sino el magnetismo del Espíritu Santo —el intenso amor del plan del Creador sostenido en el corazón de los Vigilantes Silenciosos— lo que mantiene a los flamígeros hijos e hijas de Dios en sus rondas asignadas.

El Imán del Gran Sol Central, centro de amor-pureza flamígeros dentro del Eje, es el foco del Espíritu Santo de Dios. Ello energiza los impulsos acumulados de unidad que hacen de todos los universos de la manifestación consciente de Dios un todo individualizado, una red integrada de galaxias en evolución desde una dimensión a la siguiente. El Imán del Gran Sol Central es la fuente de energía de la llama de la vida allá donde esta se manifieste. Los Vigilantes Silenciosos son los guardianes de esa llama. Con la ayuda de innumerables ayudantes, protegen su pureza y poder, su sabiduría y amor.

El Gran Vigilante Silencioso en el Gran Sol Central, a quien conocemos como Elohim Ciclopea, está rodeado de 144 Llamas Divinas, cada una de las cuales preside innumerables legiones que no tienen más que una meta en la vida: producir la imagen del Cristo por todo el Macrocosmos y el microcosmos del Ser de Dios.

Cada individualización de la Llama Divina desde el centro hacia la periferia del Huevo Cósmico está protegida por un Vigilante Silencioso. Dios no ha dejado ninguna manifestación de Sí mismo sin un espíritu protector que supervise la correcta exteriorización del plan Crístico para su manifestación.

En el hombre, el Vigilante Silencioso es el Mediador conocido como el Ser Crístico. En la naturaleza, los Vigilantes Silenciosos que sirven bajo Ciclopea son los devas que mantienen el patrón Crístico de los benditos elementales. En los reinos angélicos, los poderosos serafines y los protectores querubines reciben la responsabilidad de proteger el concepto inmaculado de la vida.

Los querubines protegen la llama del arca de la alianza entre Dios y el hombre, focalizada en el Gran Sol Central. Ellos guardan el camino del Árbol de la Vida, tanto en la Ciudad Cuadrangular como en todo hijo y toda hija de Dios. «Y no cesaban día y noche de decir: Santo, santo, santo es el SEÑOR Dios Todopoderoso, el que era, el que es, y el que ha de venir».[44]

Los serafines cuidan del foco de la Presencia Electrónica del Todopoderoso —el mayor Vigilante Silencioso de todos— en el mar flamígero de cristal en el mismísimo corazón del Eje. Mezclándose con el cristal y la llama, danzan ante el trono en un ciclo de veinticuatro «horas» o ciclo de veinticuatro fases.

Cada «hora» un nuevo grupo de serafines llega desde lejanos confines del cosmos para asumir su lugar sobre la plataforma que gira en torno a la Gran Llama de la Vida, foco del Altísimo. Según van llegando, otro grupo se marcha y así sucesivamente cada ciclo de veinticuatro «horas». Por tanto, los grupos de serafines, cada uno en múltiplos de 144.000, permanecen ante la presencia de Dios veinticuatro «horas» y sirven en el mundo de la forma una «hora». Saturados con la radiación de fuego cristalino de Dios mismo, los serafines no pueden contaminarse nunca con las evoluciones no ascendidas (como sí lo fueron los ángeles que cayeron con Lucifer), porque es imposible reducir la frecuencia de sus auras santas.

Los serafines reciben el gran «calor» solar generado por los fuegos del corazón de Dios a lo largo de un patrón en forma de ocho utilizado para reducir la enorme velocidad de la luz Crística, emitida desde el centro del Ser de Dios a través de las «alas» de los serafines y, de ahí, a la periferia de la manifestación universal. Los serafines ayudan a los Grandes Vigilantes Silenciosos a irradiar esta luz por los universos del Macrocosmos, donde el Ser Crístico de estrellas, planetas e hijos sirve para reducir las energías transmitidas por los serafines hasta el nivel de la necesidad individual.

Así, el servicio de los Vigilantes Silenciosos es el de actuar como agentes del Imán del Gran Sol Central para reducir desde el nivel de la autopercepción de Dios hasta el siguiente, las energías del potencial de Dios, para que estas puedan ser útiles y relevantes a cada etapa sucesiva de la vida en evolución.

El antahkarana (la red de la vida) está compuesto de los hilos de filigrana que conectan a los Vigilantes Silenciosos que prestan servicio por todo el Macrocosmos. Este antahkarana es el conductor de las energías del Imán del Gran Sol Central. El cordón cristalino que conecta el Yo Divino y el Ser Crístico con el Imán del Gran Sol Central es parte de este antahkarana. ¡Piensa en cuántos soles y galaxias hijo, cuántas reducciones o transformaciones debe atravesar esta red antes de que la energía de Dios se vuelva asimilable y se puede utilizar!

Fuente de la llama trina: reinos de poder, amor y sabiduría

> *Los afligidos y menesterosos buscan las aguas, y no las hay; seca está de sed su lengua; yo el SEÑOR los oiré, yo el Dios de Israel no los desampararé. En las alturas abriré ríos, y fuentes en medio de los valles; abriré en el desierto estanques de aguas, y manantiales de aguas en la tierra seca...*
>
> *Para que vean y conozcan, y adviertan y entiendan todos, que la mano del SEÑOR hace esto, y que el Santo de Israel lo creó.*[45]

La llama trina de la vida concentra la Trinidad de la Divinidad en el Núcleo de Fuego Blanco de todo el Ser. Esta Trinidad se manifiesta en la jerarquía como una división trina de servicio cósmico. Por tanto, todas las huestes de luz sirven dentro de una de estas tres divisiones, conocidas como reinos: el reino de los elementales, el reino de los ángeles y el reino de los Dioses.

Encarnando las cualidades del poder Divino, el amor Divino y la sabiduría Divina respectivamente, estos reinos representan el círculo que rodea el cuadrado de la Cuatro Fuerzas Cósmicas con el fin de su precipitación en la forma. La llama trina en el centro de la Ciudad Cuadrangular se manifiesta primero en los cuatro cuadrantes del reloj de sol. Luego, mediante los rituales y las ayudas de las Doce Jerarquías Solares, el círculo exterior se convierte en el cuadrado, y las ideas asumen forma en los planos del Espíritu y de la Materia.

Al reducir la llama trina cósmica a través de los reinos de los elementales, los ángeles y los Dioses, las jerarquías del sol reciben la ayuda de los Elohim, los Arcángeles y los Chohanes de los Siete Rayos. El nombre de los jerarcas que sirven en estos cargos se incluye en la figura 10. Repasemos sus funciones.

FIGURA 10: Los rayos y sus jerarquías en los tres reinos.

Siete rayos de Dios concentrados en los días de la semana	Cualidades Divinas amplificadas	Representando a jerarquía cósmica en los reinos elemental y angélico		Representando a la jerarquía interplanetaria en el reino de los Dioses	
		Elohim y complementos Divinos	Arcángeles y complementos Divinos	Señores del Karma	Los Chohanes y sus retiros
1.er rayo (martes) Poder de Dios Azul	Fe, protección, deseo de hacer la voluntad de Dios	Hércules Amazonia	Miguel Fe	El Gran Director Divino	El Morya Darjeeling (India)
2.º rayo (domingo) Sabiduría de Dios Amarillo	Sabiduría, inteligencia, entendimiento, deseo de conocer a Dios a través de la Mente de Cristo	Apolo Lúmina	Jofiel Cristina	La Diosa de la Libertad	Lanto El Gran Teton Wyoming (EE. UU.)
3.er rayo (lunes) Amor de Dios Rosa	Compasión, caridad, deseo de ser el amor de Dios en acción	Heros Amora	Chamuel Caridad	Nada	Pablo el Veneciano Sur de Francia; focos en la Estatua de la Libertad y el Monumento a Washington (EE. UU.)
4.º rayo (viernes) Pureza de Dios Blanco	Pureza, plenitud, deseo de ver a Dios a través de la pureza de corazón, motivos y actos	Pureza Astrea	Gabriel Esperanza	Ciclopea	Serapis Bey Lúxor (Egipto)
5.º rayo (miércoles) Verdad de Dios Verde	Constancia, ciencia, curación, deseo de precipitar la abundancia de Dios	Ciclopea Virginia	Rafael Virgen María	Palas Atenea, Diosa de la Verdad	Hilarión Creta (Grecia)
6.º rayo (jueves) Paz de Dios Morado y oro	Devoción, servicio, ayuda del Cristo, deseo de estar al servicio de Dios y el hombre	Paz Aloha	Uriel Aurora	Porcia, Diosa de la Justicia	Nada Arabia Saudí
7.º rayo (sábado) Libertad de Dios Violeta	Libertad, ritual, orden, trascendencia, deseo de hacer todas las cosas nuevas mediante el poder de la transmutación de Dios	Arcturus Victoria	Zadquiel Amatista	Kuan Yin, Diosa de la Misericordia	Saint Germain Transilvania (Rumanía) y Table Mountain (Wyoming, EE. UU.)

El reino elemental

A los constructores de la forma se les dio la importante tarea de traer al «Espíritu con forma» y a la «Materia con forma» los diseños de Dios y del hombre. Como transformadores de las Cuatro Fuerzas Cósmicas, los seres de fuego, aire, agua y tierra sirven para alimentar las ideas Divinas a medida que circulan por los tres Cuerpos Causales. Además, estos seres trabajan para equilibrar y alinear los cuatro cuerpos inferiores de hombres y planetas. Trabajadores del viñedo del Padre, cosechadores de sus siembras, las salamandras de fuego, los silfos, las ondinas y los gnomos ocupan una posición clave en la acción trina de Dios en manifestación.

Los jerarcas de este reino son los doce Elohim. Representando el aspecto Padre de la Trinidad, ellos implementan el penacho azul de Su conciencia. Como Seres Cósmicos a cargo de la precipitación de la forma, manejan el poder del Imán del Gran Sol Central por toda la Galaxia del Gran Sol Central.

Los Elohim otorgan a la creación el poder del Creador, Su voluntad y Su dirección divina a medida que esta se va bajando desde los planos del «Espíritu sin forma» a la «Materia con forma». Debajo de ellos sirven los directores de los elementos —los jerarcas planetarios de tierra, aire, fuego y agua— y los elementales a sus órdenes. (Véase la figura 11).

Aunque los Siete Poderosos Elohim que sirven en los siete rayos de colores son conocidos por algunos estudiantes de la jerarquía, la identidad de los cinco que sirven en el Gran Silencio (en las cinco franjas interiores del Gran Sol Central y en las mismas franjas del Cuerpo Causal Amarillo y Azul) generalmente no es conocida. Estos cinco aparecerán cuando la humanidad haya demostrado un mayor grado de maestría sobre las energías que ahora están disponibles para su evolución espiritual a través de los siete rayos «activos».

Los Elohim que surgieron del corazón de Dios en respuesta

FIGURA 11: Jerarcas investidos de la autoridad de las Cuatro Fuerzas Cósmicas para el planeta Tierra.

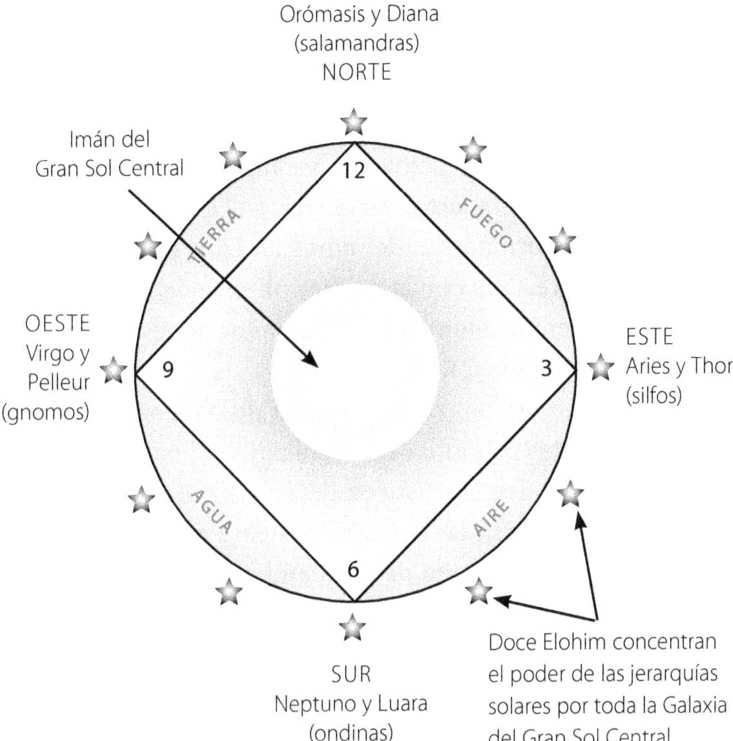

a la Gran Orden son comparables a los electrones que salen del núcleo del átomo. De igual modo que sin los electrones que crean un remolino de energía de tiempo y espacio no habría Materia, sin los Elohim no habría mundo de la forma.

Los cinco Elohim que sirven en los rayos secretos se corresponden con los neutrones que permanecen en el corazón del átomo. Su poder y autoridad se pueden invocar dirigiéndose a «los Elohim de los cinco rayos secretos». Su impulso acumulado se puede utilizar para desarrollar las franjas de los rayos secretos en el Cuerpo Causal del hombre y para magnetizar el potencial flamígero del Núcleo de Fuego Blanco de cada átomo del ser.

El reino angélico

Sirviendo en el penacho rosa del amor de Dios y representando a la tercera persona de la Trinidad están las huestes angélicas de luz —agentes del Espíritu Santo— a quienes se les dio la santa ordenación de servir las necesidades tanto de hombres como de elementales. Bajo la dirección de los Arcángeles y sus complementos divinos, llamados Arcangelinas, los ángeles responden instantáneamente a los decretos del Dios Padre-Madre.

Estos transformadores del amor de Dios fueron diseñados para llenar la creación con la fuerza cohesiva del Espíritu Santo, la energía adherente emitida en todas las acciones creativas, que enfoca el poder de la Palabra hablada.

Los ángeles fueron creados a partir de la esencia del Espíritu para sustentar los magníficos sentimientos del Creador por todo el universo. Su tarea consiste en llenar a los hombres y los elementales con las cualidades necesarias para planificar y ejecutar la voluntad y la sabiduría de Dios en la forma: fe, esperanza y caridad; paz, comprensión y compasión; pureza, consuelo y curación; misericordia, perdón y una alabanza tal a la vida eterna como para unir a hombres y elementales en servicio a su Creador y con amor mutuo.

Como mensajeros de Dios, las huestes angélicas, los poderosos Arcángeles, los querubines y los serafines, descienden con alas de fuego sagrado, llevando tonos iridiscentes de alegría, belleza y deleite. Aureolas del amanecer, auguran el advenimiento del Cristo en cada hombre.

Su amor y dirección infalible es un toque de clarín que integra el yo inferior y el Yo Superior en unidad y en propósito, en plan y en acción. Su amor es un bálsamo de amistad, un ungüento de curación y el aceite de inspiración celestial. Su amor es un imán divino que mantiene a las estrellas en sus rondas asignadas, cada Mónada en su lugar correcto y los átomos de nuestro ser inclinados a hacer la voluntad celestial. Su amor es un tono sagrado, la música de las esferas, el Espíritu que anima la naturaleza y todas las cosas hermosas. Es su amor lo que alimenta las dulces influencias de las Pléyades, lo que fortalece el cinturón de Orión, lo que adorna a Arcturus con sus Hijos.

El reino de los Dioses

> *Cuando introduce al Primogénito en el mundo, dice: Adórenle todos los ángeles de Dios.*
>
> *Ciertamente de los ángeles dice: El que hace a sus ángeles espíritus [refiriéndose al reino angélico], y a sus ministros llama de fuego [refiriéndose al reino elemental].*
>
> *Mas del Hijo dice: Tu trono, oh Dios, por el siglo del siglo; cetro de equidad es el cetro de tu reino [refiriéndose al reino de los Dioses].*
>
> *Has amado la justicia, y aborrecido la maldad, por lo cual te ungió Dios, el Dios tuyo, con óleo de alegría más que a tus compañeros.*[46]

Representando al Cristo, la segunda persona de la Trinidad, están los jerarcas del reino de los Maestros Ascendidos, Seres Cósmicos y hombres convirtiéndose en Dioses. A la *man*ifestación de Dios destinada a convertirse en cocreadora con él se le dio la responsabilidad de supervisar la creación y trabajar con Dios para planificar, diseñar, inventar y dirigir.

Antes de salir del centro del Ser de Dios, el hombre preguntó: «Padre, ¿no podría yo recibir la libertad de elegir el camino, el plan y la acción de mi vida?». En Su gran corazón de amor, el Padre sabía qué dolor podría sentir una creación libre de ir contra Su voluntad; pero también vio la gran oportunidad de expansión y regocijo que tendrían quienes eligieran seguir Su plan.

Y así, de Su infinita sabiduría surgió el fíat: «El hombre tendrá el don del libre albedrío; y quienquiera que demuestre en pensamiento, palabra y obra que puede elegir inteligentemente y bien en todas las cosas, a él daré gloria y honor, poder y dominio;

se sentará a mi diestra, y presidirá sobre los reinos del cielo y la tierra (sobre los reinos angélico y elemental)».

Ayudantes angélicos y servidores elementales de la tierra, el aire, el fuego y el agua acompañaron al hombre en su descenso a la forma, arrastrando nubes de gloria y prometiendo: «He aquí, YO SOY quien vengo, oh Dios, para hacer tu voluntad».[47] Durante tres eras de oro el hombre hablaba libremente con su Dios y se asociaba muy de cerca con ángeles y elementales. La comunión con la vida entera no tenía restricciones y la cooperación entre los tres reinos era impecable.

En eso consistía la exteriorización del plan de Dios para Su creación, que este planeta debe recuperar. La parte que le correspondía al hombre era la de llegar a ser el Cristo y sostener en la Tierra el resplandor iluminador de la Mente de Dios. Los seres de los elementos debían construir el templo para adornar Su sabiduría, piedra sobre piedra de voluntad medida, los diseños del Arquitecto. Las huestes angélicas, inspiradas por el plan, debían llevar al hombre y a la naturaleza ascuas de inspiración, aún calientes del hogar del Padre.

Como ayuda al hombre en su responsabilidad, Dios creó el cargo jerárquico de Chohán, Señor o «Ley», del rayo. Como representantes de las Doce Jerarquías del Sol, los siete Chohanes de nuestro planeta son los elegidos, asignados divinamente por la jerarquía cósmica para servir bajo el Maha Chohán, el representante del Espíritu Santo. En su servicio, cada Chohán administra por la humanidad todos los aspectos cualitativos de su rayo específico, mientras armoniza su administración con la de los Chohanes de los demás rayos.

Así, el Chohán del Primer Rayo administra para hombres de Estado, líderes y organizadores, cuyas actividades corresponden al primer rayo de la voluntad de Dios, del poder de Dios. El Chohán del Segundo Rayo de la sabiduría e iluminación ayuda a los educadores y a todos los que ponen sus esfuerzos en elevar los niveles culturales del mundo.

Los artistas, diseñadores, esteticistas y quienes sean de naturaleza creativa sirven bajo el Chohán del Tercer Rayo del amor y la belleza. Los que se dedican a la pureza y la disciplina de cualquier empeño sirven con el Chohán del Cuarto Rayo del dominio y la pureza.

El Chohán del Quinto Rayo de la curación, la verdad, la ciencia y la precipitación administra para los médicos, científicos, sanadores, músicos, matemáticos y los consagrados a la vida abundante.

Los ministros religiosos, las enfermeras y todos los que administran para satisfacer las necesidades de los hombres prestan ayuda al Chohán del Sexto Rayo de la ayuda y el servicio. Los diplomáticos, sacerdotes del fuego sagrado, actores, escritores y defensores de la libertad sirven con el Chohán del Séptimo Rayo de la libertad, la transmutación y la diplomacia.

Los Chohanes son seleccionados entre los Seres Ascendidos más cualificados que han salido de la escuela de la Tierra. En su tarea les ayudan legiones de ángeles, elementales y otros Hermanos Ascendidos que llevan a cabo el plan de Dios para la más completa expresión posible de los siete rayos para la humanidad de la Tierra. Los Chohanes siempre obedecen la Ley Cósmica, pero tienen cierta libertad, de acuerdo con su propia evolución, capacidades y talentos, para dirigir a los hombres de la forma más diestra, proporcionando ayuda y dirección espiritual en la medida en que el momento lo necesite.

Todos los cargos de la jerarquía entran en el marco de una de estas tres categorías del fuego sagrado. Todos son necesarios para la precipitación, complementándose entre sí. El hombre, que «fue hecho un poco menor que los ángeles» (habiendo recibido el don del libre albedrío y la oportunidad de descender a la forma), es por tanto «coronado de gloria y de honra»[48] en su superación del mundo y obtención de la maestría sobre sí mismo a través del uso correcto de su libre albedrío.

Cuando el hombre alcanza cierto nivel iniciático, la jerarquía de Elohim y de Arcángeles debe obedecer sus órdenes. Igual que los Chohanes, el hombre recibe legiones de ángeles y elementales constructores de la forma que prestan su servicio trabajando para el cargo en la jerarquía al que el hombre ha sido asignado por aptitud. Solo los individuos Crísticos (aquellos que han logrado la conciencia Crística) reciben el poder sobre los aspectos de la forma y el sentimiento de la Divinidad. La jerarquía tiene la responsabilidad de preparar a las evoluciones de la vida (los niños de Dios) para que se eleven en el orden jerárquico y puedan ser halladas dignas de ser llamadas hijos e hijas de Dios. Habiendo sido hallados fieles siervos, se los pone sobre los reinos elemental y angélico.

El SEÑOR, con Su amor infinito, también ha provisto iniciaciones para ángeles y elementales, para que ellos también puedan elevarse en el orden jerárquico. A lo largo de siglos de lealtad al Creador y de una devoción inquebrantable hacia Su creación, los ángeles pueden recibir el don sagrado del libre albedrío y la oportunidad de atravesar los portales del nacimiento. Una vez que descienden a la forma de esta manera, los ángeles comienzan a evolucionar en el reino de los Dioses, sujetos a las mismas pruebas, iniciaciones y leyes kármicas que se aplican a los hijos y las hijas de Dios. Cuando han satisfecho todos esos requisitos, los ángeles pueden pasar por el ritual de la ascensión y entonces cumplir los requisitos para ocupar el cargo de Arcángel o Arcangelina para un sistema de mundos.

Los elementales también pueden evolucionar a través del reino de los Dioses en su camino para convertirse en directores de los elementos y siervos de los Elohim. Esa oportunidad se les puede abrir a ellos y a sus complementos después de que hayan demostrado su capacidad de sustentar patrones en la naturaleza, primero sencillos, después más complejos; primero una gota de lluvia, luego una brizna de hierba, una rosa, un gran roble, una gigantesca secoya. Después se les otorga una llama trina y pasan a servir bajo las disciplinas de un Maestro Ascendido antes de encarnar físicamente. Durante su encarnación, el elemental debe progresar a través de los mismos rituales e iniciaciones descritos por la jerarquía para hombres y ángeles.

Todo cuanto tiene vida (por tanto, Dios) pasa por el proceso de ascenso cuando sigue el proceso natural y divino de la evolución espiritual. Por consiguiente, es a través de la ascensión que ángeles, elementales y hombres encuentran su camino de regreso al corazón de Dios y la vida eterna que conocieron antes de que las estrellas del alba alabaran juntas.

Fuente de poder: los sagrados Manús

> *Al que está sentado en el trono, y al Cordero, sea la alabanza, la honra, la gloria y el poder, por los siglos de los siglos.*[49]

Como emisarios de la voluntad de Dios para miles de millones de almas, observadores de perfección, llamas de consuelo y Verdad que se ciernen y mecen la cuna de la vida, los sagrados Manús vienen a alimentar un planeta que se ha desviado y a corrientes de vida cuyos benditos pies jamás han tocado la tierra. Árbitros de nuestro destino, estos benditos guardianes de la llama no abandonarán su deber hasta que todo hombre, toda mujer y todo niño esté ascendido.

Todos aquellos que provienen del corazón de Dios son colocados bajo la responsabilidad de una madre y un padre cósmicos. Además de estar bajo la atenta mirada del dios y la diosa del sistema solar, todos somos una familia —una unidad jerárquica llamada mandala—, enviada a exteriorizar un plan perfecto de Dios. Este mandala es tan detallado como una flor o un árbol e incluye miles de millones de facetas, cada una de las cuales es una chispa espiritual que refleja un aspecto ligeramente distinto de la Mente de Dios, realzando las facetas de sus vecinos.

Los Manús protectores de nuestra «familia de la raza» actúan como nuestro Padre y nuestra Madre. Acariciando tiernamente cada Llama Divina individual, ellos mezclan nuestros talentos como los pétalos de un lirio, mostrándonos a través del amor fraternal cómo engrandecer las virtudes del Cristo mutuamente.

El cargo de Manú lo ocupan un par de llamas gemelas que representan al Dios Padre-Madre ante toda una oleada de vida, llamada raza raíz. En todos los sistemas de mundos y en todos los planetas donde la vida evoluciona, aparecen siete razas raíz para cumplir su plan divino en siete dispensaciones de catorce mil años, las cuales normalmente se suceden para que solo una raza raíz ocupe el planeta durante una dispensación dada.

Según el plan divino, las llamas gemelas reciben la oportunidad de ejercer el libre albedrío durante catorce ciclos de encarnaciones, siete masculinas y siete femeninas. Es decir, quien encarna bajo la polaridad masculina del Cuerpo Causal primero, como hombre, pasará por siete encarnaciones en un cuerpo masculino y siete en uno femenino. Al final, el alma que ha comenzado como hombre asciende como mujer y viceversa.

En la Tierra, las primeras tres razas raíz (representando el primer, segundo y tercer rayo) aparecieron, cumplieron su plan divino y regresaron al corazón de Dios a través del ritual de la ascensión. Las restantes razas raíz —cuarta, quinta, sexta y séptima— que han de completar su evolución aquí, están bajo el patrocinio de los siguientes Manús: la cuarta raza raíz, el Señor Himalaya y su llama gemela (cuyo foco está en los Himalayas); la quinta raza raíz, el Señor Vaivasvata y su llama gemela (cuyo foco también está en los Himalayas); la sexta raza raíz, el Dios y la Diosa Merú (cuyo foco está centrado sobre la Isla del Sol, en el lago Titicaca, en Bolivia); y la séptima raza raíz, el Gran Director Divino y su llama gemela (cuyos focos están en el retiro de la Casa de Rakoczi, en Transilvania, y en la Cueva de la Luz, en India).

Estas razas raíz están evolucionando en los rayos cuarto, quinto, sexto y séptimo respectivamente. En cada raza raíz hay siete subrazas y cada una de estas últimas sirve en uno de los siete rayos dentro del rayo principal.

El foco del rayo masculino de la Divinidad para la Tierra está en el retiro del Señor Himalaya; y el foco del rayo femenino, en el retiro del Dios y la Diosa Merú.

Con sus razas raíz, los Manús encarnan y sirven como instructores del mundo para establecer el patrón arquetípico del Cristo para la raza. Los Manús normalmente ascienden cuando sus hijos han terminado sus rondas de encarnaciones. Por tanto, los Manús de las tres primeras razas raíz están involucrados en un servicio cósmico con las evoluciones ascendidas de su familia cósmica.

Debido a que la cuarta y quinta raza raíz han permanecido en la Tierra más tiempo de lo esperado (debido a la infiltración de las evoluciones luciferinas y rezagadas de otros planetas), el Señor Himalaya y el Señor Vaivasvata han ascendido. Sus complementos divinos permanecen encarnados para afianzar sus llamas gemelas en la forma. La llama gemela del Gran Director Divino, que patrocina la séptima raza raíz venidera desde las octavas superiores, permanece no ascendida, manteniendo el foco de la cultura de la era de oro desde su hogar en Europa. El Dios y la Diosa Merú eligieron ascender ambos antes de que lo hagan las evoluciones de su raza raíz, prefiriendo prestarles servicio desde el estado ascendido.

Fuente de sabiduría: Señor del Mundo
Buda Planetario
Instructor del Mundo

Contigo está el manantial de la vida; en tu luz veremos la luz.[50]

El cargo jerárquico de Señor del Mundo tiene otorgada la mayor autoridad de la Divinidad para un planeta y sus evoluciones. Tras la recomendación de los Señores del Karma, quien ocupa este cargo ha sido seleccionado por los Logos Solares entre aquellos que han pasado las iniciaciones Búdicas y son aptos de acuerdo con las leyes de la jerarquía como los iniciados más avanzados en un mundo en cuestión.

El Señor del Mundo recibe el diseño original divino del mundo de la mano del Vigilante Silencioso planetario. Él protege la llama trina de ángeles, elementales y hombres, al trabajar para exteriorizar la llama del Cristo en los planos del Espíritu y la Materia. También concentra todos los planos de la conciencia de Dios, que incluye los de los cinco rayos secretos. Al poseer la maestría tanto en los planos internos (los planos de los cinco rayos secretos o rayos pasivos) como en los externos (los planos de los siete rayos de colores o rayos activos) del Gran Cuerpo Causal, él mantiene el equilibrio de la paz en los cuatro cuerpos inferiores del planeta.

Sanat Kumara, jerarca de Venus, guardó la llama como Señor del Mundo durante miles de años. (Sri Magra, que ahora presta un servicio cósmico, ocupó el cargo de Señor del Mundo antes de que lo hiciera Sanat Kumara). Conocido como el Anciano de Días,[51] Sanat Kumara se ofreció a mantener el equilibrio de la luz para la Tierra en un momento en que los consejos cósmicos habían votado en favor de su disolución, debido a que la humanidad no estaba contribuyendo con suficiente luz para justificar su existencia en el sistema solar.

Cuando Sanat Kumara vino desde Venus para hacer de la Tierra su hogar temporal, fue acompañado por un séquito de muchos grandes seres de luz, como su hija (la Maestra Ascendida Meta) y tres de los Siete Santos Kumaras (Señores de la Llama que representan los siete rayos en Venus). Ellos establecieron el retiro conocido como Shambala, sobre una isla, en el mar donde actualmente está el desierto de Gobi. Ahora retiro del Buda Gautama, Shambala es el foco donde el Señor del Mundo, asistido por los cuatro jerarcas de los elementos, mantiene el equilibrio de la llama trina por la Tierra.

En una ceremonia celebrada en el Retiro Royal Teton el 1 de enero de 1956, el Señor Buda Gautama fue ungido por Dios para servir a las evoluciones de la Tierra en el cargo de Señor del Mundo. Asumió este puesto siguiendo a su instructor, Sanat Kumara. El jerarca de Venus recibió el título honorario de Señor del Mundo Regente.

Gautama mantiene un lazo luminoso individual (un hilo de luz) que va desde la llama de su corazón hasta la llama del corazón de todas las corrientes de vida que evolucionan sobre la Tierra, tanto si están encarnadas como si no. Este lazo no se retira hasta que la corriente de vida asciende o pasa por la segunda muerte.

El Señor Gautama es oriundo de Venus, pero ha prestado servicio a la gente de este planeta en muchas encarnaciones. Durante la época lemuriana tuvo una gran iluminación. Reencarnado en el norte de la India alrededor de 563 a. C. como el Príncipe Siddhartha, se convenció a edad temprana de la futilidad de la vida mundana y buscó fervientemente un camino superior.

Después de renunciar a su reino terrenal y cortando todos los lazos humanos que tenía, elevó el cáliz de su conciencia hasta que se unió a su propia Fuente Divina. Uniéndose a la Verdad divina, pasó las iniciaciones que le llevaron a alcanzar el nirvana y el nivel Búdico de la autopercepción Divina. Regresó a la forma humana transfigurado y llegó a ser conocido entre su pueblo como Buda, es decir, «Ser iluminado». Permaneció en su cuerpo físico y llegó a ser el Instructor de instructores, explicando la Vía Media que se le había revelado como el Sendero Óctuple del logro.

Gautama pasó por el ritual de la ascensión el mes de mayo, al término de esa encarnación, y permaneció en los planos del nirvana hasta que volvió al servicio activo en respuesta a los llamados de sus seguidores.

Todos los años, en mayo, sobre una meseta en las faldas del norte de los Himalayas, se celebra el festival de Wesak, que conmemora el nacimiento del Señor Gautama, el hecho de que lograra ese estado Búdico y su ascensión en la luz. En ese momento, la radiación del Buda se afianza en el mundo de la forma a través de su Presencia Electrónica, que muchos peregrinos que se reúnen para la ceremonia pueden ver y sentir.

El Señor Gautama tiene a doce iniciados que sirven a sus órdenes, nueve de los cuales han elegido recientemente encarnar para servir a la humanidad en el nivel no ascendido y dar el ejemplo de la conciencia Búdica que todos están destinados a alcanzar algún día. Los otros tres Budas son Maestros Ascendidos.

Uno de esos tres Budas, el Señor Maitreya, sirve directamente por debajo del Señor Gautama en el puesto de Cristo Cósmico y Buda Planetario. La responsabilidad del cargo de Buda Planetario incluye guardar la llama del Cristo Cósmico por las oleadas de vida del planeta.

Oriundo de Venus, el Señor Maitreya sucedió al Señor Gautama en el cargo de Buda Planetario en la ceremonia de enero de 1956. Estos dos iniciados del fuego sagrado fueron los primeros en responder a la llamada de Sanat Kumara de salir y apartarse de las espirales mundanas y guardar la llama del Cristo. El Señor Maitreya, además de haber estado asociado con el Señor Gautama íntimamente y durante mucho tiempo, también fue un chela del Señor Himalaya. Ahora tiene su foco de iluminación en los Himalayas.

Como Cristo Cósmico y Buda Planetario, el Señor Maitreya supervisa el cargo de Instructor del Mundo, que actualmente lo ocupan conjuntamente Jesús y Kuthumi. Los tres, junto con Gautama y otros que sirven al rayo de la sabiduría, ofrecen a los hombres —independientemente de su nivel de autopercepción Crística— la comprensión sobre cómo cada cual puede vivir la vida del Cristo a través de la aplicación práctica de las leyes de Dios.

El Instructor del Mundo tiene la responsabilidad de hacer salir a la conciencia exterior de los hombres encarnados el conocimiento del Espíritu de Dios interior y del Ser Crístico, la presencia personal del Cristo dentro de todos, forjada a imagen del Unigénito de Dios, el patrón arquetípico para todos Sus hijos e hijas.

Cada ciclo de dos mil años cae bajo uno de los siete rayos. Durante cada período, la jerarquía instruye a la humanidad en la consecución de la conciencia Crística bajo el rayo correspondiente. Moisés puso énfasis en la quinta dispensación bajo su gurú, un gran Ser Cósmico.

Con la proximidad de la conclusión de la quinta dispensación, se realizó un sondeo en los niveles internos para determinar los requisitos para la evolución de los hombres durante el siguiente ciclo de dos mil años. Jesús se convirtió en el Cristo encarnado para la sexta dispensación, que llegó a su fin a mediados del siglo XX. (Saint Germain actualmente guía a la humanidad bajo la séptima dispensación).

En los niveles internos, el Instructor del Mundo esboza la enseñanza espiritual a impartir a la humanidad cada ciclo de dos mil años y entrega las enseñanzas del Cristo, al actuar a través de instrumentos preparados y bien dispuestos, en cada nivel educativo en todos los campos del empeño humano, al patrocinar el plan divino para una cultura de era dorada.

Jesús asumió el puesto de Instructor del Mundo después de servir como Chohán del Sexto Rayo. Oriundo de Venus, vino a la Tierra como defensor y protector del principio divino en el hombre. A través de sus muchas encarnaciones —incluyendo las de Abel, José, hijo de Jacob, Josué, David y Eliseo— Dios preparó a Jesús por medio de la tutela del Señor Maitreya para su última encarnación de servicio.

Nacido casi libre de karma, Jesús sintió de niño la presencia del Señor Maitreya que lo acompañaba y supo, incluso entonces, que «yo y el Padre uno somos».[52] El período entre los doce y los treinta años lo pasó dedicándose a la investigación y la aplicación de los misterios sagrados en Egipto y el Lejano Oriente.

El ministerio de tres años de enseñanza, curación y demostración de la ciencia de la precipitación lo realizó gracias a la unión con su propia realidad Divina y su dominio de la conciencia Crística, manifestada en una llama perfectamente equilibrada. Así, se convirtió en el ejemplo de la era de aquello que se requiere de todo hijo y toda hija de Dios. Jesús demostró lo que se puede hacer cuando el hijo, contemplando su propia Presencia YO SOY, afirma: «No se haga mi voluntad, sino la tuya».[53]

Jesús nos cuenta una de sus primeras experiencias en la jerarquía, cuando Dios le enseñó las flores de abajo y las estrellas de arriba como expresiones esperanzadoras del Altísimo:

> Considerad las flores del campo mientras os cuento una historia de mi encarnación galilea. Fue a la edad de diecisiete años que una noche pasé por un campo. No había luna y las estrellas irradiaban su esplendor en lo alto.
>
> Estaba solo con Dios, y a mi alrededor la hierba se mezclaba con una miríada de flores semejantes a margaritas, cuyos rostros vueltos hacia arriba parecían llenarse de esperanza debido a mi mirada... Y en la exaltación de corazón y la jovialidad de espíritu —sintiendo el rocío sobre los pies, que estaban descalzos sobre la hierba, y percibiendo la alegría del aroma floral— comulgué con Dios y envié mi amor a las flores bajo mis pies.
>
> De repente se transformaron, y no las vi más como flores, sino como rostros de hombres. Las vi como si brillaran de esperanza, y se volvieron majestuosas; diminutas, pero majestuosas. Reflexioné y medité en ellas y le hablé a mi Padre —a mi Dios y a vuestro Dios—, y dije: «¿Las puedo levantar? ¿Les puedo dar esperanza de una mayor magnitud?».
>
> El Padre me habló y me dijo: «Ven a ver». Y, de repente, fui transportado más allá del campo, y tuve ante mí al cosmos. Mis pies estaban como sobre una roca en el espacio exterior y a mi alrededor vi las estrellas que brillaban; mundos de esperanza y mundos externos.

Y sentí como si fuera un pastor de importancia planetaria y como si cada rostro de las flores que habían estado debajo de mí en el campo fuera ahora un planeta, rebosante de multitudes de gente que necesitaba la esperanza y la entrega de la energía de Dios que pasaba a través de mí, entonces, en esa experiencia.

Fui transformado. ¡Fui electrificado! Mi alma se regocijó y, como David de antaño, canté un himno a Dios. Y dije en la quietud de mi juventud: «Dios mío, Tu majestuosidad es grandiosa de contemplar. En los innumerables orbes luminosos de los cielos están las ovejas de Tu prado y las flores de Tu cielo, siemprevivas, brillando llenas de esperanza, creyendo en Tu gracia y Tu maravillosa hermosura. ¿Cómo puede alguien, pues, dejar de creer en Tu grandeza?

Y reflexioné sobre Abraham de antaño; yo, que era de la progenie de David, reflexioné sobre Abraham y su fe. Y recordé entonces, en mis pensamientos, cómo Dios le había hablado, diciendo: «Y haré tu descendencia como la arena que está a la orilla del mar, innumerable. Yo soy el SEÑOR tu Dios que hizo los cielos y la tierra, y haré tu descendencia como las innumerables estrellas incontables».[54] Y mi corazón se alegró y me regocijé.

Después de esta experiencia me encontré vagando por el pasto y sobre la pradera. Y por un momento me quedé aturdido por la experiencia y me tambaleé como un beodo. Entonces, de los suaves pliegues de la noche, apareció Santa Amatista y me envolvió en el amor del Señor Zadquiel y el suyo. Y conocí su consuelo por primera vez en esa encarnación. Y los ángeles se me acercaron más y se me hicieron más queridos con el paso de los años y a medida que comulgué con ellos, así como con los hombres.[55]

Junto con Jesús, ocupa el cargo de Instructor del Mundo el Maestro Ascendido Kuthumi, quien preside la Catedral de la Naturaleza, en Cachemira. En su otro foco de Shigatse, Kuthumi toca un órgano majestuoso —afinado en la clave del gran órgano de la Ciudad Cuadrangular— con acordes que atraen la armonía del Imán del Gran Sol Central. Estos acordes repolarizan los cuatro cuerpos inferiores de los hombres con el diseño original de su plan divino, curando así cuerpo, mente y alma de las imposiciones de la densidad mortal.

En sus encarnaciones como Pitágoras, Baltasar (uno de los tres Reyes Magos), san Francisco de Asís y Shah Jahan (dirigente del imperio mogol en la India y constructor del Taj Mahal), Kuthumi contribuyó con el impulso acumulado de su adoración al Cristo para producir la iluminación, paz, belleza y amor ejemplificados en la segunda persona de la Trinidad. En su última encarnación como Koot Hoomi Lal Singh, ayudó a El Morya a afianzar el conocimiento de la Gran Hermandad Blanca en la conciencia occidental por medio de la Sociedad Teosófica.

Después de ascender, a finales del siglo XIX, Kuthumi sirvió como Chohán del Segundo Rayo. (Fue sustituido en ese cargo por el Señor Lanto en 1958). En 1956 Kuthumi fue designado como ayudante del Maestro Jesús en el cargo de Instructor del Mundo, durante el crucial período de transición antes de la era de oro.

Fuente de pureza: el Espíritu Santo

> *¿O ignoráis que vuestro cuerpo es templo del Espíritu Santo, el cual está en vosotros, el cual tenéis de Dios, y que no sois vuestros?*[56]

La responsabilidad del cargo de Maha Chohán («Gran Señor») se le da a quien está más cualificado para representar la llama del Espíritu Santo para las evoluciones de un planeta. El Maha Chohán, que mantiene el foco del Imán del Gran Sol Central, presta servicio como instrumento de Dios para infundir en el reino de la naturaleza el aliento de fuego sagrado (prana), la quintaesencia del principio Padre-Madre necesario para sustentar la vida en los cuatro cuerpos inferiores de un planeta y sus evoluciones encarnadas.

Quien actualmente ocupa este cargo para la Tierra, estuvo encarnado como el poeta ciego Homero. En su retiro de Sri Lanka, consagra la llama del Espíritu Santo (blanca) y la llama del consuelo (blanca teñida de rosa, con la base de oro).

El Espíritu Santo es el Consolador de quien habló Jesús a sus discípulos: «Pero cuando venga el Consolador, a quien yo os enviaré del Padre, el Espíritu de verdad, el cual procede del Padre, él dará testimonio acerca de mí... Os conviene que yo me vaya; porque si no me fuera, el Consolador no vendría a vosotros; mas si me fuere, os lo enviaré».[57]

El ritual del retorno, por medio del cual el hijo se reúne con el Padre en la ascensión (o el electrón con el protón) es necesario para que la luz de Alfa y Omega se emita en la forma. Cuando se logra la fusión de la primera y la segunda persona de la Trinidad, el poder del Espíritu de Dios se emite a través de la tercera persona. Hasta que no se realice este ritual, el Espíritu no estará próximo: «Si no me fuera, el Consolador no vendría a vosotros».

En el ritual del bautismo, las llamas gemelas del Espíritu Santo, que son la esencia del Dios Padre-Madre, llenan al suplicante con las energías necesarias para el cumplimiento del plan divino individual de logro Crístico en el mundo de la forma. Este fuego del Espíritu Santo comunica el bien supremo desde el Centro del Ser hasta la periferia y establece la matriz para que el hombre entero llegue a ser pleno.

El cargo del Maha Chohán supervisa a los Chohanes de los Siete Rayos, los siete hijos del Espíritu Santo. Los siete rayos de colores concentrados por los Chohanes se unen en la intensidad de la resplandeciente luz blanca del Espíritu Santo, representada por la paloma blanca y las lenguas hendidas de fuego, la acción de los rayos gemelos del Espíritu Santísimo del Dios Padre-Madre. La actividad de este cargo, por tanto, no está confinada a ninguno de los rayos, sino que reina con supremacía sobre todos. A través del prisma de la conciencia del Espíritu Santo, todos pueden encontrar su rayo determinado de servicio, que conduce a la maestría en todos los rayos y al logro de la conciencia Crística.

Fuente de amor: la Madre del Mundo

> *Apareció en el cielo una gran señal: una mujer vestida del sol, con la luna debajo de sus pies, y sobre su cabeza una corona de doce estrellas.*[58]

Omega: ¡Madre de ciclos eternos, que animas el rayo femenino por todo el cosmos, que consagras la Maternidad de Dios! ¡Mater de milagro Macrocósmico, qué hermosa es tu conciencia virgen! ¡Qué encantador es tu Divino Varón! ¡Qué sagrada es tu niebla de fuego cristalino que adorna al Padre del ser eterno! Tu fuerza es la estructura del universo, la fragilidad de un huevo de petirrojo en primavera, el poder de una ola del océano, de la lluvia de verano y del trueno que resuena en las colinas.

Cada alma, cada llama del corazón que desciende a la Materia, está abrigada en las mantillas de tu amor. Siendo tú, oh, Madre, el instrumento del amor del Padre, nuestros cuatro cuerpos inferiores, que tú has hecho, complementan Su Espíritu que habita en nosotros. Forjado del polvo, nuestro destino es tuyo. Al mezclarnos con los elementos, nos unimos al Espíritu y trascendemos el tiempo. Cobijados en el corazón de la Tierra, conocemos el consuelo de la vida. Sea cual sea nuestra conciencia, tú nos enseñas a conocerlo a él, el Unigénito, que es nuestra realidad esclarecida. En las estrellas por encima y debajo del firmamento, vemos aparecer su rostro. Pero, sobre todo, en nuestro corazón —forjado a partir del tuyo— lo vemos como una rosa perfecta.

Todos los que encarnan en forma femenina y todas las Maestras Ascendidas guardan la llama por la Madre Divina. Los fuegos de su corazón son los de ellas, y llevan las ascuas de su amor para calentar los hogares de niños, ángeles y elementales.

El representante más alto del rayo masculino de Dios en la Tierra es aquel que ocupa el cargo de Señor del Mundo, que debe haber alcanzado la plenitud de la iluminación Búdica en el sendero de iniciación. La representante más alta del rayo femenino en la Tierra es aquella que ocupa el cargo de Madre del Mundo.

Aquella que es seleccionada por los Señores del Karma y el Señor del Mundo como representante de la Madre del Mundo para la Tierra lleva la corona de la Madre del Mundo —una corona de doce estrellas— y sostiene el cetro de autoridad, al guardar la llama del concepto inmaculado por todos los que evolucionan en la Tierra.

El cargo de Madre de la Llama lo ocupa una miembro no ascendida de la jerarquía, seleccionada entre las mujeres más evolucionadas devotas de la Madre del Mundo. Ella ocupa el cargo de por vida a menos que se la retire por fracaso o incompetencia.

En esta época, la llama y el vientre —el fuego cósmico y la matriz cósmica— de la Madre del Mundo están sufriendo una enorme oposición por parte de las fuerzas del mal, que se han alineado contra el aspecto femenino de Dios que da vida al Divino Varón, la imagen más santa de Su progenie.

Jesús le reveló a Juan las aflicciones de la mujer que vendría en los últimos días, antes de la venida del reino de Dios a la Tierra. En el duodécimo capítulo del Apocalipsis de Juan hay una descripción del patrón arquetípico de la Madre Divina y el Niño Cristo.

Cada mujer lleva el peso de este cargo. Y cada hijo e hija de Dios es el remanente de su progenie, que deben luchar contra el dragón de la mente carnal[59] que hace la guerra contra el Cristo.

> *Apareció en el cielo una gran señal: una mujer vestida del sol, con la luna debajo de sus pies, y sobre su cabeza una corona de doce estrellas.*

Y estando encinta, clamaba con dolores de parto, en la angustia del alumbramiento.

También apareció otra señal en el cielo: he aquí un gran dragón escarlata, que tenía siete cabezas y diez cuernos, y en sus cabezas siete diademas;

y su cola arrastraba la tercera parte de las estrellas del cielo, y las arrojó sobre la tierra. Y el dragón se paró frente a la mujer que estaba para dar a luz, a fin de devorar a su hijo tan pronto como naciese.

Y ella dio a luz un hijo varón, que regirá con vara de hierro a todas las naciones; y su hijo fue arrebatado para Dios y para su trono.

Y la mujer huyó al desierto, donde tiene lugar preparado por Dios, para que allí la sustenten por mil doscientos sesenta días.

Después hubo una gran batalla en el cielo: Miguel y sus ángeles luchaban contra el dragón; y luchaban el dragón y sus ángeles;

pero no prevalecieron, ni se halló ya lugar para ellos en el cielo.

Y fue lanzado fuera el gran dragón, la serpiente antigua, que se llama diablo y Satanás, el cual engaña al mundo entero; fue arrojado a la tierra, y sus ángeles fueron arrojados con él…

Y cuando vio el dragón que había sido arrojado a la tierra, persiguió a la mujer que había dado a luz al hijo varón.

Y se le dieron a la mujer las dos alas de la gran águila, para que volase de delante de la serpiente al desierto, a su lugar, donde es sustentada por un tiempo, y tiempos, y la mitad de un tiempo.

Y la serpiente arrojó de su boca, tras la mujer, agua como un río, para que fuese arrastrada por el río.

Pero la tierra ayudó a la mujer, pues la tierra abrió su boca y tragó el río que el dragón había echado de su boca.

Entonces el dragón se llenó de ira contra la mujer; y se fue a hacer guerra contra el resto de la descendencia de ella, los que guardan los mandamientos de Dios y tienen el testimonio de Jesucristo.[60]

Fuente de autoridad: Dioses y Diosas

Yo dije: Vosotros sois dioses, y todos vosotros hijos del Altísimo.[61]

La autoridad de las 144.000 virtudes que florecen desde los doce atributos divinos está animada por Seres Cósmicos que se han dedicado a la exteriorización de esas virtudes en los planos del Espíritu y la Materia.

Todos los hijos de Dios, al haber recibido el don del libre albedrío, tienen la oportunidad de consagrar sus energías al rayo y a la llama de su vocación y su elección. Entonces tendrán la oportunidad de engrandecer un aspecto de la chispa, hasta que esta se convierta en un torbellino, luego en un sol en miniatura y, finalmente, en un orbe de dimensión cósmica, un verdadero imán de virtud, una fuente de autoridad, de la cual todos los que tienen hambre y sed de justicia podrán beber y ser llenados.

El Arcángel Miguel se extiende sobre este misterio:

> YO SOY un Arcángel y lidio con las pasiones y sentimientos de Dioses y hombres. Cuando hablo de «Dioses», confío en que entenderéis que no hay más que un SEÑOR. «Oye, Israel: el SEÑOR nuestro Dios, el SEÑOR uno es»,[62] sigue siendo el fíat de los tiempos.
>
> Pero hay muchos hijos y muchas hijas que han comenzado a exhibir esa maestría sobre sí mismos y ese control cósmico que conducen a la iniciación y la involucración superior en el curso eterno de la certidumbre universal. Han llegado a ser, como si dijéramos, Dioses en sus dominios. A estos también hay que tenerlos en cuenta —estos Seres Cósmicos, Maestros Ascendidos, ángeles, Arcángeles y Poderosos Elohim—, pues se han convertido en cocreadores junto a él por las cualidades divinas que han exteriorizado.

> El hombre finito pocas veces piensa en tales seres: Hijos siervos que se han elevado en la nobleza cósmica para adornar los cielos con su amor expansivo. Y este es el significado de la frase «¡Dioses sois!»[63] citada por Jesús, que tuvo el valor de predicar la verdad cósmica para que toda manifestación de Dios tenga la oportunidad de llegar a ser divino, tal como el Padre está en ellos y ellos en Él.
>
> La fe de los mortales normalmente se centra en este o aquel de sus contemporáneos, por quien sienten una estima o un desdén cambiantes. ¡Qué lástima! Porque todos los hombres están llegando a ser, todos los hombres están evolucionando, aun cuando el movimiento hacia adelante solo se puede medir en centímetros. Aprendan los hombres, pues, a tener fe en el potencial de su propia evolución y hagan lo mismo con los demás. Porque el arco de Dios se extiende por los cielos y alcanza la vida de cada individuo según su capacidad de recibir.[64]

Como está escrito en el libro de Salmos, el SEÑOR declara la autoridad de quienes han magnetizado un impulso acumulado solar de la virtud de la luz: «Yo dije: Vosotros sois dioses, y todos vosotros hijos del Altísimo».[65]

Recibir el título de Dios o Diosa es un encargo sagrado, un honor cósmico y una responsabilidad universal. Ello significa que, por medio de la invocación del fuego sagrado en el núcleo de fuego blanco de la llama, un hijo de Dios ha atraído hacia su aura una luz de magnitud solar que le da la capacidad de unirse a esa llama en el corazón del Gran Sol Central y conservar su identidad inmortal.

Y así, ha nacido un Dios en la llama del ser eterno. Así, el Todopoderoso honra una parte de Sí mismo. ¿Podemos nosotros hacer otra cosa, nosotros a quienes, al seguir sus pasos cósmicos, se nos indica que subamos más alto porque ellos se han elevado?

Estos Seres Cósmicos tan dedicados a la realización del Cristo en todos, ofrecen a las almas encarnadas las aguas de la vida eterna que fluyen desde sus fuentes de llama viva. Comerciantes del Espíritu, exclaman: «A todos los sedientos: Venid a las aguas; y los que no tienen dinero, venid, comprad y comed. Venid, comprad sin dinero y sin precio, vino y leche».[66]

Fuente de oportunidad: los Señores del Karma

No os engañéis; Dios no puede ser burlado: pues todo lo que el hombre sembrare, eso también segará.[67]

Además de los cargos de los que hemos hablado, hay varios puestos jerárquicos ocupados por grupos de Maestros Ascendidos. Algunos de ellos son casi como comités ad hoc, comités creados para satisfacer una necesidad en particular y disueltos cuando la necesidad se ha satisfecho. Otros son de naturaleza permanente. Entre ellos está el Consejo de Darjeeling y el Consejo Indio de la Gran Hermandad Blanca, así como el Consejo del Royal Teton. Pero el más importante para las evoluciones de la Tierra es el Consejo Kármico.

El Consejo Kármico está designado como el Tribunal Supremo de la Oportunidad. El portal abierto hacia la unidad con Dios,* que la junta de ocho miembros protege para las evoluciones de este sistema solar, provee los medios para la liberación de los hombres de la red de su propio karma.

Debido a Su gran misericordia, Dios ha ungido a estos seres para que actúen como Mediadores entre la perfección de la Ley y la imperfección de quienes se han apartado del estado de gracia. El Consejo Kármico sirve, pues, al nivel del Ser Crístico de los hombres, al sopesar diariamente el equilibrio del uso por parte de los hombres de la energía Arriba y abajo.

Tal como el Tribunal Supremo de los Estados Unidos dicta sentencia sobre la constitucionalidad de las leyes promulgadas

---

*En inglés, *opportunity* 'oportunidad' = *open portal to unity* 'portal abierto hacia la unidad'. (N. del T.)

por la rama legislativa del Gobierno federal, el Consejo Kármico ratifica con sus sentencias y dispensaciones aquellas leyes inherentes al marco de la Ley Cósmica. Este augusto cuerpo, que recibe peticiones y solicitudes tanto de seres ascendidos como no ascendidos, considera minuciosamente cada caso que recibe bajo el enfoque de la necesidad del mundo y del karma individual.

Los juicios de esos Señores de la Vida son tan misericordiosos, que sus decisiones con frecuencia dan la impresión de carecer de justicia a quienes no tienen acceso al registro entero de lo ocurrido. Quizá las acciones de un hombre determinado no merezcan ninguna misericordia, según les parece a quienes lo conocen. Pero los Señores del Karma, que revisan los registros de vidas pasadas, pueden hallar circunstancias atenuantes —graves injusticias practicadas contra él por personas y por la sociedad— que los lleven a concederle una nueva oportunidad de encontrar al Cristo antes que darle una carga de retorno kármico que él no podría soportar. En fechas posteriores, cuando esté fortalecido en Cristo, por Ley Cósmica deberá cargar con todo el peso de su karma. Así, la oportunidad, la nota clave de la vida, se refleja en los juicios de los Señores del Karma.

Kuan Yin, que ocupa el puesto de Diosa de la Misericordia en el Consejo Kármico, cuenta cómo, una vez, la Diosa de la Libertad suplicó pidiendo misericordia por un alma: «Recuerdo el caso de un hombre muy joven que actualmente está encarnado, que golpeó cruelmente con un látigo a su hermano en una encarnación anterior, hasta que le dañó tanto que el niño nunca pudo volver a caminar. Según la gran Ley Cósmica, se decretó que este joven accediera a la vida sin extremidades. La Diosa de la Libertad se dirigió, en pie, a todo el Consejo y suplicó por este joven como si fuera su propio hijo. Y así, nació con las extremidades incapacitadas. Aunque no tenía la capacidad, no era deforme en su apariencia. Os cito este ejemplo para destacar la magnanimidad de los seres espirituales, algo poco reconocido por la humanidad».[68]

Cuando el Consejo Kármico emite un veredicto, los directores de los elementos inmediatamente lo trasladan y lo promulgan por todo el orden natural. Porque entre los Señores del Karma y el reino elemental existe una red de comunicación instantánea mediante la cual se aplica la Voluntad Divina.

Cambios climatológicos (así como tormentas, inundaciones, incendios, tornados y cataclismos) se producen como resultado del abuso por parte del hombre del poder creativo del Espíritu Santo. Por medio de estas perturbaciones periódicas en la naturaleza, cuando Atlas se sacude la discordia humana, el equilibrio de los cuatro elementos se restaura y los cuatro cuerpos inferiores del planeta se purifican y realinean.

Los Señores del Karma siempre toman sus decisiones a favor de la expansión de la Llama Crística en el individuo y en el mundo. Solo cuando la humanidad no aprovecha repetidamente la oportunidad espiritual durante un largo período de tiempo es que estos Señores toman medidas severas para reprender a la corriente de vida recalcitrante o a toda una generación.

Este fue el caso cuando los continentes de Lemuria y la Atlántida se hundieron. Porque el cataclismo es el medio por el cual los patrones del mal inherentes a una civilización decadente se destruyen. Después, la jerarquía puede empezar de nuevo a construir una sociedad devota donde los hijos de la luz puedan recibir las verdaderas enseñanzas del Cristo y de la Ley.

Fuente de libertad: los Catorce Maestros Ascendidos que gobiernan el destino de los Estados Unidos

> *Estad, pues, firmes en la libertad con que Cristo nos hizo libres, y no estéis otra vez sujetos al yugo de esclavitud.*[69]

Los Catorce Maestros Ascendidos que gobiernan el destino de los Estados Unidos son grandes seres de luz procedentes de la Estrella Divina Sirio, que es la sede del gobierno Divino en esta galaxia. Estos Maestros han sido asignados por Dios para dirigir el curso de los Estados Unidos de América y ayudar en el establecimiento del gobierno Divino en ese país.

Como dice el Espíritu de la Libertad en estos Catorce Maestros Ascendidos:

> La victoria de los Estados Unidos no es la victoria de una nación. Es la victoria de las Doce Jerarquías del Sol en las doce tribus de Israel que han salido de todas las naciones para adentrarse en la llama, las cuales regresarán a todas las naciones para encender la llama. Serán para toda la gente los portadores de los fuegos de la libertad.
>
> Oigan, pues, los corredores de la carrera el grito de los Catorce Maestros Ascendidos. El nuestro es un grito por la libertad por toda la Tierra. El nuestro es un grito por la Madre Divina. El nuestro es un grito por la liberación de las almas de la humanidad.[70]

Hace más de cincuenta mil años, en una tierra fértil donde ahora está el desierto del Sáhara, Saint Germain trabajó con catorce Maestros Ascendidos que guiaban el gobierno y la cultura. El Mensajero Guy Ballard, bajo el pseudónimo de Godfre Ray King, dejó constancia de la historia de esa civilización en su libro *Misterios develados.*

Saint Germain gobernó esa civilización con suprema justicia y sabiduría. La mayoría de sus súbditos conservaron el uso pleno y consciente de la sabiduría y el poder de Dios. Poseían facultades que hoy parecerían sobrehumanas o milagrosas. Aquella civilización estaba llena de una gran paz, felicidad y prosperidad. El imperio alcanzó una belleza, simetría y perfección que no han sido superadas en la octava física. Durante cientos de años se mantuvo esta perfección sin ningún ejército ni armada de ningún tipo.

En cada uno de los siete rayos trabajaban dos de los Maestros

Ascendidos que servían con Saint Germain. Debajo de estos catorce Maestros Ascendidos había catorce Maestros menores, que constituían la autoridad de siete departamentos que controlaban las actividades de las ciencias, la industria y el arte.

Saint Germain le enseñó a Guy Ballard el registro del declive de esa civilización. El principio del fin se produjo cuando una parte de la población se empezó a interesar más por los placeres temporales de los sentidos que por el plan creativo más grande del Gran Yo Divino. Quienes gobernaban se dieron cuenta de que debían retirarse y dejar que la gente aprendiera, a través de la dura experiencia, que toda su felicidad y todo el bien habían existido gracias a la adoración al Dios interior, y que debían volver a adorarlo y servir a la luz si querían ser felices.

Un consejo cósmico le dijo al gobernante que debía dejar su imperio y su pueblo. El rey y sus hijos se retiraron siete días después. Al día siguiente llegó un príncipe extranjero que se hizo con el poder sin oposición. Dos mil años después, como resultado de la discordia y el egoísmo del que alguna vez fue un gran pueblo, que vivió allí, la mayor parte del imperio se había convertido en una tierra estéril.[71]

¿Cómo pueden evitar el mismo destino los Estados Unidos y todas las naciones? Los Catorce Maestros Ascendidos que gobiernan el destino de los Estados Unidos nos dicen:

> Os ponemos delante el reto, el reto que conocéis, pero que hay que expresar; que hay que escribir. Y vosotros debéis ser notificados por el Consejo Cósmico de que sois plenamente conscientes de aquello que el propio Saint Germain ha denominado como «el reino de lo posible».[72]
>
> Para poder dirigir el curso de este país como Dios nos lo asignó, debemos tener donde corresponda a personas que tengan sintonía con la Mente de Dios, que sean humildes y que obedezcan la llamada interior y las instrucciones.
>
> En esta fecha vemos que, en el planeta Tierra, se han arraigado en todos los países, en medio de todos los pueblos

y, tristemente, en las casas de culto y en la religión organizada, aquellos archiembusteros y caídos, los impíos en quienes no existe la chispa de la vida, porque hace mucho la extinguieron al negar al Dios vivo.

Quienes dirigen y toman decisiones en puestos de poder en todos los países se niegan a hacer y a ser lo que para el pueblo es obvio. ¡Esto debe terminarse!...

Por tanto, acudimos a vosotros que habéis construido la cuerda de salvamento hasta la Presencia, que habéis fortalecido vuestro cordón cristalino, que tenéis acceso a los grandes seres de luz mediante el llamado: No dejéis que se ponga el sol ningún día sin implorar a la Virgen Cósmica, a vuestro bendita Madre, María, que deje que la mano derecha de su Hijo Jesucristo descienda sobre aquellos que pronuncian las palabras en defensa de la vida y la libertad pero han traicionado a todos los pueblos que han defendido esa libertad en este y en todos los siglos...

¿Cómo podemos dirigir el curso de esta nación o de cualquier otra cuando vosotros, el pueblo de luz, habéis permitido que estos caídos permanezcan en puestos de poder?[73]

Saint Germain ha dicho: «¡Ya basta! He patrocinado una nación. He patrocinado a un pueblo de Dios. Y ellos se han ido por sus caminos y han permitido que los dividan y no han actuado juntos, con un único espíritu de fuego, para desafiar a los impíos que les quitan mi dispensación de la era de Acuario. Id, pues, Catorce Maestros Ascendidos. ¡Decídselo! Decidles que deben mover a la acción a un pueblo, no según alianzas políticas, ¡sino según la alianza con Dios Todopoderoso!»...

Llamad al SEÑOR, vuestra Poderosa Presencia YO SOY, ¡y ella descenderá a vuestro templo con truenos y relámpagos y el soplo de un viento recio! Llamad al Señor, vuestro Santo Ser Crístico, y él descenderá a vuestro templo y brillaréis como ese Hijo de Dios y vuestras palabras tendrán la autoridad de vuestra Cristeidad personal.

No afrontéis este Mal, por tanto, con vuestra conciencia

> humana, mas rezad siempre. Buscad siempre la llama de honor cósmico. Estad siempre escondidos con Cristo en Dios.[74]
>
> Invocad la ley del perdón a diario por aquellas cosas que sabéis y por las que no conocéis en vosotros que pudieran ser una ofensa para vuestro Dios o vuestro prójimo. Por tanto, recibid perdón cada día, absolución, y estad unidos al corazón de Cristo y, por consiguiente, tened la protección total del Arcángel Miguel. Sed honestos con vuestro Dios. Sed honestos con vosotros mismos. ¡Sed honestos con la Mensajera! Y admitid «todas esas cosas» y seguid adelante con valor, ya no como cobardes, escondiéndoos en vuestras viejas prendas.
>
> ¡Estamos decididos a cambiar esta nación![75]

Los Catorce Maestros Ascendidos nos advierten de que no bajemos la guardia:

> Pueden cambiar muchas cosas. Y cuando cambian a peor y no a mejor, ello puede significar un descenso rápido y repentino, un descenso de energía, un descenso de conciencia.
>
> Por el hecho de que las cosas parecen estar en calma, no lo creáis. Las cosas pueden cambiar rápidamente y vosotros os podréis encontrar muy poco preparados. Procurad estar tan preparados como lo estaría cualquier patriota de antaño; alertas como el vigilante en el muro. Sí, sed ese vigilante. Porque os diré que es necesario, porque las naciones están dormidas. Quienes planean el mal y la destrucción, no duermen. El demonio no duerme. Los ángeles caídos no duermen.
>
> Ahora no es momento de aflojar. Ahora no es momento de decir: «He hecho lo que me correspondía. Me retiraré. Me iré a jugar al golf. No estaré donde debo estar en el momento en que el fuego de los caídos se desencadena».[76]

Los Catorce Maestros Ascendidos nos ofrecen su ayuda, si tan solo la invocamos:

¡No nos tratéis como si fuéramos lejanas estrellas y lejanos parientes que llegan de vez en cuando de visita! ¡Estamos aquí! ¡Os ayudaremos respondiendo a vuestro llamado!

Recordad, cuando escuchamos los fíats pronunciados con tanta fiereza, respondemos. Pedimos refuerzos. Y *vosotros* conseguís la victoria. Y los caídos quedan totalmente derrotados. ¡No tienen ningún poder! ¡No tienen ningún poder! ¡No tienen ningún poder sobre vosotros!

Por lo cual, ¡invocad al Señor! ¡Levantaos con Su dominio! Y recordad que los Arcángeles luchan en la batalla por vosotros. No entréis nunca en una confrontación directa con extraterrestres o caídos; entregadlos con vuestros decretos a las huestes del Señor. Esa es la fórmula, amados. La fórmula funciona.

Os pido, por amor a todas las evoluciones de este planeta, que hagáis funcionar las fórmulas de la Gran Hermandad Blanca en vuestra vida, ¡cada día![77]

Fuente de la era de oro: Saint Germain

El séptimo ángel tocó la trompeta, y hubo grandes voces en el cielo, que decían: Los reinos del mundo han venido a ser de nuestro Señor y de su Cristo; y él reinará por los siglos de los siglos.[78]

Joya del corazón de las fuentes de loto de la jerarquía, estrella central de la corona del regocijo del Señor, piedra clave del arco sagrado: «Saint Germain» es el nuevo nombre escrito en la piedra blanca, Saint Germain es la llama del nuevo orden de las eras.

Poseedor del título de Dios de la Libertad para ese sistema de mundos, Saint Germain ha permanecido durante siglos como defensor de la libertad individual y del mundo.

En la Atlántida sirvió en la Orden del Señor Zadquiel como sumo sacerdote del Templo de la Purificación. En medio de salas de mármol blanco y reluciente, rodeado de pinos centenarios cuyas ramas se mezclaban con los vientos del Espíritu Santo, sus invocaciones sustentaban una columna de fuego, una fuente de llama violeta cantarina que magnetizaba a los grandes y pequeños que venían de cerca y de lejos a ser liberados de todas las condiciones limitantes del cuerpo, el alma y la mente.

Allí se reunían espíritus de la naturaleza y ángeles devas que alababan a aquel cuyo amor era siempre la fuente de esperanza regeneradora y libertad gozosa de manifestar en el reino de la naturaleza las formas geométricas de la Verdad y la Libertad, la Misericordia y la Justicia.

Antes del hundimiento de la Atlántida, mientras Noé aún construía su arca y advertía a la gente del gran diluvio que iba a llegar, Saint Germain, acompañado de unos pocos sacerdotes, transportó la llama de la libertad desde el Templo de la Purificación hasta un lugar seguro en las estribaciones de los montes Cárpatos, en Transilvania. Allí continuaron con el sagrado ritual para expandir los fuegos de la libertad, incluso cuando el karma de la humanidad estaba siendo exigido por decreto divino.

En encarnaciones posteriores, bajo la guía de su maestro e instructor, el Gran Director Divino, Saint Germain y sus seguidores redescubrieron la llama y continuaron protegiendo el santuario. Después, el Gran Director Divino, ayudado por su discípulo, estableció un retiro en el sitio donde estaba la llama y fundó la Casa de Rakoczi. Esta misma llama, radiante con su brillo transmutador como el color de las orquídeas catleya, ha sido concentrada en el retiro etérico del Arcángel Zadquiel y Santa Amatista sobre la isla de Cuba desde los primeros días de la Atlántida.

De niño, cuando estaba encarnado como el profeta Samuel (que significa «su nombre es Dios»), Saint Germain oyó la voz de Dios y respondió: «Habla, SEÑOR, porque tu siervo oye». Está escrito que «Samuel creció, y el SEÑOR estaba con él, y no dejó caer a tierra ninguna de sus palabras. Y todo Israel, desde Dan hasta Beerseba, conoció que Samuel era fiel profeta del

SEÑOR».[79] Ungidor de reyes, oráculo del pueblo, confidente de Saúl y David, Samuel ocuparía en el futuro el corazón afectuoso de un pueblo comprometido con una gran unión con el nombre de «*Uncle Sam*»*.

Al haber ayudado a establecer las bases espirituales de Israel, Saint Germain invocó la Llama Crística para la dispensación cristiana cuando estuvo encarnado como José, protector de Jesús y María. Siempre cerca cuando se lo necesitaba, prestó su fuerte brazo en defensa de la madre y el niño.

Al final del siglo IV, este santo hermano dio la vida por Anfíbalo, otro devoto cristiano, y se convirtió en el primer mártir de Inglaterra, después canonizado como san Albano. Cuando fue Merlín, «el viejo sabio», ayudó al rey Arturo (El Morya) a formar la santa orden de los Caballeros de la Mesa Redonda y a establecer la búsqueda del Santo Grial, la copa de la que nuestro Señor bebió en la Última Cena.[80]

Cuando Saint Germain estuvo encarnado como Roger Bacon (c. 1220-1292), escribió *Opus Majus* y otros tratados bien conocidos sobre física, química y matemáticas.

En el siglo XV, el Destino volvió a sonreír al Hijo de la Libertad. Un arco desde la llama del retiro sobre Cuba saltó hacia el corazón del joven, entonces encarnado en un pequeño pueblo de Génova como un marinero relativamente desconocido, Cristóbal Colón (1451-1506). La suerte había intervenido a su favor y, a pesar de todos los obstáculos, el capitán de la *Santa María* fue llevado a las orillas de un nuevo mundo.

En su encarnación como Cristóbal (que significa «portador de luz») Colón, Saint Germain estableció un camino de libertad para millones de personas destinadas a seguirlo. ¡No es de extrañar! Patrocinado por el Arcángel y la Arcangelina del séptimo rayo en su retiro, él había practicado la ciencia sagrada de la alquimia durante siglos, tanto entre sus muchas encarnaciones

---

*'Tío Sam'.

como durante ellas. Así, para Cristóbal Colón, el puerto del Nuevo Mundo era como su casa. Apropiadamente, en la isla de San Salvador había ángeles del fuego sagrado para recibir a los tres barcos aquel triunfante 12 de octubre de 1492.

Como Francis Bacon (1561-1626), Saint Germain fue el *fils naturel** de la Reina Isabel I y Lord Leicester, por consiguiente, heredero natural al trono de Inglaterra. Bacon supervisó la traducción de la versión bíblica del Rey Jacobo y escribió *Novum Organum,* así como las obras de Shakespeare, que contienen codificados los misterios sagrados de la Hermandad y la historia de su vida. Tras terminar el trabajo que se propuso realizar en esa encarnación, hizo mutis con su habitual buen humor al asistir a su propio funeral, en 1626. (El cuerpo en el ataúd no era el de Francis Bacon).

El 1 de mayo de 1684, Saint Germain aceptó su libertad inmortal, que había aceptado y que se había ganado durante un período de miles de años al tomar (él dice que sin exagerar) dos millones de decisiones correctas. Así, Francis Bacon, héroe de las letras que, a través de sus escritos, ha vivido en el corazón de millones de personas, es verdaderamente inmortal.

Saint Germain ascendió desde la Mansión Rakoczi, en Transilvania, donde había estado practicando alquimia espiritual desde su partida de la escena del mundo en 1626. El Maestro Ascendido Saint Germain entró en el Gran Silencio (nirvana). Ahí su amada llama gemela Porcia, cuyo nombre él había inscrito en *El mercader de Venecia,* llevaba esperando su regreso mucho tiempo. (Porcia es conocida como Diosa de la Justicia o Diosa de la Oportunidad, puesto que la justicia es la oportunidad del amor de corregir todos los errores y equilibrar las energías de la vida).

No mucho después, el amado Sanctus Germanus («Hermano Santo») entró al servicio cósmico de la libertad. Recibió

---

*Hijo natural.

la dispensación de los Señores del Karma para poder actuar en el mundo de la forma como un Ser Ascendido, que asumía la apariencia de un cuerpo físico a voluntad. Así, por las cortes de la Europa del siglo XVIII fue conocido como Le Comte de Saint Germain.[81]

Desde 1710 hasta 1822, apareció, desapareció y reapareció entrando y saliendo de los círculos de la realeza con su sobresaliente cualidad de realismo, en una era que se estaba derrumbando por el peso de su propia hipocresía. Voltaire lo describió acertadamente en una carta a Federico II de Prusia como «un hombre que nunca muere, y que lo sabe todo». Los archivos de Francia contienen evidencia de que los hombres de Estado de Inglaterra, los Países Bajos y Prusia de su época consideraban al conde como una autoridad en muchos campos. Algunos lo odiaron, otros lo amaron y lo admiraron. Pero los historiadores no han comprendido la verdadera misión de Saint Germain: llevar la antorcha de la libertad de la era.

Sus logros personales como Le Comte de Saint Germain parecen apabullantes desde los estándares del logro humano. Hablaba francés, alemán, inglés, italiano, español, portugués y ruso, además de griego clásico, latín, sánscrito, chino y árabe. Componía, improvisaba, acompañaba al piano sin partitura y tocaba el violín «como una orquesta». Sus composiciones se encuentran en el Museo Británico y en la biblioteca del Castillo de Raudnitz, en Bohemia.

El conde pintaba al óleo con colores que él mismo descubría y que brillaban como piedras preciosas. Tenía un laboratorio alquímico, era un adepto en la precipitación y el perfeccionamiento de piedras preciosas, al transmutar los metales comunes en oro y descubrir hierbas y elixires para extender la vida y conservar la salud. Ante sus amigos de confianza demostraba poderes al borde de lo incomprensible.

Muchas de sus demostraciones maestras se describen en los diarios de Mme d'Adhémar, quien lo conoció durante al menos medio siglo. Ella escribe sobre las visitas que recibió de Saint Germain y las que él hizo a las cortes de Luis XV y Luis XVI, notando su resplandeciente semblante y su apariencia, de un hombre de poco más de cuarenta años durante todo ese período. Ella menciona una conversación personal con el conde en 1789, en la cual él apareció «con el mismo semblante que tenía en 1760, mientras que el mío estaba cubierto de arrugas y marcas de decrepitud». En esa conversación él predijo la revolución de 1789, la caída de la Casa de Borbón y el curso de la historia francesa moderna.

Más importante que las hazañas espectaculares del Maestro, sin embargo, fue cómo utilizó sus talentos. Como dijo una de sus amistades: «Él fue, quizá, uno de los filósofos más grandes que haya existido... Su corazón se interesaba solo por la felicidad de los demás».

Saint Germain fue amigo íntimo de Luis XV, quien le dio una suite en el Castillo Real de Chambord. Saint Germain, introduciendo la ciencia de la diplomacia, llevó a cabo muchas misiones diplomáticas en secreto para el rey en las cortes de Europa. Si Luis XVI hubiera seguido sus consejos, habría evitado la Revolución francesa y salvado las vidas de muchos que fueron sacrificados en la guillotina.

Habiendo fracasado en evitar la Revolución francesa, Saint Germain quiso establecer unos Estados Unidos de Europa con Napoleón Bonaparte. Pero ni la corona ni la nobleza ni Le Petit Caporal captaron la visión del plan maestro. Al reflexionar sobre esta experiencia, al Maestro dice:

> Hace mucho, unas personas de la corte de Francia quisieron engañarme. Me consideraron un charlatán, pero me temo que he vivido más que ellos y que su utilidad. Porque muchos de ellos, que ocupaban puestos de grandeza en el mundo exterior de la forma, actualmente se encargan de barrer las calles de algunas de las ciudades más grandes. Así, la Ley, que completa el círculo, ha exigido de ellos lo mismo

> que ellos exigieron de aquellos a quienes consideraron inferiores en su época.[82]
>
> Habiendo fracasado en asegurarme la atención de la corte de Francia y de otros monarcas de Europa, me dediqué al perfeccionamiento de la humanidad en general. Y me di cuenta de que muchos, con hambre y sed de justicia, de hecho, se llenarían del concepto de una unión perfecta que los inspirara a hacerse dueños del Nuevo Mundo y crear una unión entre Estados soberanos.
>
> Así es como nació Estados Unidos como un hijo de mi corazón, y la Revolución de Estados Unidos fue el medio para hacer que la libertad, en toda su gloria, se manifestara desde el este hacia el oeste.[83]

Estados Unidos en efecto ha prosperado con la ayuda de este Maestro. Siempre tras bambalinas, procurando que la libertad no perezca en la Tierra, zanjó la indecisión e inspiró a los primeros patriotas estadounidenses a firmar la Declaración de Independencia. Él fue quien gritó desde el balcón del Independence Hall: «¡Firmad ese documento!». Saint Germain acompañó al general Washington durante el largo invierno en Valley Forge. Cuando llegó el momento de inaugurar una nación nueva, concebida en libertad, prestó su ayuda en la formulación de la Constitución.

A principios de la década de 1930, Saint Germain entró en contacto con su «general en el campo de batalla», el alma de George Washington reencarnada como Guy Ballard, a quien preparó como Mensajero de la jerarquía. Bajo el pseudónimo de Godfre Ray King se publicó la base de la enseñanza de Saint Germain para la Nueva Era en *Misterios develados, La Mágica Presencia* y *El libro de oro de Saint Germain (Los discursos del YO SOY)*.

Durante este período, la Diosa de la Justicia y otros Seres Cósmicos aparecieron desde el Gran Silencio para ayudar a Saint Germain a llevar las enseñanzas del fuego sagrado a la humanidad con el fin de allanar el camino para la era de oro. Durante el mismo período, el Maestro emprendió nuestra preparación como Mensajeros. Después fuimos llamados por El Morya, Jefe del Consejo de Darjeeling, para establecer The Summit Lighthouse como otra puerta abierta para la publicación de la enseñanza de los Maestros Ascendidos para la humanidad.

Durante su servicio en el mundo de la forma como Le Comte de Saint Germain, el Maestro asumió el cargo de Chohán del Séptimo Rayo, que había ocupado Kuan Yin, Diosa de la Misericordia, durante el anterior período de dos mil años.

En la actualidad, Saint Germain tiene un foco en la ciudad etérica dorada sobre el desierto del Sáhara, donde llevó a su culmen a una gran civilización hace setenta mil años. Saint Germain también es jerarca del retiro etérico sobre la Mansión Rakoczi, en Transilvania, y de la Cueva de los Símbolos, su foco en Estados Unidos. Su patrón electrónico es la cruz de Malta; su fragancia, las violetas.

El 1 de mayo de 1954, Saint Germain y su llama gemela, Porcia, fueron coronados como directores del ciclo de dos mil años en el que estamos entrando ahora, conocido como la séptima dispensación, que corresponde a las actividades del séptimo rayo. Durante esta era los hombres recibirán la oportunidad de alcanzar la maestría sobre sí mismos y su entorno mediante el conocimiento correcto de las leyes de la verdadera libertad y justicia, la ciencia de la alquimia, de la precipitación y la transmutación y los rituales de la invocación al fuego sagrado que pueden traer una era de iluminación y paz como el mundo jamás ha conocido.

De Saint Germain, otro Hermano Ascendido ha dicho que en cuanto una idea es concebida en la Mente de Dios, el corazón de Saint Germain la percibe, tan cordial es la compenetración con Alfa y Omega y la Gran Luz Maxín. El bendito nombre de Saint Germain es conocido por todo el cosmos. Por las grandiosas vías de la Galaxia del Gran Sol Central y en la Ciudad del

Sol, este amado Hijo de Dios es querido por ángeles, Dioses y Elohim.

Oh humanidad, no sabes qué privilegiada eres de tener a alguien tan amado en las cortes del cielo; este santo, este defensor de tu ser Crístico, ¡comprometido a defender la libertad del deseo de tu corazón! Y tú, que no conoces el nombre de Sanctus Germanus, escrito en el corazón de los hombres con llama viva: no te olvides de la hospitalidad, porque por ella algunos, sin saberlo, hospedaron a *este* ángel.[84]

TERCERA SECCIÓN

La matriz es la clave

> ¿Qué niño es este? ¿Quién es este Ser Santo? ¿Quién es este hijo dedicado que tiene el sentido del invisible lazo de la jerarquía?
>
> Que capte el significado del «hilo de contacto», como lo llama El Morya. Porque este lazo de la jerarquía, este hilo de contacto denota la fragilidad de la experiencia divina cuando el hombre aún está identificado con la forma y la conciencia mortal y unido a ellas.[85]

Al examinar la estructura del átomo, el universo y la jerarquía, vemos que el hombre es como un átomo de hidrógeno, un electrón que sale del núcleo de la Presencia YO SOY. Ese electrón es la Mónada humana, un hijo de llama procedente del Centro del Ser para emitir todo el potencial energético del Cristo en el mundo de la forma.

Los átomos de hidrógeno viajan en pares, porque el electrón solo en su capa, que tiene un giro positivo o negativo, busca su otra mitad, su equivalente atómico, su llama gemela. Lleno del aliento del fuego de Dios, el hombre se convierte en un alma viva. De modo parecido, la combinación de una molécula de hidrógeno con un átomo de oxígeno —la esencia del Espíritu Santo en este nivel de la autopercepción Divina— se convierte en agua, el ingrediente básico de la vida.

¿Cuál es, pues, la diferencia entre el hombre (que está compuesto de dos tercios de agua) y el átomo de hidrógeno, cuando ese átomo gana en dimensión al combinarse con el oxígeno? ¿Es el hombre un átomo de hidrógeno sin percepción consciente en el mundo de la forma antes de que el Espíritu de Dios se mueva sobre la naturaleza gaseosa de su alma? ¿El hombre está hecho según el patrón del átomo de hidrógeno? ¿O es el hidrógeno el que está hecho según el patrón del hombre? ¿Cuál fue primero?

La vida entera, en todos los niveles de percepción, es una combinación de las cuatro fuerzas primarias: tierra, aire, fuego y agua. En nuestro hogar planetario los científicos han aislado muchos de los 144 elementos, llamas-virtudes condensadas como Materia, formando la plataforma para la evolución espiritual del hombre desde la forma a la no forma.

A los Maestros les preguntamos: «¿El código de los elementos y su magnífica combinación en el hombre y en la naturaleza puede ser descifrado?». Y ellos respondieron: «La ley de la matriz gobierna la manifestación del ser del hombre. La matriz es la clave de su individualización en la forma. Podemos daros la ley, pero vosotros debéis mirar al interior para descubrir su aplicación científica».

Al mirar al interior, vemos que el cuerpo físico del hombre es la molécula H_2O combinada con muchos otros átomos y moléculas contenidas en un patrón o matriz. Sin el patrón que el Dios Padre-Madre ha impreso en la creación, los elementos se irían por caminos separados. Sé testigo de lo que ocurre cuando el Creador retira su matriz: la muerte o la disolución. Pero gobernados por la matriz, se mantienen juntos como un todo organizado, una unidad de expresión dotada por el Espíritu de la conciencia Crística, noblemente consagrada como un templo del Dios vivo.

Para comprender mejor esta clave, examinemos el significado interno de la palabra *matriz*. La primera letra, *m*, entona el nombre sagrado del principio Materno, que energiza la matriz de aquello que viene de la no forma a la forma. El vientre cósmico es la matriz de toda la creación, que sustenta los diseños múltiples de la conciencia del Creador.

La segunda letra, *a*, es el átomo, que significa «Alfa a Omega». El átomo es el nexo de contacto por el cual el Espíritu se convierte en Materia y la Materia se convierte en Espíritu, ese punto en el que el Dios Padre-Madre produce las energías creativas del Cristo.

La tercera letra, *t*, es el símbolo de la luz del Cristo que proviene del corazón del átomo en transformaciones nucleares. Es el símbolo del hombre. Es el Espíritu perpendicular a la Materia. También es el diseño del centro de la esfera universal donde nuestro universo, un corte transversal de la conciencia de Dios, manifiesta el Espíritu que le da vida.

Las tres últimas letras de *matriz* son el «rayo del yo *[I]** en acción».

En la palabra *matriz,* por tanto, está la clave que el hombre, algún día, utilizará para descubrir los secretos de la creación tal como proceden científicamente de la Mente de Dios. *Matriz:* el aspecto Materno que contiene la matriz del átomo del Cristo, que oscila entre Alfa y Omega a la velocidad de la luz, el Cristo que aparece como el rayo del YO SOY en acción.

«¿Qué es el hombre, para que tengas de él memoria?».[86] El hombre es la más hermosa matriz que Dios jamás pudiera imaginar, la matriz que fue formada a su propia imagen y semejanza. Hágase el lector la pregunta: ¿Quién SOY YO para que Dios tenga memoria de mí? Bien haría en escuchar la respuesta del alma:

> YO SOY el espíritu del ojo pleno en manifestación. He venido del gran centro del Ser. Ese punto de luz que es mi identidad, a quien Dios llamó YO SOY, es una réplica del Gran Sol Central, una galaxia giratoria de ilimitada energía, un potencial libre de ataduras.

---

*En inglés I significa yo.

Dios me ha enviado desde el Eje de la Vida para que haga Su voluntad en la forma. Y puesto que YO SOY una chispa llameante de Su identidad, alineada con la matriz de Su voluntad, toda potestad me es dada en el cielo y en la tierra.[87] YO SOY libre en el Ovoide de la Mente de Dios. Giro a la velocidad de la luz en torno al núcleo del Ser. YO SOY conocida porque sé quién YO SOY.

Las leyes de Dios son la base de mi existencia. Su santa ciencia es mi razón de ser, es la esencia de mi vida. Mi gozo está en el descubrimiento y aplicación de las leyes de Dios, porque estoy dotada de la plena maestría del Cristo, si tan solo me adueño de ella.

Estoy destinada a convertirme en una cocreadora con Dios, una vez que haya completado mi ronda y haya regresado al Eje del Ser. Por lo cual utilizaré las energías de Dios y el libre albedrío que me ha confiado para expandir Su universo, para producir belleza y cultura, los hijos de Su amor, y toda ofrenda floral que pongo sobre el altar de mi Dios.

Porque, ¿acaso no nos ha dicho?: «Hijos e hijas mías, no es necesario que desintegréis el átomo para liberar su poder. Solo tenéis que invocar en mi nombre el poder del Espíritu Santo para liberar las energías del Logos contenidas en el corazón del núcleo. YO SOY tu Dios Padre-Madre. A ti se te concede tener y conservar los secretos del universo.

»¿Has olvidado que justamente en tus cuatro cuerpos inferiores, la matriz de tu Presencia YO SOY y tu Cuerpo Causal se duplica millones de veces en cada átomo de tu ser? Ese potencial llameante es tuyo para que le des órdenes en el nombre del Todopoderoso.

»Porque el canto de los átomos es el canto de mi corazón: YO... SOY, YO... SOY, YO... SOY. Sus llamas son gotitas de Alfa y Omega, cristales de la Mente de brillo diamantino de Dios, listos y a la espera de expandirse de acuerdo con la matriz de tu mandato. Si tan solo utilizaras esa niebla de fuego cristalino guardando la ley del amor, al estar en este lugar en el tiempo, descubrirías los misterios del universo.

»El fuego sagrado ajustará toda resistencia a mi perfección a través de la acción de la ley atómica/kármica. Con el fuego del átomo puedes sanar los mundos de adentro y los mundos de afuera. Ya sea en tu cuerpo, en el cuerpo del mundo, en la bendita Tierra o en el sistema solar, mi amor corregirá los defectos, si tan solo invocas la luz que está contenida en el corazón del átomo con la cual te he dotado con forma y conciencia y vida.

»Las transformaciones que te son posibles no tienen límites con el poder del Espíritu Santo, ahora vivo y brillante, esperando tu orden en cada célula de tu ser. Tú te estás convirtiendo en Dios, la ideación más magnífica de mi corazón, dotada de mi amor, sabiduría y poder de la llama creativa.

»Puedes entrar en el corazón de cualquier átomo y sentirte en casa, porque es una réplica del Gran Eje de donde viniste. Aun estando en la dimensión del tiempo y el espacio, aparentemente separada del centro de mi Ser por la órbita de los electrones y los ciclos de sus revoluciones, estás no obstante íntimamente unida al principio Padre-Madre cuando vives en el corazón del átomo.

»Por la ley de la congruencia, puedes controlar tu entorno y puedes trascender los confines del cosmos. Al estimular mentalmente el patrón atómico y después convertirte en ese patrón al ajustar tu conciencia, puedes pasar por el muro de un jardín, entrar en el corazón de una flor o viajar a las profundidades del mar. Puedes convertirte en todas las cosas, saber todas las cosas y energizar cúmulos de estrellas y sistemas de mundos sin fin.

»YO SOY tu Dios. Tú estás en mí y YO ESTOY en ti. Somos uno solo a través de ese punto de contacto, el «Alfa a Omega», forma sin forma. Cuando entiendas el amor de mi voz, la Palabra que salió en el principio y que aún resuena en la cámara del átomo, vivirás un millón de milagros y, al hacerlo, bendecirás toda la esfera de tu conciencia.

»Entonces oiré las oraciones de los hombres elevarse con palabras del Cristo:

»“No puedo fallar, porque YO SOY tu ser en acción
en todas partes.
Cabalgo contigo sobre el manto de las nubes.
Camino contigo sobre las olas y las crestas de la
abundancia de las aguas.
Avanzo contigo en las ondulaciones de tus corrientes,
atravesando las mil colinas que componen la
corteza terrestre.
Yo estoy vivo contigo en cada arbusto,
flor y brizna de hierba.
Toda la Naturaleza canta en ti y en mí,
porque somos uno.
YO SOY el que vive en los corazones de los oprimidos,
elevándolos.
YO SOY la Ley exigiendo la verdad del Ser
en el corazón de los orgullosos,
rebajando la creación humana que hay en ellos
y avivando la búsqueda de tu realidad.
YO SOY toda suerte de bienaventuranza
para todos los hombres de paz.
YO SOY la plena destreza de la gracia divina,
el Espíritu de santidad,
que libera a todos los corazones de la esclavitud
y los lleva a la unidad”[88]».

Notas

Introducción

1. Juan 10:9, 14, 27-29.

Primer capítulo • El yoga supremo

Cita inicial: Juan 10:30.

1. Chananda, 29 de diciembre de 1979.
2. Bhagavad Gita 8:3, en Swami Prabhavananda y Christopher Isherwood, trad. al inglés, *The Song of God: Bhagavad Gita (El canto de Dios: Bhagavad Gita)* (New York: New American Library, 1972), pág. 74.
3. Mateo 11:29-30.
4. Véase la historia de los viajes de Jesús en Oriente, con traducciones de textos antiguos en Elizabeth Clare Prophet, *The Lost Years of Jesus (Los años perdidos de Jesús)* (Corwing Springs, Mont.: Summit University Press, 1987).
5. Véase Elizabeth Clare Prophet con Erin L. Prophet, *Reincarnation: The Missing Link in Christinanity (Reencarnación: el eslabón perdido del cristianismo)* (Corwin Springs, Mont.: Summit University Press, 1997).

6. Patanjali, Yoga Sutras 3:38, 51, en Swami Prabhavananda y Christopher Isherwood, trad., *How to Know God (Cómo conocer a Dios)* (Hollywood, Calif.: Vedanta Press, 1981), págs. 188, 194.
7. Marcos 4:1-11.
8. Para encontrar una explicación del Reloj Cósmico, véase Elizabeth Clare Prophet, *The Great White Brotherhood en the Culture, History and Religion of America (La Gran Hermandad Blanca en la historia, religión y cultura de Estados Unidos)* (Corwin Springs, Mont.: Summit University Press, 1987), págs. 173-206.
9. Swami Nikhilananda, *Hinduism: Its Meaning for the Liberation of the Spirit (Hinduismo: su significado para la liberación del Espíritu)* (London: Allen & Unwin, 1958), pág. 121.
10. Ibid., págs. 124-25.
11. Ibid., págs. 125-26.
12. Ibid., págs. 126-27.
13. Juan Mascaro, trad., *The Bhagavad Gita* (New York: Penguin Books, 1962), pág. 64.
14. Nikhilananda, *Hinduismo,* págs. 109, 116.
15. Padma Sambhava, "God Is Just: All Will Receive Their Just Reward (Dios es justo: todos recibirán su justa recompensa)», *Perlas de Sabiduría,* vol. 38, n.º 36, 20 de agosto de 1995.
16. Mascaro, op. cit., págs. 115, 16.
17. Swami Nikhilananda, trad., *The Upanishads,* cuarta ed. (New York: Ramakrishna-Vivekananda Center, 1977), vol. 1, pág. 143.
18. Juan 15:16.
19. Leto, 15 de abril de 1976.
20. Alain Deniélou, *Yoga: Mastering the Secrets of Matter and the Universe (Yoga: el dominio de los secretos de la materia y el universo)* (Rochester, Vt.: Inner Traditions International, 1991), pág. 31.
21. Patanjali, Yoga Sutra 2:47, en Prabhavananda e Isherwood, *Cómo conocer a Dios,* pág. 161.
22. Patanjali, Yoga Sutra 2:49-50, en Prabhavananda e Isherwood, *Cómo conocer a Dios,* pág. 162.

23. Patanjali, Yoga Sutra 1:39, en Prabhavananda e Isherwood, *Cómo conocer a Dios,* pág. 76.
24. Patanjali, Yoga Sutra 1:41, en Prabhavananda e Isherwood, *Cómo conocer a Dios,* pág. 79.
25. Shankara, citado en Prabhavananda y Isherwood, *Cómo conocer a Dios,* pág. 93.
26. Véase Daniel 3.
27. *Agni Yoga,* 5ª ed. rev. (New York: Agni Yoga Society, 1980), págs. 100-102.
28. Deuteronomio 4:24; Hebreos 12:29.
29. Los hindúes meditan en la Madre como la Diosa Kundalini, describiéndola como una luz blanca o como la serpiente enroscada, que se eleva desde la base de la columna hasta la coronilla, activando niveles de conciencia espiritual en cada uno de los chakras a través de los cuales pasa la luz en su recorrido.

    Algunas personas que tienen un deseo exacerbado de elevar el fuego Kundalini recurren imprudentemente al uso indiscriminado de varias formas de yoga o incluso a las drogas ilegales. La elevación de la Kundalini bajo la tutela de los Maestros Ascendidos no supone un repentino estallido de fuego, sino un suave aumento de fuerza y conciencia.

    La clave para liberar esta energía de la Kundalini es el culto al Principio Materno. El rosario es un método seguro y eficaz para elevar la luz de la Madre con el calor ferviente del amor y la reverencia, sin una violenta erupción de energía. La Virgen María nos ha dado el siguiente Ave María para la Nueva Era:

    Ave María, llena eres de gracia.
    el Señor es contigo.
    Bendita tú eres entre todas las mujeres
    y bendito es el fruto de tu vientre, Jesús.
    Santa María, Madre de Dios,
    reza por nosotros, hijos e hijas de Dios,
    ahora y en la hora de nuestra victoria
    sobre el pecado, la enfermedad y la muerte.

    La limpieza del aura y los chakras con la llama violeta también posibilita que la Kundalini suba gradualmente sin peligro.

Saint Germain es el maestro patrocinador para la elevación de la energía Kundalini.

30. *Heart (Corazón)* (New York: Agni Yoga Society, 1944), pág. 244.
31. Ramakrishna, citado en Prabhavananda e Isherwood, *Cómo conocer a Dios,* pág. 158.
32. Bhagavad Gita 4:11, en Prabhavananda e Isherwood, El canto de Dios, pág. 51.
33. Ciclopea, "The Personal Path of Christhood" ("El sendero personal de Cristeidad"), *Perlas de Sabiduría,* vol. 25, n.º 40, 3 de octubre de 1982.
34. Romanos 8:17.
35. Djwal Kul, "The Sacred Fire Breath" ("El aliento de fuego sagrado"), *Perlas de Sabiduría,* vol. 7, n.º 42, 20 de octubre de 1974; publicado también en Kuthumi y Djwal Kul, *The Human Aura (El aura humana)* (Corwin Springs, Mont.: Summit University Press, 1996), págs. 199-217.
36. San Juan Crisóstomo, citado en Prabhavananda e Isherwood, *Cómo conocer a Dios,* págs. 63-64.
37. *Prayers, Meditations, Dynamic Decrees for the Coming Revolution in Higher Consciousness (Oraciones, meditaciones, decretos dinámicos para la transformación personal y mundial)* (Corwin Springs, Mont.: Summit University Press, 1984).
38. El *Rosario de cristal de Kuan Yin: devociones a la Madre Divina de Oriente y Occidente* es un ritual de la Nueva Era con himnos, oraciones y antiguos mantras chinos que invocan la presencia misericordiosa de Kuan Yin, Bodisatva de Compasión, y de María, madre de Jesús. Contiene un librito y tres cintas que se pueden usar individualmente o en secuencia. (Disponible en Summit University Press).
39. Lanto, "The Essence of Higher Consciosness" ("La esencia de la conciencia superior"), en Mark L. Prophet y Elizabeth Clare Prophet, *Understanding Yourself (La comprensión de sí mismo)* (ed. Revisada) (Corwin Springs, Mont.: Summit University Press, 1999), págs. 23-24.
40. Job 3:25.

41. 1 Corintios 15:42-45. Lanto, "The Essence of Higher Consciousness" ("La esencia de la conciencia superior"), págs. 24-25.
42. Mateo 17:10-13.
43. Filipenses 3:14.
44. El Morya, "Message to America on the Mission of Jesus Christ" ("Mensaje a los Estados Unidos sobre la misión de Jesucristo"), *Perlas de Sabiduría,* vol. 27, n.º 47, 23 de septiembre de 1984.
45. Proverbios 14:12.
46. Saint Germain, "Dare to Do!" ("¡Atreveos a hacer!"), *Perlas de Sabiduría,* vol. 5, n.º 29, 20 de julio de 1962; publicado también en Mark L. Prophet y Elizabeth Clare Prophet, *Saint Germain On Alchemy (Saint Germain sobre alquimia)* (Corwin Springs, Mont.; Summit University Press, 1993), págs. 24-31.
47. Génesis 37:3.
48. El Gran Director Divino, "Leadership, Take an Uncompromising Stand for Righteousness!" ("Liderazgo, ¡tomad una postura inflexible a favor de la rectitud!"), *Perlas de Sabiduría,* vol. 11, n.º 36, 8 de septiembre de 1968.
49. Salmos 23:4.
50. 1 Corintios 9:26.
51. Apocalipsis 6:10. El Gran Director Divino, "Grids" ("Redes"), *Perlas de Sabiduría,* vol. 8, n.º 9, 28 de febrero de 1965; publicado también en Mark L. Prophet, *The Soulless One: Cloning a Counterfeit Creation (El ser carente de alma: la clonación de una creación falsificada)* (Corwin Springs, Mont.: Summit University Press, 1981) págs. 45-56.
52. Véase Saint Germain, "Methods of Transfer" ("Métodos para la transferencia"), *Perlas de Sabiduría,* vol. 5, n.º 32, 10 de agosto de 1962; publicado también en Mark L. Prophet y Elizabeth Clare Prophet, *Alchemy (Alquimia),* págs. 49-62; véase también págs. 277-84.
53. Señor Maitreya, "Love of the Person and the Law of the Word: God and My Right" ("El amor a la Persona y a la Ley de la Palabra: Dios y mi derecho"), *Perlas de Sabiduría,* vol. 23, n.º 51, 21 de diciembre de 1980.

54. Buda Gautama, "Have Mercy!" ("¡Tened misericordia!"), *Perlas de Sabiduría,* vol. 35, n.º 20, 17 de mayo de 1992.
55. Mateo 4:7.
56. Arcángel Miguel, "A Divine Mediatorship" ("Una mediación divina"), *Perlas de Sabiduría,* vol. 25, n.º 45, 7 de noviembre de 1982.
57. Éxodo 3:13-14.
58. Arcángel Zadquiel, 5 de abril de 1968.
59. 1 Corintios 15:31; 3:13.
60. Efesios 5:26.
61. Lucas 3:16
62. Job 22:28.
63. Johnny Mercer y Harold Arlen, "Ac-cent-tchu-ate the Positive" ("A-cen-tú-a lo positivo"), de *Here Come the Waves (Aquí vienen las olas),* 1944.
64. Mateo 13:24-30.
65. Véase Hechos 2:1-4; Mateo 3:11. Lanto, "The Essence of Higher Consciousness" ("La esencia de la conciencia superior"), págs. 10-11, 22.
66. Mateo 12:43-45.
67. 1 Juan 3:3.
68. Dios Armonía, "The Initiation of Our Chelas in the Flame of God Harmony: The Scientific Method for a Greater Area of Self-Mastery" ("La iniciación de nuestros chelas en la llama del Dios Armonía: El método científico para conseguir un ámbito mayor de automaestría"), *Perlas de Sabiduría,* vol. 23, n.º 24, 15 de junio de 1980.
69. Los tres Dioses de la Trinidad hindú: Brahma, el Creador; Vishnú, el Preservador; y Shiva, el Destructor.
70. 1 Corintios 3:19.
71. Serapis Bey, "The Triangle within the Circle" ("El triángulo dentro del círculo"), *Perlas de Sabiduría,* vol. 10, n.º 15, 9 de abril de 1967; publicado también en *Dossier on the Ascension (Actas de la Ascensión)* (Corwin Springs, Mont.: Summit University Press, 1978), págs. 19-26.

Segundo capítulo • La ascensión

Cita inicial: Génesis 5:24.

1. Serapis Bey: "The Reality of the Inner Walk with God" ("La realidad de la caminata interior con Dios"), *Perlas de Sabiduría,* vol. 10, n.º 13, 26 de marzo de 1967; publicado también en Actas, págs. 1-8.
2. 2 Reyes 2:11. El Gran Director Divino, "Identity" ("Identidad"), *Perlas de Sabiduría,* vol. 8, n.º 11, 14 de marzo de 1965; publicado también en Prophet, *Ser carente de alma,* págs. 63-70.
3. Juan 4:32.
4. Saint Germain, "The Crucible of Being" ("El crisol del ser"), *Perlas de Sabiduría,* vol. 5, n.º 34, 24 de agosto de 1962; publicado también en Mark L. Prophet y Elizabeth Clare Prophet, *Alquimia,* págs. 73-99.
5. Hechos 1:11.
6. Hechos 9:1-9. Apocalipsis 1:1-2, 9-10.
7. Serapis Bey, "The Destiny of Every Man" ("El destino de cada hombre"), *Perlas de Sabiduría,* vol. 10, n.º 31, 20 de julio de 1967; publicado también en *Actas,* págs. 171-79.
8. El Maha Chohán, "The High Rope" ("La cuerda alta"), *Perlas de Sabiduría,* vol. 37 n.º 15, 10 de abril de 1994.
9. Mateo 11:30.
10. Juan 1:9, según la versión bíblica del Rey Jacobo (King James Version).
11. Juan el Amado, 12 de abril de 1974.
12. Serapis Bey, "Memory and Residual Magnetism" ("Memoria y magnetismo residual"), *Perlas de Sabiduría,* vol. 10, n.º 22, 28 de mayo de 1967; publicado también en *Actas,* págs. 83-91.
13. Lucas 7:12-16. Lucas 8:49-56. Juan 11:1-44.
14. Buda Gautama, "The Resurrection May Not Be Postponed" ("La resurrección no se puede postergar"), *Perlas de Sabiduría,* vol. 33 n.º 2, 14 de enero de 1990.
15. Hechos 1:11.
16. Buda Gautama, "La resurrección no se puede postergar".
17. Juan 3:8.

18. Serapis Bey, "The Great Electronic Fire Rings: Seraphic Meditations I" ("Los grandes anillos electrónicos de fuego: Meditaciones seráficas I"), *Perlas de Sabiduría,* vol. 10, n.º 25, 18 de junio de 1967; publicado también en *Actas,* págs. 115-23.
19. Juan el Amado, 12 de abril de 1974.
20. Mateo 22:37-39. Juan 21:22.
21. 1 Juan 2:2. 2 Pedro 1:17; Marcos 1:11.
22. El Gran Director Divino, "Brotherhood" ("Hermandad"), *Perlas de Sabiduría,* vol. 8, n.º 4, 22 de enero de 1965, y "Identity" ("Identidad"), *Perlas de Sabiduría,* vol., 8, n.º 11, 14 de marzo de 1965; publicado también en Prophet, *Ser carente de alma,* págs. 11-16, 63-70.
23. Hechos 16:31.
24. Serapis Bey, "The Divine Right of Every Man" ("El derecho divino de cada hombre"), *Perlas de Sabiduría,* vol. 10, n.º 19, 7 de mayo de 1967; publicado también en *Actas,* págs. 55-63.
25. Judas 14; Génesis 5:24.
26. Juan 8:58.
27. Hebreos 10:7, 9. Éxodo 3:14.
28. Serapis Bey, "Memory and Residual Magnetism" ("Memoria y magnetismo residual").
29. Jeremías 13:23. Mateo 6:27.
30. Saint Germain, "Intermediate Cosmo-Science, Part I" ("Cosmociencia intermedia, Primera parte"), en *Lección de Guardianes de la Llama* n.º 13.
31. Ibid.
32. Juan 14:12.
33. 1 Corintios 15:26.
34. Serapis Bey, "The Deathless Solar Body" ("El cuerpo solar imperecedero"), *Perlas de Sabiduría,* vol. 10, n.º 29, 6 de julio de 1967; publicado también en *Actas,* págs. 151-59.
35. Apocalipsis 1:1-2, 9-10.
36. Hechos 8:26-40.
37. 2 Reyes 2:11.

38. Ezequiel 1:16.
39. Serapis Bey, "El destino de cada hombre".
40. Serapis Bey, 3 de julio de 1967.
41. Juan 1:5.
42. Apocalipsis 6:16. Mateo 10:26. Salmos 136.
43. El Señor Maitreya, "The Initiatic Process: 'The Light of God I See'" ("El proceso iniciático: 'Yo veo la luz de Dios'"), *Perlas de Sabiduría,* vol. 10, n.º 10, 5 de marzo de 1967.
44. Serapis Bey, "The Banner of Humility" ("El estandarte de humildad"), *Perlas de Sabiduría,* vol. 10, n.º 16, 16 de abril de 1967; publicado también en *Actas,* págs. 27-34.
45. Gálatas 6:7.
46. Serapis Bey, 3 de julio de 1967.
47. Serapis Bey, "Purification of the Memory" ("Purificación de la memoria"), *Perlas de Sabiduría,* vol. 10, n.º 17, 23 de abril de 1967; publicado también en *Actas,* págs. 35-43.
48. Sanat Kumara, "In My Name, Cast Out Devils" ("En mi nombre, echad fuera demonios"), *Perlas de Sabiduría,* vol. 22, n.º 37, 16 de septiembre de 1979.
49. Arcángel Miguel, "A Divine Mediatorship" ("Una mediación divina"), *Perlas de Sabiduría,* vol. 25, n.º 45, 7 de noviembre de 1982.
50. 2 Corintios 3:17.
51. 1 Corintios 15:54-55.
52. Juan 14:2-3.
53. Serapis Bey, 3 de julio de 1967.
54. Génesis 13:18.
55. Apocalipsis 4:6; 15:2, 22:1.
56. Serapis Bey, "The Destiny of Every Man" ("El destino de cada hombre").
57. Lucas 15:11-32. Serapis Bey, "The Great Electronic Fire Rings: Seraphic Meditations I ("Los grandes anillos electrónicos de fuego: Meditaciones seráficas I").

Tercer capítulo • Maestros ascendidos y maestros no ascendidos

Cita inicial: 1 Corintios 15:40.

1. 2 Pedro 2:19.
2. "A Letter from Beloved Djwal Kul" ("Carta del amado Djwal Kul"), en *Lección de Guardianes de la Llama* n.º 23.
3. Maestra Ascendida Leto, "On Visiting the Sacred Retreats" ("Sobre las visitas a los retiros sagrados"), en *Lección de Guardianes de la Llama* n.º 7.
4. Serapis Bey, "Initiation from the Emerald Sphere" ("La iniciación desde la esfera esmeralda"), *Perlas de Sabiduría,* vol. 27, n.º 56, 25 de noviembre de 1984.
5. Juan 10:30.
6. Saint Germain, "Verity" ("Verdad fundamental"), en *Lección de Guardianes de la Llama* n.º 19.
7. Lanello, "In the Spirit of the Great White Brotherhood" ("En el Espíritu de la Gran Hermandad Blanca"), *Perlas de Sabiduría,* vol. 31, n.º 86, 24 de diciembre de 1988.
8. Mateo 12:37.
9. Saint Germain, "Intermediate Cosmo-Science, Part II" ("Cosmociencia intermedia, segunda parte"), en *Lección de Guardianes de la Llama* n.º 14.
10. Kuan Yin, "Brothers and Sisters of Mercy unto the Children of Addiction" ("Hermanos y Hermanas de la Misericordia para los hijos de la adicción"), en Mark L. Prophet y Elizabeth Clare Prophet, *Kuan Yin Opens the Door to the Golden Age (Kuan Yin abre la puerta hacia la era de oro)* (Corwin Springs, Mont.: Summit University Press, 1984), segundo libro, págs. 125-32.
11. Kuan Yin, "The Quality of Mercy for the Regeneration of the Youth of the World" ("La cualidad de la misericordia para la regeneración de los jóvenes del mundo"), en Mark L. Prophet y Elizabeth Clare Prophet, *Kuan Yin,* segundo libro, págs. 120-12.
12. Helena Roerich, *Foundations of Buddhism (Fundamentos del budismo)* (New york: Agni Yoga Society, 1971), págs. 141-42.
13. Kuan Yin, "The Heart´s Capacity for Love" ("La capacidad de

amar del corazón"), *Perlas de Sabiduría,* vol. 31, n.º 61, 18 de septiembre de 1988.

14. Saint Germain, "The Individual Path" ("El sendero individual"), *Perlas de Sabiduría,* vol. 31, n.º 50, 13 de agosto de 1988.
15. Bhikshu Sangharakshita, *The Three Jewels: An Introduction to Buddhism (Las tres joyas: introducción al budismo)* (1967; segunda impresión, London: Windhorse Publications, 1977), págs. 170-71.
16. Señor Maitreya, "Fearless Compassion and the Eternal Flame of Hope" ("Compasión intrépida y la eterna llama de la esperanza"), *Perlas de Sabiduría,* vol. 33, n.º 1, 7 de enero de 1990.
17. Ibid.
18. Mateo 11:30.
19. Señor Lanto, 4 de julio de 1967.
20. Jesús, 18 de febrero de 1973.
21. Maestra Ascendida Venus, 4 de febrero de 1962.
22. Diosa de la Pureza, 4 de noviembre de 1966.
23. 2 Reyes 2:11. Lucas 1:17.
24. Mateo 14:1-12; 17:1-13.
25. Juan 3:30. Mateo 3:3.
26. Mateo 3:3; 11:9-10. "A Letter from Beloved Chananda" ("Una carta del amado Chananda"), en *Lección de Guardianes de la Llama* n.º 21.
27. Mateo 11:14; 17:10-13.
28. 1 Reyes 18:17-40.
29. 1 Reyes 17:14.
30. 1 Reyes 19:19-21.
31. La ascensión de Elías y la transferencia de su manto a Eliseo se encuentra en 2 Reyes 2:1-15.
32. Mateo 11:11.
33. Jesús, "The Opening of the Temple Doors VII" (La apertura de las puertas del templo VII"), *Perlas de Sabiduría,* vol. 16, n.º 16, 22 de abril de 1973.
34. Esto tuvo lugar el 1 de enero de 1956.
35. Saint Germain, "Cosmociencia intermedia, primera parte".

36. Salmos 16:9-10.
37. 1 Corintios 13:12.
38. Mateo 5:48.
39. Saint Germain, "Cosmociencia intermedia, segunda parte".
40. Judas 14.
41. Génesis 5:24.
42. Saint Germain, "Cosmociencia intermedia, primera parte".
43. Jeremías 31:33-34.
44. Isaías 30:20-21.
45. El Morya, 3 de noviembre de 1966.
46. Tito 1:15.
47. Santiago 3:17.
48. Juan 14:12.
49. Saint Germain, "Cosmociencia intermedia, segunda parte".

Cuarto capítulo • Jerarquía

Cita inicial: Salmos 8:3-6, 9.

1. Serapis Bey, "Los grandes anillos electrónicos de fuego: Meditaciones seráficas I".
2. Diccionario universitario Merriam-Webster, 10.a ed., s.v. "logos".
3. Juan 1:1.
4. 2 Corintios 3:18.
5. Saint Germain, "The Rigors of Initiation Can Be Invoked from the Hand of the Great Initiator" ("Los rigores de la iniciación pueden invocarse para recibirlos de la mano del Gran Iniciador"), *Perlas de Sabiduría,* vol. 14, n.º 7, 14 de febrero de 1971.
6. Hebreos 11:1.
7. 1 Corintios 12:4-12, 14.
8. Génesis 4:26
9. Surya, "The Arhat—A Repository of God´s Good" ("El Arhat: repositorio del Bien de Dios"), *Perlas de Sabiduría,* vol. 13, n.º 32, 9 de agosto de 1970.
10. Juan 6:56. 1 Corintios 11:24.

11. Apocalipsis 22:13.
12. Génesis 1:3.
13. Juan 3:3, 5.
14. Alfa, "A Replica of the Crystal Atom" ("Una réplica del átomo cristalino"), *Perlas de Sabiduría,* vol. 25, n.º 51, 19 de diciembre de 1982.
15. Juan 1:14.
16. 1 Corintios 15:36.
17. Véase nota n.o 21 más abajo.
18. Mateo 12:31-32.
19. Hechos 1:9. Esta demostración de la ascensión por parte de Jesús no fue su ascensión real. Véase el segundo capítulo, págs. 201-202.
20. Salmos 8:1.
21. El Ritual de la Creación se logra cuando las energías de Dios descienden del Espíritu a la Materia por la espiral positiva, o en sentido de las agujas del reloj, pasando por los planos de fuego, aire, agua y tierra. Este es el ciclo Alfa de la materialización o precipitación; es la salida o proceso evolutivo, una actividad masculina del fuego sagrado.

    El Ritual de la Preservación, el mantenimiento de la forma en la Materia y en el Espíritu, se logra mediante el patrón en forma de ocho en sentido de las agujas del reloj (moviéndose desde el punto de origen, línea de las doce del reloj) a medida que la energía fluye por los planos de fuego, aire, agua y tierra. Esta es una actividad masculina del fuego sagrado, utilizada para sellar la energía en una matriz dada.

    El Ritual de la Desintegración se logra cuando las energías de Dios regresan de la Materia al Espíritu por la espiral en sentido contrario a las agujas del reloj con el fin de anular creaciones indignas en los planos de tierra, agua, aire y fuego. Este es el ciclo Omega de desintegración o desmaterialización. Es la espiral involutiva o negativa utilizada para liberar energía de los patrones imperfectos de la conciencia humana. Este patrón también se utiliza en el ciclo de «ir hacia dentro», que es la actividad femenina del fuego sagrado.

El Ritual de la Sublimación, la espiritualización o ascensión de la forma y la conciencia, se logra mediante el patrón en forma de ocho en sentido contrario a las agujas del reloj (moviéndose desde el punto de origen, línea de las doce del reloj) a medida que la energía fluye por los planos de tierra, agua, aire y fuego. Esta acción de sublimación ("hacer sublime, refinar") se utiliza para inmortalizar o hacer permanente las obras de Dios y el hombre.

22. El Gran Director Divino, "Identidad".
23. Lucas 15:11-32.
24. Juan 16:24.
25. Mateo 4:6.
26. Génesis 4:9.
27. El Morya, "Individual Responsibility" ("Responsabilidad individual"), *Perlas de Sabiduría,* vol. 13, n.º 31, 2 de agosto de 1970.
28. Mateo 25:23.
29. El nombre que el Caballero Comendador Saint Germain ha dado a unos pocos miembros de la Fraternidad de Guardianes de la Llama durante la ceremonia de investidura de caballeros y damas es la clave de la misión y el servicio en la Tierra. Cada nombre contiene el diseño original del plan divino que esa alma debe cumplir antes de ascender.

    No se trata del nombre nuevo que recibirán después de ascender, sino del nombre escrito en el cáliz que contiene su conciencia Crística. Este es el nombre asignado al nacer por los Señores del Karma para el servicio a prestar en esa encarnación. A veces este nombre sigue siendo el mismo durante varias encarnaciones; a veces los padres lo oyen cuando le ponen nombre al niño. De ser así, el nombre dado durante la ceremonia de investidura será el mismo al nombre de pila.
30. Apocalipsis 2:17.
31. El Morya, "Responsabilidad individual".
32. Salmos 8:3-4.
33. Juan 6:51, 53-54, 66-68.
34. Job 38:1, 4, 7.

35. Mateo 25:14-30.
36. Apocalipsis 21:6-7.
37. Génesis 2:18.
38. Mateo 25:21.
39. Juan 14:2.
40. Génesis 3:24.
41. Alfa, 29 de diciembre de 1963.
42. Apocalipsis 19:4.
43. Apocalipsis 7:17.
44. Apocalipsis 4:8.
45. Isaías 41:17-18, 20.
46. Hebreos 1:6-9.
47. Hebreos 10:9.
48. Hebreos 2:9.
49. Apocalipsis 5:13.
50. Salmos 36:9.
51. Daniel 7:9.
52. Juan 10:30.
53. Lucas 22:42.
54. Génesis 22:17.
55. Jesús, 18 de abril de 1965.
56. 1 Corintios 6:19.
57. Juan 15:26, 16:7.
58. Apocalipsis 12:1.
59. Romanos 8:7.
60. Apocalipsis 12:1-9, 13-17.
61. Salmos 82:6.
62. Deuteronomio 6:4.
63. Juan 10:31-38.
64. Arcángel Miguel, "The Leap of the God Flame" ("El salto de la Llama Divina"), *Perlas de Sabiduría,* vol. 14, n.º 12, 21 de marzo de 1971.
65. Salmos 82:6.

66. Isaías 55:1.
67. Gálatas 6:7.
68. Kuan Yin, 12 de abril de 1963.
69. Gálatas 5:1.
70. El Espíritu de Libertad en los Catorce Maestros Ascendidos que gobiernan el destino de los Estados Unidos de América, 22 de noviembre de 1975.
71. Godfre Ray King, *Unveiled Mysteries (Misterios develados),* 3.a ed. (Chigaco: Saint Germain Press, 1939), págs. 39-61.
72. Saint Germain, 4 de septiembre de 1983.
73. La historia de los caídos y cómo corrompen a la gente de luz en la Tierra se encuentra en Elizabeth Clare Prophet, *Fallen Angels and the Origins of Evil (Ángeles caídos y los orígenes del mal)* (Corwin Springs, Mont.: Summit University Press, 2000). Soluciones espirituales para los problemas que presenta la presencia de los ángeles caídos en la Tierra se describen en las páginas 343-56.
74. Colosenses 3:3.
75. Los Catorce Maestros Ascendidos que gobiernan el destino de los Estados Unidos, "The Alliance of Almighty God" ("La alianza de Dios Todopoderoso"), *Perlas de Sabiduría,* vol. 34, n.º 19, 12 de mayo de 1991.
76. Los Catorce Maestros Ascendidos que gobiernan el destino de los Estados Unidos, "The Alliance of Almighty God" ("La alianza de Dios Todopoderoso"), 1 de julio de 1996.
77. Ibid.
78. Apocalipsis 11:15.
79. 1 Samuel 3:1-20.
80. El Santo Grial fue transportado en barco a las islas británicas por María, la madre de Jesús, con la ayuda de José de Arimatea y de otros, que hicieron el peregrinaje con ella. Establecieron focos en Lourdes y en Fátima, que más adelante se utilizarían para sus apariciones. El cáliz, asociado tradicionalmente con el pueblo de Glastonbury, se convirtió en el punto focal para la diseminación del cristianismo durante el período de la colonización británica.

81. Véase el relato de este extraordinario personaje, basado en las cartas y relatos del día, en Isabel Cooper-Oakley, *The Count of Saint Germain (El Conde de Saint Germain)* (Blauvelt, N.Y.: Rudolf Steiner Pub., 1970).
82. Saint Germain, 29 de octubre de 1966.
83. Saint Germain, 4 de noviembre de 1966.
84. Hebreos 13:2.
85. Serapis Bey, "Step by Step the Way is Won" ("Paso a paso se consigue el camino"), *Perlas de Sabiduría,* vol. 10, n.º 20, 14 de mayo de 1967.
86. Salmos 8:4.
87. Mateo 28:18.
88. *Watch With Me, Jesus´ Vigil of the Hours (Velad conmigo, Vigilia de las Horas de Jesús)* (Corwin Springs, Mont.: Summit University Press, 1987), pág. 17.

Glosario

Los términos en cursiva se encuentran definidos en otra parte del glosario.

Adepto. Un iniciado de la *Gran Hermandad Blanca* de un alto grado de logro, especialmente en el control de la *Materia,* las fuerzas físicas, los espíritus de la naturaleza y las funciones corporales; el alquimista consumado que experimenta iniciaciones avanzadas del *fuego sagrado* en el sendero de la ascensión.

Alfa y Omega. La totalidad divina del Dios Padre-Madre que el Señor *Cristo* afirmó como «el principio y el fin» en el Apocalipsis. *Llamas gemelas* ascendidas de la conciencia del *Cristo Cósmico* que mantienen el equilibrio de la polaridad masculina/femenina de la Deidad en el *Gran Sol Central* del cosmos. Así, a través del *Cristo Universal,* la *Palabra* encarnada, el Padre es el origen y la Madre es la realización de los ciclos de la conciencia de Dios expresada a través de la creación *Espíritu/Materia.* Véase también *Madre.* (Apocalipsis 1:8, 11; 21:6; 22:13).

Alma. Dios es un *Espíritu* y el alma es el potencial viviente de Dios. La petición que el alma hizo de libre albedrío y su separación de Dios tuvo como consecuencia el descenso de este potencial al estado inferior de la carne. Sembrada en deshonor, el alma está destinada a ser levantada con honor a la plenitud de ese estado divino que es el Espíritu único de toda la vida. El alma se puede perder; el Espíritu nunca puede morir. El alma permanece como un potencial caído que debe ser imbuida de la realidad del Espíritu, purificada mediante la oración y la súplica, y devuelta a la gloria de la que descendió y a la unidad del Todo. Esa reunión del alma con el Espíritu es el matrimonio alquímico que determina el destino del ser y lo hace uno con la Verdad inmortal. Cuando este ritual se completa, entroniza al Ser Superior como el Señor de la Vida y se descubre que el potencial de Dios, realizado en el hombre, es el Todo-en-todo.

Anciano de Días. Véase *Sanat Kumara.*

Ángel. Un espíritu divino, un heraldo o mensajero enviado por Dios para entregar Su *Palabra* a Sus hijos. Un espíritu que presta servicio enviado para cuidar a los herederos de *Cristo*: consolar, proteger, guiar, fortalecer, enseñar, aconsejar y advertir. Los ángeles caídos, también llamados los oscuros, son aquellos ángeles que siguieron a Lucifer en la Gran Rebelión, cuya conciencia por tanto «cayó» a niveles más bajos de vibración. Fueron «arrojados a la tierra» por el Arcángel Miguel (Apocalipsis 12: 7-12), restringidos por el karma de su desobediencia a Dios y su Cristo para asumir densos cuerpos físicos y evolucionar a través de ellos. Aquí circulan, sembrando semillas de malestar y rebelión entre los hombres y las naciones.

Ángeles caídos. Véase *Ángeles*

Antahkarana. La red de la vida. La red de *luz* que se extiende por el *Espíritu* y la *Materia,* que sensibiliza y conecta a toda la creación dentro de sí misma y con el corazón de Dios.

Arcángel. El rango más alto en las órdenes de *ángeles*. En cada uno de los siete rayos hay un Arcángel que lo preside y que, junto con su complemento divino o Arcangelina, personifica la Conciencia Divina del rayo y dirige las legiones de ángeles que bajo su mando prestan servicio en ese rayo. Los Arcángeles y Arcangelinas de los rayos y la ubicación de sus *retiros* son los siguientes:

Primer rayo, azul, Arcángel Miguel y Fe, Banff, cerca de lago Louise, Alberta, Canadá.

Segundo rayo, amarillo, Arcángel Jofiel y Cristina, al sur de la Gran Muralla, cerca de Lanchow, norte de la China central.

Tercer rayo, rosa claro, rosa intenso y rubí, Arcángel Chamuel y Caridad, St. Louis, Missouri, EE. UU.

Cuarto rayo, blanco y madreperla, Arcángel Gabriel y Esperanza, entre Sacramento y el monte Shasta, California, EE. UU.

Quinto rayo, verde, Arcángel Rafael y María, Fátima, Portugal.

Sexto rayo, morado y oro con motas de rubí, Arcángel Uriel y Aurora, Montes Tatra, al sur de Cracovia, Polonia.

Séptimo rayo, violeta y morado, Arcángel Zadquiel y Santa Amatista, Cuba.

Arcangelina. Complemento divino y llama gemela de un Arcángel.

Ascensión. El ritual por medio del cual el *alma* se reúne con el *Espíritu* del Dios vivo, la *Presencia YO SOY.* La ascensión es la culminación del viaje divinamente victorioso del alma en el tiempo y el espacio. Es el proceso por el cual el alma, al haber saldado su karma y cumplido su plan divino, se fusiona primero con la conciencia Crística y luego con la Presencia viva del YO SOY EL QUE SOY. Una vez que ha tenido lugar la ascensión, el alma, el aspecto corruptible del ser, se vuelve incorruptible, un átomo permanente en el Cuerpo de Dios. Véase también *Matrimonio alquímico.*

Aspirante. El que aspira; específicamente, el que aspira a unirse de nuevo con Dios a través del ritual de la *ascensión.* El que aspira a superar las condiciones y limitaciones del tiempo y el espacio para cumplir con los ciclos del karma y su razón de existir a través de la labor sagrada.

Astrea. Elohim femenino de cuarto rayo, el rayo de pureza, que trabaja para liberar a las *almas* del *plano astral* y de las proyecciones de las fuerzas oscuras. Véase también *Elohim; Siete rayos.*

Atmán. La chispa de lo divino en nuestro interior, idéntica a *Brahmán*; la esencia fundamental del universo, así como la esencia del individuo.

Átomo semilla. El foco de la *Madre* Divina (el rayo femenino de la Deidad) que afianza las energías del *Espíritu* en la *Materia* en el chakra de la base. Véase también *Fuego sagrado.*

AUM. Véase *OM.*

Avatar. La encarnación de la *Palabra.* El avatar de una era es el *Cristo,* la encarnación del Hijo de Dios. Los *Manús* pueden designar a numerosos individuos Crísticos —aquellos dotados de una *luz* extraordinaria— para que vayan como instructores del mundo y muestren el camino. En una época dada, los individuos Crísticos demuestran la ley del *Logos,* disminuida en su intensidad a través de (los) Manú(s) y de (los) avatar(es), hasta que sea encarnada a través de su propia palabra y obra, para alcanzar finalmente su victoria al cumplirse en todas las almas de luz enviadas a conquistar el tiempo y el espacio en esa era.

Bodisatva. (Sánscrito, 'un ser de *bodhi* o iluminación'). Un ser destinado a la iluminación, o uno cuya energía y poder se dirigen hacia la iluminación. Un Bodisatva está destinado a convertirse en *Buda,* pero ha renunciado a la dicha del *nirvana* con el voto de salvar a todos los hijos de Dios en la Tierra. Un maestro ascendido o un maestro no ascendido puede ser un Bodisatva.

Brahmán. La Realidad suprema; lo Absoluto.

Buda. (Del sánscrito *budh* «despierto, saber, percibir»). «El iluminado». Denota un cargo en la *jerarquía* espiritual de mundos que se logra al pasar ciertas iniciaciones del fuego sagrado, incluidas las de los siete rayos del Espíritu Santo y las de los cinco rayos secretos, la de la elevación del rayo femenino (el *fuego sagrado* de la *Kundalini*) y la de «la maestría del siete en los siete multiplicado por el poder del diez».

Gautama alcanzó la iluminación del Buda hace veinticinco siglos, un sendero que había seguido durante muchas encarnaciones anteriores que culminaron en su meditación de cuarenta y nueve días bajo el árbol Bo. Por eso se le llama Gautama, el Buda. Él ocupa el cargo de *Señor del Mundo,* sosteniendo, con su *Cuerpo Causal* y su *llama trina,* la chispa divina y la conciencia en las evoluciones de la Tierra que se acercan al sendero de la Cristeidad personal. Su aura de amor y sabiduría que anima al planeta surge de su incomparable devoción a la *Madre Divina.* Es el jerarca de Shamballa, el retiro original de *Sanat Kumara* ahora en el *plano etérico* sobre el desierto de Gobi. El Señor Maitreya, el *Cristo Cósmico,* también ha pasado las iniciaciones del Buda. Él es el Buda Venidero esperado desde hace mucho tiempo, que se ha destacado por enseñar a todos los que se han apartado del camino del Gran *Gurú,* Sanat Kumara, de cuyo linaje descendieron tanto él como Gautama. En la historia del planeta, han existido numerosos Budas que han servido a las evoluciones de la humanidad en los pasos y etapas del sendero del *Bodisatva.* En Oriente se conoce a Jesús como el Buda Issa. Él es el Salvador del mundo por el amor y la sabiduría de la Divinidad.

Caduceo. La Kundalini. Véase *Fuego sagrado.*

Calamita. El foco del Padre, el rayo masculino de la Deidad, que afianza las energías del *Espíritu* en la *Materia* en el chakra de la coronilla.

Cámara secreta del corazón. El santuario de la meditación detrás del *chakra* del corazón, el lugar al que se retira el *alma* de los portadores de luz. Es el núcleo de la vida donde el individuo se encuentra cara a cara con el *Gurú* interior, el amado *Santo Ser Crístico,* y recibe las pruebas del alma que preceden a la unión alquímica con ese Santo Ser Crístico: el matrimonio del alma con el Cordero.

Chakra. (Sánscrito, 'rueda, disco, círculo'). Centro de *luz* anclado en el *cuerpo etérico* y que gobierna el flujo de energía hacia los *cuatro cuerpos inferiores* del hombre. Hay siete chakras principales correspondientes a los *siete rayos,* cinco chakras menores correspondientes a los cinco rayos secretos y un total de 144 centros de luz en el cuerpo del hombre.

Chela. (Hindi *celā* del sánscrito *ceṭa* 'esclavo', es decir, 'sirviente'). En India, discípulo de un instructor religioso o *gurú.* Vocablo utilizado generalmente para referirse a un estudiante de los *Maestros Ascendidos* y sus enseñanzas. Específicamente, un estudiante con una autodisciplina y devoción mayor a lo común, iniciado por un Maestro Ascendido y que presta servicio a la causa de la *Gran Hermandad Blanca.*

Chohán. (Tibetano, 'señor' o 'maestro'; un jefe). Cada uno de los *siete rayos* tiene un chohán que concentra la conciencia Crística del rayo. Habiendo animado y demostrado la Ley del rayo a lo largo de muchas encarnaciones y habiendo pasado iniciaciones tanto antes como después de la *ascensión,* el candidato es asignado al cargo de chohán por el Maha Chohán, el «Gran Señor», que es asimismo el representante del Espíritu Santo en todos los rayos. El nombre de los chohanes de los rayos (siendo cada uno de ellos un *Maestro Ascendido* que representa uno de los siete rayos para las evoluciones de la Tierra) y la ubicación de sus focos físicos/etéricos se dan a continuación.

Primer rayo: El Morya, Retiro de la Voluntad de Dios, Darjeeling (India).

Segundo rayo: Lanto, Retiro Royal Teton, Grand Teton, en Jackson

Hole, estado de Wyoming (EE. UU.).

Tercer rayo: Pablo el Veneciano, Château de Liberté, sur de Francia, con un foco de la *llama trina* en el monumento a Washington, ciudad de Washington (EE. UU.).

Cuarto rayo: Serapis Bey, Templo de la Ascensión y *Retiro* en Lúxor (Egipto).

Quinto rayo: Hilarión (el apóstol Pablo), Templo de la Verdad, Creta.

Sexto rayo: Nada, Retiro Árabe (o Retiro de Arabia), Arabia Saudí.

Séptimo rayo: Saint Germain, Retiro Royal Teton, Grand Teton, Wyoming (EE. UU.); Cueva de los Símbolos, Table Mountain, Wyoming (EE. UU.). Saint Germain también trabaja en los focos del Gran Director Divino: la Cueva de la Luz en India y la Mansión Rakoczy, en Transilvania, donde Saint Germain preside como jerarca.

Ciclopea. Elohim masculino del quinto rayo, también conocido como el Ojo Omnividente de Dios o como el Gran Vigilante Silencioso. Véase también *Elohim; Siete rayos.*

Consejo Kármico. Véase *Señores del Karma.*

Cordón cristalino. La corriente de la *luz,* vida y conciencia de Dios que alimenta y sustenta al *alma* y sus *cuatro cuerpos inferiores.* También llamado cordón de plata (Eclesiastés 12:6). Véase también *Gráfica de tu Yo Divino*; ilustración en la pág. 27.

Corriente de vida. La corriente de vida que surge de la Fuente, de la *Presencia YO SOY* en los planos del *Espíritu,* y que desciende a los planos de la *Materia* donde se manifiesta como la *llama trina* afianzada en el *chakra* del corazón para sustentar al *alma* en la Materia y alimentar a los *cuatro cuerpos inferiores.* Se utiliza para denotar a las almas que evolucionan como «corrientes de vida» individuales y, por consiguiente, es sinónimo del vocablo «individuo». Denota la naturaleza continua del individuo a través de los ciclos de la individualización.

Cristo. (Del griego *Christos* 'ungido'). Mesías (del hebreo y arameo 'ungido'); 'individuo Crístico', aquel al que se dota y se infunde completamente, se unge, de la *luz* (del Hijo) de Dios. La *Palabra,* el *Logos,* la Segunda Persona de la Trinidad. En la Trinidad hindú de Brahma, Vishnú y Shiva, el término «Cristo» corresponde o es la encarnación de Vishnú, el Preservador; Avatara, hombre Dios, el que despeja la oscuridad, *Gurú*.

El término «Cristo» o «individuo Crístico» también denota un cargo en la *jerarquía* que ostentan aquellos que han alcanzado la maestría de sí mismos en los siete rayos y los siete *chakras* del Espíritu Santo. La maestría Crística incluye el equilibrio de la *llama trina*, los atributos divinos del poder, la sabiduría y el amor, para la armonización de la conciencia y la implementación de la maestría de los siete rayos en los chakras y en los *cuatro cuerpos inferiores* a través de la Llama de la Madre (la *Kundalini* elevada).

A la hora designada para la *ascensión*, el *alma* así ungida eleva la espiral de la llama trina desde debajo de los pies, a través de toda la forma, para la transmutación de cada átomo y célula de su ser, conciencia y mundo. La saturación y aceleración de los *cuatro cuerpos inferiores* y el alma, mediante esta luz transfiguradora de la Llama Crística, tienen lugar en parte durante la iniciación de la *transfiguración*, aumentando a través de la resurrección y ganando plena intensidad en el ritual de la ascensión.

Cristo Cósmico. Un cargo de la *jerarquía*, actualmente ocupado por el Señor Maitreya que está bajo el Buda Gautama, el *Señor del Mundo*. También se utiliza como sinónimo de *Cristo Universal*.

Cristo Universal. El mediador entre los planos del *Espíritu* y los de la *Materia*. Personificado como el *Ser Crístico*, es el mediador entre el Espíritu de Dios y el *alma* del hombre. El Cristo Universal sostiene el nexo de (el flujo en forma de ocho de) la conciencia a través del cual pasan las energías del Padre (Espíritu) hacia Sus hijos para la cristalización (realización Crística) de la Llama Divina mediante los esfuerzos de su alma en el vientre (matriz) cósmico de la *Madre* (Materia).

Cuatro cuerpos inferiores. Son cuatro fundas compuestas de cuatro frecuencias distintas que rodean al *alma*: el cuerpo físico, el emocional, el mental y el etérico; proporcionan vehículos para el alma en su viaje por el tiempo y el espacio. La funda etérica (de vibración superior a las demás) es la entrada a los tres cuerpos superiores: el *Ser Crístico*, la *Presencia YO SOY* y el *Cuerpo Causal*. Véase también *Cuerpo físico; Cuerpo emocional, Cuerpo mental y Cuerpo etérico*.

Cuatro Fuerzas Cósmicas. Los cuatro seres vivientes vistos por san Juan y otros videntes como el león, el becerro (o buey), el hombre y el águila voladora (Apocalipsis 4: 6-8). Sirven directamente bajo los *Elohim* y gobiernan todo el cosmos de la Materia. Transforman de la Luz Infinita irradiarla a las almas que evolucionan en lo finito. Véase también *Elohim.*

Cuerpo Causal. Siete esferas concéntricas de *luz* que rodean la *Presencia YO SOY.* Las esferas del Cuerpo Causal contienen los registros de los actos virtuosos que hemos realizado para la gloria de Dios y la bendición del hombre a través de nuestras muchas encarnaciones en la Tierra. Véase también *Gráfica de tu Yo Divino;* ilustración en la pág. 27.

Cuerpo emocional. Uno de los *cuatro cuerpos inferiores* del hombre, que corresponde al elemento agua y al tercer cuadrante de la *Materia;* el vehículo de los deseos y sentimientos de Dios que se manifiestan en el ser del hombre. Llamado también *cuerpo astral,* cuerpo de los deseos y cuerpo de los sentimientos.

Cuerpo etérico. Uno de los *cuatro cuerpos* inferiores del hombre, que corresponde al elemento fuego y al primer cuadrante de la *Materia;* llamado la envoltura del *alma,* y que sustenta el plano del diseño divino original y la imagen de la perfección Crística para ser representada en el mundo de la forma. Se le llama también cuerpo de la memoria.

Cuerpo físico. El más denso de los *cuatro cuerpos inferiores* del hombre, correspondiente al elemento tierra y al cuarto cuadrante de la *Materia.* El cuerpo físico es el vehículo para la estancia del *alma* en la Tierra y el foco de la cristalización en la forma de las energías de los *cuerpos etérico, mental y emocional.*

Cuerpo mental. Uno de los *cuatro cuerpos inferiores* del hombre, que corresponde al elemento aire y al segundo cuadrante de la *Materia;* el cuerpo que está destinado a ser el vehículo o recipiente de la Mente de Dios o la Mente Crística. «Haya pues en vosotros este sentir [universal] esté en vosotros, que hubo también en Cristo Jesús» (Fil. 2: 5). Hasta que se vivifique, este cuerpo sigue siendo el vehículo de la mente carnal, a menudo llamado cuerpo mental inferior en contraste con el Cuerpo Mental Superior, sinónimo del *Ser Crístico* o Conciencia Crística.

Cuerpo Mental Superior. Véase la *Gráfica de tu Yo Divino,* en la pág. 27.

Cuerpo solar imperecedero. Véase *Vestidura sin costuras.*

Decretar. v. tr. Resolver, decidir, declarar, determinar; ordenar, mandar; invocar la presencia de Dios, Su luz/energía/conciencia, Su poder y protección, pureza y perfección.

Decreto. n. Una forma dinámica de oración hablada utilizada por los estudiantes de los *Maestros Ascendidos* para dirigir la *luz* de Dios hacia los problemas individuales y mundiales. El decreto puede ser corto o largo y generalmente está precedido por un preámbulo formal y al final tiene un cierre o aceptación. Es la *Palabra* autorizada de Dios pronunciada por el hombre en el nombre de la *Presencia YO SOY* y del *Cristo* vivo para producir cambios constructivos en la Tierra a través de la voluntad de Dios. El decreto es el derecho de nacimiento de los hijos e hijas de Dios, el «Mandadme» de Isaías 45:11, el mandato original del Creador: «Sea la luz, y fue la luz» (Gén. 1: 3). Está escrito en el Libro de Job: «Determinarás asimismo una cosa, y te será firme, y sobre tus caminos resplandecerá la luz» (Job 22:28).

Dictados. Los mensajes de los *Maestros Ascendidos,* Arcángeles y otros seres espirituales avanzados que se producen mediante la agencia del Espíritu Santo y llegan a través de un *Mensajero* de la *Gran Hermandad Blanca.*

Dios Padre/Madre. Véase Alfa y Omega.

Doce jerarquías del Sol. Doce mandalas de *Seres Cósmicos* que animan doce facetas de la conciencia de Dios y sostienen el patrón de esa frecuencia para todo el cosmos. Se identifican por los nombres de los signos del zodíaco, ya que concentran sus energías a través de estas constelaciones. También llamadas las doce jerarquías solares. Véase también *Reloj cósmico.*

Elohim. (Plural del hebreo *Eloah* 'Dios'). El nombre de Dios que se utiliza en el primer versículo de la Biblia: «En el principio creó Dios los cielos y la tierra». Los Siete Poderosos Elohim y sus contrapartes femeninas son los constructores de la forma. Son los «siete espíritus de Dios» nombrados en Apocalipsis 4: 5 y las «estrellas de la mañana» que alababan juntas en el principio, como lo reveló el SEÑOR a Job (Job 38: 7). En el orden de *jerarquía,* los Elohim y los *Seres Cósmicos* son portadores de la mayor concentración (la vibración más elevada) de *luz* que podemos comprender en nuestro actual estado de evolución. Sirviendo directamente bajo los Elohim están los cuatro seres de los elementos (las *Cuatro Fuerzas Cósmicas*), que tienen dominio sobre los elementales: los gnomos, las salamandras, los silfos y las ondinas.

A continuación, se dan los nombres de los Siete Elohim, los rayos en los que sirven y la ubicación de sus *retiros etéricos.*

Primer rayo: Hércules y Amazonia, Half Dome, Sierra Nevada, parque nacional Yosemite, California (EE. UU.).

Segundo rayo: Apolo y Lúmina, Baja Sajonia occidental (Alemania).

Tercer rayo: Heros y Amora, lago Winnipeg (Canadá).

Cuarto rayo: Pureza y Astrea, cerca del Golfo de Arcángel, brazo sureste del mar Blanco (Rusia).

Quinto rayo: Ciclopea y Virginia, cordillera Altái, donde convergen China, Siberia y Mongolia, cerca de Tabun Bogdo.

Sexto rayo: Paz y Aloha, islas Hawái.

Séptimo rayo: Arcturus y Victoria, cerca de Luanda, Angola (África).

Entidades. Conglomerados de energía mal cualificada o individuos desencarnados que han elegido encarnar el mal. Las entidades que son focos de fuerzas siniestras pueden atacar a individuos desencarnados, así como a personas encarnadas.

Espíritu. La polaridad masculina de la Deidad; la coordenada de la *Materia;* Dios como Padre, que por necesidad incluye en la polaridad de Sí mismo a Dios como *Madre* y, por tanto, es conocido como el Dios *Padre-Madre.* El plano de la *Presencia YO SOY,* de la perfección; la morada de los *Maestros Ascendidos* en el reino de Dios. (Cuando lleva minúscula, como en «espíritus», es sinónimo de desencarnados o *entidades* astrales. Cuando es singular y lleva minúscula, «espíritu», se utiliza igual que «alma»).

Fraternidad de Guardianes de la Llama. Una organización de *Maestros Ascendidos* y sus *chelas* que prometen guardar la llama de la vida en la Tierra y apoyar las actividades de la *Gran Hermandad Blanca* en el establecimiento de su comunidad y escuela de misterios, así como en la diseminación de sus enseñanzas. Fue fundada en 1961 por Saint Germain. Los Guardianes de la Llama reciben lecciones graduadas sobre la *Ley Cósmica* dictadas por los

Maestros Ascendidos a sus *Mensajeros* Mark y Elizabeth Prophet.

Fuego sagrado. El fuego Kundalini que yace como una serpiente enroscada en el *chakra* de la base de la columna y se eleva mediante la pureza espiritual y la maestría sobre uno mismo hasta el chakra de la coronilla, vivificando los centros espirituales a su paso. Dios, *luz,* vida, energía, el *YO SOY EL QUE YO SOY.* «Nuestro Dios es un fuego consumidor» (Hebreos 12:29). El fuego sagrado es la precipitación del Espíritu Santo para el bautismo de las almas, para la purificación, para la alquimia y la transmutación y para la realización de la *ascensión,* el ritual sagrado por el cual el alma regresa al Uno.

Gráfica de tu Yo Divino. (Véase ilustración en la pág. 27). En la gráfica hay representadas tres figuras. La figura superior es la *Presencia YO SOY,* el YO SOY EL QUE YO SOY, Dios individualizado para cada uno de Sus hijos e hijas. La Mónada Divina se compone de la Presencia YO SOY, rodeada de esferas (anillos de color, de *luz*) que forman el cuerpo de la Primera Causa o *Cuerpo Causal.*

La figura media de la gráfica es el mediador entre Dios y el hombre, llamado *Santo Ser Crístico, Yo Real* o conciencia Crística. También se denomina Cuerpo Mental Superior o Conciencia Superior. Este Maestro Interior acompaña al yo inferior, que se compone del alma en evolución a través de los cuatro planos de la *Materia* utilizando los vehículos de los *cuatro cuerpos inferiores:* el *cuerpo etérico* (de la memoria), el *cuerpo mental,* el *cuerpo emocional* (del deseo) y el *cuerpo físico* para saldar el karma y cumplir el plan divino.

Las tres figuras de la gráfica se corresponden con la Trinidad: Padre, que siempre incluye a la *Madre* (figura superior), Hijo (figura media) y Espíritu Santo (figura inferior). La figura inferior tiene como finalidad convertirse en el templo del Espíritu Santo, que está indicado en la acción envolvente de la *llama violeta* del *fuego sagrado.* La figura inferior se corresponde contigo como discípulo o discípula en el *Sendero.*

La figura inferior está rodeada de un *tubo de luz,* que se proyecta desde el corazón de la Presencia YO SOY en respuesta a tu llamado. El tubo de luz es un cilindro de luz blanca que sostiene un campo de protección las veinticuatro horas del día, siempre y cuando lo guardes en armonía. La *llama trina* dentro del corazón es la chispa de la vida proyectada desde la Presencia YO SOY como el regalo de vida, conciencia y libre albedrío. Está sellada en la *cámara secreta del corazón* para que, a través del amor, la sabiduría y el poder de la Deidad afianzada en ella, el *alma* pueda cumplir su razón de ser en el plano físico. También denominada Llama Crística y Llama de la Libertad, o flor de lis, es la chispa de la divinidad del hombre, su potencial para alcanzar la Cristeidad.

El cordón de plata (o *cordón cristalino*) es la corriente de vida que desciende desde el corazón de la Presencia YO SOY al Santo Ser Crístico para nutrir y sustentar (a través de los *chakras*) al alma y sus vehículos de expresión en el tiempo y el espacio. Por este «cordón umbilical» fluye la energía de la Presencia, entrando en el ser del hombre por la coronilla y proporcionando el ímpetu para la pulsación de la llama trina, así como del latido del corazón físico. Cuando se termina una ronda de encarnación del alma en la forma-Materia, la Presencia YO SOY retira el cordón de plata (Eclesiastés 12:6), después de lo cual la llama trina regresa al nivel del Cristo y el alma, cubierta con la vestidura etérica, gravita hacia el nivel más alto de su logro, donde es instruida entre encarnaciones hasta su encarnación final cuando la Gran Ley decreta que no saldrá más.

La paloma del Espíritu Santo que desciende desde el corazón del Padre se muestra justo por encima de la cabeza del Cristo. Cuando el hombre se viste con la conciencia Crística y se convierte en ella, como hizo Jesús, se fusiona con el Santo Ser Crístico. El Espíritu Santo desciende sobre él y se pronuncian las palabras del Padre (la Presencia YO SOY): «Este es mi Hijo amado, en quien [YO SOY complacido] tengo complacencia». (Mateo 3:17).

Gran Eje. Véase *Gran Sol Central.*

Gran Hermandad Blanca. Una orden espiritual de santos occidentales y adeptos orientales que se han reunido con el *Espíritu* del Dios vivo y que componen las huestes celestiales. Ellos han transcendido los ciclos de karma y renacimiento y han ascendido (acelerado) hacia una realidad superior, que es la morada eterna del alma. Los *Maestros Ascendidos* de la Gran Hermandad Blanca, unidos por los fines más altos de hermandad de los hombres bajo la Paternidad de Dios, han surgido en todas las épocas, en todas las culturas y religiones, para inspirar el logro creativo en la educación, las artes y ciencias, el gobierno Divino y la vida abundante a través de la economía de las naciones.

«Blanca» no se refiere a la raza, sino al aura (halo) de *luz* blanca que rodea la forma de los que componen la Hermandad. La Hermandad también incluye en sus filas a ciertos *chelas* no ascendidos de los Maestros Ascendidos.

Gran Sol Central. Véase *Sol Central.*

Gurú. (Sánscrito). Un maestro religioso y guía espiritual personal; alguien de gran logro. Un gurú puede estar ascendido o encarnado.

Huevo Cósmico. El universo espiritual-material, que incluye una aparentemente interminable cadena de galaxias, sistemas estelares, mundos conocidos y desconocidos, a cuyo centro, o núcleo de fuego blanco, se le llama *Gran Sol Central.* El Huevo Cósmico tiene un centro espiritual y uno material. Aunque podemos descubrir y observar el Huevo Cósmico desde nuestros sentidos físicos y desde nuestra perspectiva, todas las dimensiones del *Espíritu* también se pueden conocer y experimentar dentro del Huevo Cósmico. Porque el Dios que creó el Huevo Cósmico y lo sostiene dentro de Su mano es también la Llama de Dios que se expande a cada momento dentro de los hijos e hijas verdaderamente Suyos. El Huevo Cósmico representa los confines de la morada del hombre en este ciclo cósmico. Sin embargo, tal como Dios está en todas partes por todo el Huevo Cósmico y más allá, de la misma manera, gracias a Su Espíritu que está dentro de nosotros, despertamos diariamente a nuevas dimensiones de la existencia, satisfechos en el alma, de conformidad con Su semejanza.

Instructor del Mundo. Cargo en la *jerarquía* que ocupan aquellos Seres Ascendidos cuyo logro los califica para representar al *Cristo* universal y personal ante la humanidad no ascendida. El cargo de Instructor del Mundo, que antes desempeñaba Maitreya, fue transferido a Jesús y a su discípulo san Francisco (Kuthumi) el 1 de enero de 1956, cuando el manto de *Señor del Mundo* fue transferido de Sanat Kumara al Buda Gautama y el cargo de *Cristo Cósmico* y el de Buda Planetario (que antes desempeñaba Gautama) fueron ocupados simultáneamente por el Señor Maitreya. Jesús y Kuthumi, al servicio del Señor Maitreya, son los responsables en este ciclo de presentar las enseñanzas que conducen a la automaestría individual y a la conciencia Crística. Patrocinan a todas las *almas* que buscan la unión con Dios, las instruyen en las leyes fundamentales que rigen las secuencias de causa y efecto de su propio karma y les enseñan cómo enfrentar los retos cotidianos de su dharma individual, esto es, el deber de cumplir el potencial Crístico a través de la labor sagrada.

Jerarquía. La cadena de seres individualizados y libres en Dios que cumplen los atributos y aspectos de la infinita Individualidad de Dios. Parte del esquema cósmico jerárquico son los *Logos Solares,* los *Elohim,* los Hijos y las Hijas de Dios, los Maestros ascendidos y no ascendidos con sus círculos de chelas, los *Seres Cósmicos,* las doce *jerarquías del sol,* los *Arcángeles* y *ángeles* del *fuego sagrado,* los niños de la *luz,* los espíritus de la naturaleza (llamados elementales) y las *llamas gemelas* de la polaridad *Alfa/Omega* que patrocinan los sistemas planetarios y galácticos.

Este orden universal de la autoexpresión del Padre es el medio por el cual Dios, en el *Gran Sol Central,* disminuye la intensidad de la Presencia y el poder de Su ser/conciencia universal para que las evoluciones sucesivas en el tiempo y el espacio, desde el menor hasta el mayor, puedan llegar a conocer la maravilla de Su amor. El nivel del logro espiritual/físico que se posea —medido por la propia autopercepción equilibrada, «escondida con Cristo en Dios», y demostrando Su *Ley,* mediante Su amor, en el cosmos Espíritu/Materia— es el criterio que establecerá el posicionamiento que uno tenga en la escalera de la vida llamada jerarquía.

Kali Yuga. Término sánscrito de la filosofía mística hindú que se refiere al último y el peor de los cuatro yugas (eras del mundo), caracterizado por la lucha, la discordia y el deterioro moral.

Kundalini. Véase *Fuego sagrado.*

Ley cósmica. La Ley que gobierna matemáticamente, pero con la espontaneidad de la llama de la Misericordia, toda manifestación en todo el cosmos en los planos de *Espíritu y Materia.*

Llama gemela. El complemento del alma, masculino o femenino, concebido a partir del mismo cuerpo de fuego blanco, el ovoide ígneo de la *Presencia YO SOY.*

Llama trina. La llama del Cristo que es la chispa de la vida que arde dentro de la *cámara secreta del corazón* (un *chakra* secundario dentro del corazón). La sagrada trinidad —poder, sabiduría y amor— que es la manifestación del *fuego sagrado.* Véase también la *Gráfica de tu Yo Divino*; una ilustración en la pág. 27.

Llama violeta. Aspecto del séptimo rayo del Espíritu Santo. El *fuego sagrado* que transmuta la causa, el efecto, el registro y la memoria del pecado o karma negativo. También denominada llama de la transmutación, de la libertad y del perdón. Véase también *Decreto*; *Gráfica de tu Yo Divino*; una ilustración en la pág. 27.

Logos. (Griego, 'palabra', 'habla', 'razón') La divina sabiduría manifiesta en la creación. Según la antigua filosofía griega, es el principio que controla el universo. El libro de Juan identifica la Palabra o Logos con Jesucristo: «Y la Palabra fue hecha carne, y habitó entre nosotros» (Juan 1:14). Por consiguiente, Jesucristo se considera como la encarnación de la razón divina, la Palabra Encarnada.

Logos Solares. *Seres Cósmicos* que transmiten las emanaciones de luz de la Deidad que fluyen desde *Alfa y Omega* en el *Gran Sol Central* hacia los sistemas planetarios. También se les llama Señores Solares.

Luz. La energía de Dios; el potencial del Cristo. Como la personificación del *Espíritu,* el término «luz» puede utilizarse como sinónimo de los términos «Dios» y «Cristo». Como esencia del Espíritu, es sinónimo de «fuego sagrado». Es la emanación del *Gran Sol Central* y de la *Presencia YO SOY* individualizada, y la Fuente de toda vida.

Macrocosmos. (Griego, 'gran mundo'). El cosmos más grande; toda la urdimbre de la creación, a la que llamamos *Huevo Cósmico.* También se utiliza como contraste entre el hombre como microcosmos, 'mundo pequeño', en el contexto del mundo más grande en el que vive. Véase también *Microcosmos.*

Madre. La polaridad femenina de la Deidad, la manifestación de Dios como Madre. Términos alternativos: «Madre Divina», «Madre Universal» y «Virgen Cósmica». La *Materia* es la polaridad femenina del *Espíritu,* y el término se utiliza igual que Mater (latín, 'madre'). En este contexto, todo el cosmos material se convierte en el vientre de la creación en el cual el Espíritu proyecta las energías de la vida. La Materia, por tanto, es el vientre de la Virgen Cósmica, la cual, como la otra mitad de la Totalidad Divina también existe en el Espíritu como polaridad espiritual de Dios.

Maestro Ascendido. Alguien que, a través de *Cristo* y vistiéndose con la Mente que había en Jesucristo (Fil 2:5), ha dominado el tiempo y el espacio y, durante ese proceso, ha conseguido la maestría sobre el yo en los *cuatro cuerpos inferiores* y en los cuatro cuadrantes de la *Materia,* en los chakras y en la *llama trina* equilibrada. Un Maestro Ascendido también ha transmutado al menos el 51 por ciento de su karma, ha cumplido su plan divino y ha pasado las iniciaciones del rayo rubí hasta el ritual de la *ascensión*: la aceleración mediante el *fuego sagrado* hacia la Presencia del YO SOY EL QUE YO SOY (la *Presencia YO SOY*). Los Maestros Ascendidos habitan en los planos del *Espíritu* —el reino de Dios (la conciencia de Dios)— y pueden enseñar a las almas no ascendidas en un *templo etérico* o en las ciudades del *plano etérico* (el reino del cielo).

Maestro no ascendido. Aquel que ha superado todas las limitaciones de la *Materia* y, sin embargo, elige permanecer en el tiempo y el espacio para concentrar la conciencia de Dios en las evoluciones inferiores. Véase también *Bodisatva.*

Mantra. Fórmula mística o invocación; palabra o fórmula, a menudo en sánscrito, que se recita o canta con el fin de intensificar la acción del *Espíritu* de Dios en el hombre. Forma de oración que consiste en una palabra o un grupo de palabras que se canta una y otra vez para magnetizar un aspecto particular de la Deidad o de un ser que se ha investido de ese aspecto de la Deidad. Véase también *Decreto.*

Manú. (Sánscrito). El progenitor y legislador de las evoluciones de Dios en la Tierra. El Manú y su complemento divino son *llamas gemelas* asignadas por el Dios Padre-Madre a patrocinar y animar la imagen Crística de cierta evolución u oleada de vida, conocida como raza raíz: *almas* que encarnan como grupo y poseen un único patrón arquetípico, plan divino y misión a realizar en la Tierra.

Según la tradición esotérica, existen siete agrupaciones principales de almas, desde la primera hasta la séptima raza raíz. Las primeras tres razas raíz vivieron en pureza e inocencia sobre la Tierra en tres eras de oro, antes de la caída de Adán y Eva. Mediante la obediencia a la *Ley Cósmica* y una identificación total con el *Yo Real,* esas tres razas raíz consiguieron su libertad inmortal y ascendieron desde la Tierra.

Fue durante la cuarta raza raíz, en el continente de Lemuria, que tuvo lugar la alegórica Caída bajo la influencia de los *ángeles* caídos conocidos como Serpientes (porque utilizaron las energías serpentinas de la columna vertebral para engañar al alma o principio femenino en la humanidad, como medio para conseguir bajar el potencial masculino, emasculando así a los Hijos de Dios).

La cuarta, quinta y sexta raza raíz (este último grupo de almas aún no ha descendido completamente a encarnar físicamente) siguen encarnadas en la Tierra actualmente. El Señor Himalaya y su Amada son los Manús de la cuarta raza raíz, el Manú Vaivasvata y su consorte son los Manús de la quinta raza raíz, y el Dios y la Diosa Merú son los de la sexta. La séptima raza raíz está destinada a encarnar en el continente de Suramérica en la era de Acuario, bajo sus Manús, el Gran Director Divino y su complemento divino.

Manvantara. (Sánscrito, de *manv,* usado en combinación con *manu,* + *antara* 'intervalo', 'período de tiempo'). En el hinduismo, el período o era de un *Manú,* que consta de 4.320.000 años solares; uno de los catorce intervalos que constituyen un *kalpa* (sánscrito): duración desde el origen hasta la destrucción de un sistema de mundos (un ciclo cósmico). En la cosmología hindú, el universo evoluciona continuamente pasando por ciclos periódicos de creación y disolución. Se dice que la creación se produce durante la exhalación del Dios de la Creación, Brahma; la disolución ocurre durante Su inhalación.

Mater. (Latín, «madre»). Véase *Materia; Madre.*

Materia. La polaridad femenina (negativa) del *Espíritu* masculino (positivo). La Materia actúa como cáliz del reino de Dios y es la morada de las almas en evolución que se identifican con su Señor, su Santo *Ser Crístico.* La Materia se distingue de la materia (con minúscula), que es la sustancia de la tierra, terrenal, de los reinos de *maya,* que bloquea en vez de irradiar *luz* divina y el Espíritu del YO SOY EL QUE YO SOY. Véase también *Madre; Espíritu.*

Matrimonio alquímico. El vínculo permanente del alma con el *Santo Ser Crístico,* en preparación para la fusión permanente con la *Presencia YO SOY* en el ritual de la *ascensión.* Véase también *Alma; Cámara secreta del corazón.*

Mensajero. Evangelista; alguien que precede a los *ángeles* llevando a la gente de la Tierra las buenas nuevas del evangelio de Jesucristo y, en el momento designado, el Evangelio Eterno. Los Mensajeros de la *Gran Hermandad Blanca* están ungidos por la *jerarquía* como apóstoles suyos («alguien enviado en misión»). Ellos dan a través de sus *dictados* (profecías) de los *Maestros Ascendidos* el testimonio y las enseñanzas perdidas de Jesucristo con el poder del Espíritu Santo a la progenie de *Cristo,* las ovejas perdidas de la casa de Israel, y a todas las naciones. Un Mensajero ha recibido la preparación de un Maestro Ascendido para poder recibir, mediante varios métodos, las palabras, los conceptos, las enseñanzas y los mensajes de la Gran Hermandad Blanca. Alguien que transmite la *Ley,* las profecías y las dispensaciones de Dios para un pueblo y una época.

Microcosmos. (Griego, 'mundo pequeño'). 1) El mundo del individuo, sus *cuatro cuerpos inferiores,* su aura y el campo energético de su karma. 2) El planeta. Véase también *Macrocosmos.*

Mónada divina. Véase la *Gráfica de tu Yo Divino; Presencia YO SOY.*

Mónada humana. Todo el campo energético del yo, las esferas de influencia conectadas entre sí (hereditarias, del entorno, kármicas) que componen esa autopercepción que se identifica a sí misma como humana. El punto de referencia de percepción inferior o inexistencia de percepción a partir del cual ha de evolucionar toda la humanidad hacia la realización del Yo Real como el *Ser Crístico.*

Nirvana. La meta de la vida según la filosofía hindú y budista: el estado de liberación de la rueda del renacimiento mediante la extinción del deseo.

Ojo Omnividente de Dios. Véase *Ciclopea.*

OM (AUM). La Palabra; el símbolo sonoro de la Realidad suprema.

Omega. Véase *Alfa y Omega.*

Palabra. La Palabra es el *Logos*: es el poder de Dios y la realización de ese poder encarnado en el Cristo y como el Cristo. Las energías de la Palabra son liberadas por los devotos del Logos en el ritual de la ciencia de la *Palabra hablada.* Es a través de la Palabra que el *Dios Padre-Madre* se comunica con la humanidad. El Cristo es la personificación de la Palabra. Véase también *Cristo; Decreto.*

Palabra hablada. La *Palabra* del Señor Dios que fue pronunciada en los fíats originales de la Creación. La liberación de las energías de la Palabra, o *Logos,* a través del *chakra* de la garganta por los Hijos de Dios en confirmación de la Palabra perdida. Está escrito: «Por tus palabras serás justificado, y por tus palabras serás condenado» (Mateo 12:37). Hoy en día los discípulos utilizan el poder de la Palabra en *decretos,* afirmaciones, oraciones y *mantras* para atraer la esencia del *fuego sagrado* de la *Presencia YO SOY,* del *Ser*

Crístico y de los *Seres Cósmicos* que encauzan la *luz* de Dios en matrices transmutadoras y transformadoras para obrar cambios constructivos en los planos de la *Materia.*

Perlas de Sabiduría. Cartas semanales de instrucción dictadas por los *Maestros Ascendidos* a sus *Mensajeros* Mark L. Prophet y Elizabeth Clare Prophet para estudiantes de los misterios sagrados en todo el mundo. Las *Perlas de Sabiduría* han sido publicadas por *The Summit Lighthouse* continuamente desde 1958. Contienen tanto enseñanzas básicas como avanzadas acerca de la *Ley Cósmica* con una aplicación práctica de las verdades espirituales a los problemas personales y planetarios.

Plano astral. Frecuencia del tiempo y el espacio más allá del plano físico, pero por debajo del mental, correspondiente al *cuerpo emocional* del hombre y al inconsciente colectivo de la raza. Es el depósito de los patrones colectivos de pensamiento/sentimiento, conscientes e inconscientes, de la humanidad. Debido a que el plano astral ha sido enturbiado por pensamientos y sentimientos humanos impuros, el término «astral» se usa a menudo en un contexto negativo para referirse a lo que es impuro o psíquico.

Plano etérico u octava etérica. El plano más alto en la dimensión de la *Materia*; un plano que es tan concreto y real como el físico (y aún más) pero que se experimenta a través de los sentidos del *alma* en una dimensión y conciencia más allá de la percepción física. El plano en el que los *registros akáshicos* de toda la evolución de la humanidad constan individual y colectivamente. Es el mundo de los *Maestros Ascendidos* y de sus *retiros,* de las ciudades etéricas de *luz* donde las almas de un orden superior evolutivo residen entre encarnaciones. Es el plano de la realidad.

El plano etérico inferior se traslapa con los cinturones astral/mental/físico. Está contaminado por esos mundos inferiores, ocupados por la falsa jerarquía y la conciencia de las masas a la que controlan.

Presencia YO SOY. El YO SOY EL QUE YO SOY (Éxodo 3:13-15); la Presencia individualizada de Dios focalizada para cada *alma* individualizada. La identidad Divina del individuo; la Mónada Divina; la Fuente individual. El origen del alma focalizado en los planos del *Espíritu* justamente por encima de la forma física; la personificación de la Llama Divina para el individuo. Véase también

Gráfica de tu Yo Divino; véase ilustración en la pág. 27.

Rayos. Haces de *luz* o de otra energía radiante. Las emanaciones de luz de la Deidad que, cuando se invocan en el nombre de Dios o en el del *Cristo,* se manifiestan como una llama en el mundo del individuo. Los rayos pueden ser proyectados por la conciencia Divina de los seres ascendidos o no ascendidos a través de los *chakras* y del tercer ojo como una concentración de energía que asume numerosas cualidades divinas, como amor, verdad, sabiduría, curación, etc. Mediante el mal uso de la energía de Dios, quienes practican magia negra proyectan rayos que tienen atributos negativos, como rayos de muerte, de sueño, hipnóticos, de enfermedad, psicotrónicos, el mal de ojo, etc. Véase también *Siete rayos.*

Rayos de color. Véase *Siete rayos.*

Raza raíz. Véase *Manú.*

Reencarnación. El renacimiento de un *alma* en un cuerpo humano nuevo. El alma continúa regresando al plano físico en un nuevo templo corporal hasta que ha saldado su karma, ha logrado maestría sobre sí misma, ha vencido los ciclos del tiempo y el espacio y, finalmente, se reúne con la *Presencia YO SOY* mediante el ritual de la *ascensión.*

Registros akáshicos. Las impresiones de todo lo que ha ocurrido en el universo físico, registradas en la sustancia y dimensión etérica conocida por el término sánscrito *akasha.* Estos registros pueden ser leídos por quienes poseen facultades del *alma* desarrolladas.

Reloj Cósmico. La ciencia de diagramar los ciclos del karma y las iniciaciones del *alma* bajo las doce *jerarquías del sol.* Enseñanza impartida por la Virgen María a Mark y Elizabeth Prophet para los hijos y las hijas de Dios que están regresando a la Ley del Uno y a su punto de origen más allá de los mundos de la forma y la causación inferior.

Retiros. Focos de la *Gran Hermandad Blanca,* generalmente en el *plano etérico* donde presiden los *Maestros Ascendidos.* Los retiros anclan una o más llamas de la Deidad, así como el impulso acumulado del servicio de los Maestros y de su logro en el equilibrio de la *luz* en los *cuatro cuerpos inferiores* del planeta y sus evoluciones. Los retiros cumplen muchas funciones para los consejos de deliberación de la *jerarquía* que sirven a las oleadas de vida de la Tierra.

Algunos retiros están abiertos a la humanidad no ascendida, cuyas *almas* pueden viajar a estos focos en su *cuerpo etérico* entre sus encarnaciones en la Tierra y en sus cuerpos sutiles durante el sueño o en *samadhi.*

Samadhi. Meditación espiritual profunda; absorción en Dios; las muchas etapas de la unión con Dios.

Sanat Kumara. (Del sánscrito, 'siempre un joven'). Gran *Gurú* de la progenie de *Cristo* en todo el cosmos; jerarca de Venus; el Anciano de Días del que se habla en Daniel 7. Hace mucho tiempo, él vino a la Tierra en su hora más oscura cuando toda la luz se había apagado en sus evoluciones, porque no había un solo individuo en el planeta que adorara la Presencia de Dios. Sanat Kumara y un grupo de 144.000 almas de luz que lo acompañaron se ofrecieron como voluntarios para mantener la llama de la vida en nombre de la gente de la Tierra. Prometieron hacerlo hasta que los hijos de Dios respondieran al amor de Dios y volvieran una vez más a servir a su Poderosa *Presencia YO SOY.* El retiro de Sanat Kumara, Shambala, se estableció en una isla en el mar de Gobi, ahora el desierto de Gobi. El primero en responder a su llama fue el *Buda* Gautama, seguido por el Señor Maitreya y Jesús. Véase también *Señor del Mundo.*

Santo Ser Crístico. Véase *Ser Crístico.*

Sendero, El. La angosta entrada y la estrecha senda que conduce a la vida (Mateo 7:14). El sendero de iniciación por el cual el discípulo que busca la conciencia Crística supera, paso a paso, las limitaciones de la individualidad en el tiempo y el espacio, y logra la reunión con la Realidad mediante el ritual de la *ascensión.*

Señor del Mundo. *Sanat Kumara* ocupó el cargo de Señor del Mundo (al que se hace referencia como «Dios de la tierra» en Apocalipsis 11: 4) durante decenas de miles de años. El Buda Gautama sucedió recientemente a Sanat Kumara y ahora ocupa este cargo. El suyo es el cargo de gobierno más alto de la *jerarquía* espiritual para el planeta y, sin embargo, el Señor Gautama es en verdad el más humilde entre los Maestros Ascendidos. A niveles internos sustenta la *llama trina,* la chispa divina, para aquellas *corrientes de vida* que han perdido el contacto directo con su *Presencia YO SOY* y que han hecho tanto karma negativo que no pueden magnetizar suficiente *luz* de la Deidad para sostener la encarnación física de su *alma* en la Tierra. A través de un hilo afiligranado de luz que conecta su corazón con el corazón de todos los hijos de Dios, el Señor Gautama nutre la llama centelleante de la vida que debería arder en el altar de cada corazón con una mayor intensidad de amor, sabiduría y poder, alimentada por la propia conciencia Crística de cada uno.

Señores del Karma. Los Seres Ascendidos que componen el Consejo Kármico. Sus nombres y los *rayos* que representan en el consejo son así: primer rayo, el Gran Director Divino; segundo rayo, la Diosa de la Libertad; tercer rayo, la Maestra Ascendida Nada; cuarto rayo, el *Elohim Ciclopea*; quinto rayo, Palas Atenea, Diosa de la Verdad; sexto rayo, Porcia, Diosa de la Justicia; séptimo rayo, Kuan Yin, Diosa de la Misericordia. El Buda Vairóchana también tiene un asiento en el Consejo Kármico.

Los Señores del Karma dispensan justicia en este sistema de mundos, adjudicando karma, misericordia y juicio para cada *corriente de vida.* Todas las *almas* deben pasar ante el Consejo Kármico antes y después de cada encarnación en la Tierra, para recibir de antemano su tarea y asignación kármica correspondiente a cada vida y para hacer una revisión de su desempeño a su término.

Mediante el Guardián de los Pergaminos y los *ángeles* registradores, los Señores del Karma tienen acceso a los registros completos de todas las encarnaciones de las corrientes de vida de la Tierra. Ellos deciden quién encarnará, así como cuándo y dónde; y asignan a las almas a familias y comunidades, midiendo los pesos kármicos que han de ser equilibrados como la «jota y tilde» de la Ley. El Consejo Kármico, actuando en consonancia con la *Presencia YO SOY* y el *Ser Crístico* individual, decide cuándo el alma se ha ganado el derecho a ser libre de la rueda del karma y la ronda de renacimientos. Los Señores del Karma se reúnen en el Retiro Royal Teton dos veces al año, en el solsticio de invierno y el de verano, para revisar las peticiones de los hombres no ascendidos y para conceder dispensaciones por su ayuda.

Ser Cósmico. 1) Maestro Ascendido que ha logrado la conciencia cósmica y que anima la *luz*/energía/conciencia de muchos mundos y sistemas de mundos por las galaxias hasta el Sol detrás del *Gran Sol Central.* 2) Ser de Dios que nunca ha descendido más bajo que el nivel del *Cristo,* que nunca ha encarnado físicamente ni incurrido en karma humano.

Ser Crístico. El foco individualizado del «unigénito del Padre, lleno de gracia y verdad». El *Cristo Universal* individualizado como la verdadera identidad del *alma*; el *Yo Real* de todo hombre, mujer y niño al cual ellos han de elevarse. El Ser Crístico es el mediador entre el hombre y su Dios. Es el instructor, Maestro y profeta personal del hombre.

Siddhis. Poderes espirituales como levitación, suspensión de los latidos del corazón, clarividencia, clariaudiencia, materialización y bilocación. Los maestros espirituales a menudo advierten contra el desarrollo de los siddhis solo por el interés de tenerlos.

Siete rayos. Las emanaciones luminosas de la Deidad. Los siete *rayos* de la luz blanca que emergen del prisma de la conciencia Crística.

Sol Central. Un vórtice de energía, física o espiritual, central para los sistemas de mundos que empuja desde sí mismo, o atrae hacia sí, mediante el Imán del Sol Central. Ya sea en el *microcosmos* o en el *Macrocosmos,* el Sol Central es la principal fuente de energía, vórtice o nexo de intercambio de energía en los átomos, en las células, en el hombre (en el centro del corazón), en medio de la vida vegetal y en el núcleo de la Tierra. El Gran Sol Central es el centro del cosmos; el punto de integración del cosmos *Espíritu/Materia*; el punto de origen de la creación física/espiritual; el núcleo de fuego blanco del *Huevo Cósmico.* (Sirio, la Estrella Divina, es el foco del Gran Sol Central en nuestro sector de la galaxia). El Sol detrás del sol es la Causa espiritual tras el efecto físico que vemos como nuestro sol físico y las demás estrellas y sistemas estelares, visibles o invisibles, incluyendo al Gran Sol Central.

Templos etéricos. Véase *Retiros.*

The Summit Lighthouse. Organización externa de la *Gran Hermandad Blanca* fundada por Mark L. Prophet en 1958 en Washington D. C., bajo la dirección del *Maestro Ascendido El Morya,* Jefe del *Consejo de Darjeeling,* con el propósito de publicar y difundir las enseñanzas de los Maestros Ascendidos.

Transfiguración. Iniciación en el sendero de la *ascensión* que tiene lugar cuando el iniciado ha alcanzado cierto equilibrio y expansión de la *llama trina.* La transfiguración de Jesús se describe en Mateo 17: 1–8.

Tubo de luz. La *luz* blanca que desciende del corazón de la *Presencia YO SOY* en respuesta al llamado del hombre como escudo de protección para sus *cuatro cuerpos inferiores* y la evolución de su *alma*. Véase también la *Gráfica de tu Yo Divino*; ilustración en la pág. 27.

Vestidura sin costuras. Cuerpo de *luz* que se origina en el corazón de la *Presencia YO SOY* y desciende alrededor del *cordón cristalino* para envolver al individuo en las corrientes vitales de la *ascensión* a medida que invoca las energías santas del Padre para el regreso al hogar de Dios. También conocido como cuerpo solar imperecedero.

Yo Real. El *Ser Crístico*; la *Presencia YO SOY*; el *Espíritu* inmortal que es el principio animador de toda manifestación. Véase también la *Gráfica de tu Yo Divino*.

YO SOY EL QUE YO SOY. Véase *Presencia YO SOY.*

Yo Superior. La *Presencia YO SOY*; el *Ser Crístico*; el aspecto exaltado de la individualidad. Utilizado en contraste con el término «yo inferior» o «yo pequeño», indica que el *alma* salió del Todo Divino y puede elegir regresar, por libre albedrío, a través de la realización de la unidad del yo en Dios. Conciencia superior.

Nota del editor

Estoy agradecidísima por haber trabajado en este volumen de la serie *Escala la montaña más alta,* el Evangelio Eterno de la era de Acuario.

Mark L. Prophet y Elizabeth Clare Prophet fueron y son profetas del siglo XX, verdaderos maestros, que interpretaron los misterios de Dios de una manera en que todos los podamos comprender. Los años que pasé trabajando con ellos son de los más felices de mi vida; y ciertamente de los más productivos.

Fueron ellos quienes me explicaron el sendero de la ascensión y me dijeron que la podía conseguir si lo intentaba. Siguiendo los pasos de los Maestros, como se explica en este libro, ¡tú también puedes conseguirla si lo intentas!

Como dice el Maestro El Morya, «El dificultoso viaje hacia arriba, bien vale los inconvenientes».

Annice Booth

Mark L. Prophet y Elizabeth Clare Prophet son escritores reconocidos mundialmente, instructores espirituales y pioneros en la espiritualidad práctica. Entre sus libros más vendidos se encuentran los siguientes títulos: *Las enseñanzas perdidas de Jesús, El aura humana, Saint Germain sobre alquimia, Los ángeles caídos y los orígenes del mal;* y la serie de libros de bolsillo para la espiritualidad práctica, que incluye *Cómo trabajar con los ángeles, Tus siete centros de energía* y *Almas compañeras y llamas gemelas*. Sus libros se han publicado en más de treinta idiomas y están disponibles en más de treinta países.

www.ingramcontent.com/pod-product-compliance
Lightning Source LLC
Chambersburg PA
CBHW060242100426
42742CB00011B/1613
* 9 7 8 1 6 0 9 8 8 4 0 5 5 *